Henry ARAGON

MEMBRE DE LA SOCIÉTÉ FRANÇAISE D'ARCHÉOLOGIE

Les
Intendants du Roussillon

ET LES

Inondations à Perpignan

(1683-1789)

Recueil des Ordonnances, Décrets, Règlements, Devis
relatifs aux Crues de la Basse et de la Tet

TOME II

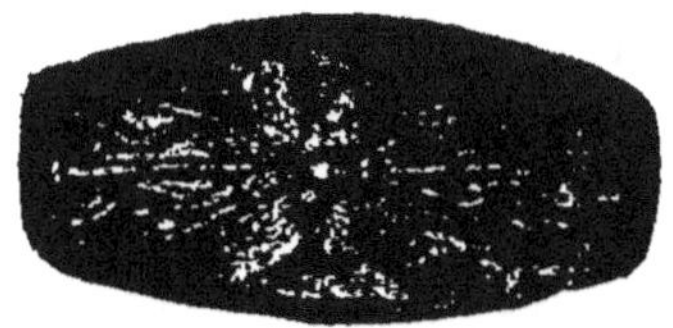

PERPIGNAN
IMPRIMERIE BARRIERE & C*
1, Rue des Trois-Rois, 1

1925

Les Intendants du Roussillon

et les

Inondations à Perpignan

OUVRAGES DU MÊME AUTEUR

Les Vestiges de Ruscino, in-8° raisin, ouvrage orné de 16 photogravures et d'une phototypie en couleur hors texte. 1re série Imprimerie BARRIÈRE & Cie, Perpignan (1916).

Castell-Rossello au Moyen Age, in-8° raisin. Deuxième série (Livre i). — *Les origines de Castell-Rossello ; Les Tenures.* Imprimerie BARRIÈRE & Cie, Perpignan.

Castell-Rossello au Moyen Age, in-8° raisin. *La famille : La propriété.* Deuxième série. (Livre ii). Imprimerie BARRIÈRE & Cie, Perpignan.

Le Bilan des Fouilles de Ruscino, in-8° raisin, ouvrage orné de 46 photogravures et de 3 phototypies en couleur hors texte. Imprimerie COMET, Perpignan (1914).

Les Guerres dans l'Antiquité et la Guerre Moderne, in-8° raisin. 2 volumes, 2 éditions (dont une de luxe sur papier alpha). Imprimerie COMET, Perpignan (1914-1916).

Castell-Rossello au Moyen Age, papier terrier de Castell-Rossello (1451-1456). Documents inédits. Ouvrage orné de trois fac-similés du *Capbreu* ou registre du seigneur de Castel-Roussillon, le chevalier de Perapertusa ou d'Ortaffa. Imprimerie E. PRIVAT, Toulouse (1916).

Les Librairies à l'époque antique ; Les Manuscrits du Roussillon, in-8° raisin avec fac-similé de la préface. Imprimerie COMET, Perpignan (1915).

L'Eglise Notre-Dame de Castell-Rossello avec photogravure hors texte. *Etudes archéologiques et historiques sur le Roussillon.* Troisième série. (Livre i). Imprimerie BARRIÈRE & Cie, Perpignan (1917).

La Seigneurie de Castel-Roussillon ; *André de Fenouillet, seigneur de Castel-Roussillon* (acte vidimé de 1364). Registre (1357-1359), in-8° raisin. Imprimerie E. PRIVAT, Toulouse (1918).

La Colonie Antique de Ruscino, in-8° raisin sur papier fort alpha, illustré de 9 planches. Préface de M. Héron de Villefosse, membre de l'Institut. Imprimerie COMET, Perpignan.

Documents historiques sur la ville de Perpignan. Principales chartes (catalan) concernant la ville. In-8° raisin. Imprimerie COMET, Perpignan (1922).

Le Théâtre et la Musique dans l'Antiquité, in-8° coquille. Imprimerie COMET, Perpignan.

La Céramique de Ruscino, in-8° raisin avec 12 photogravures hors texte Imprimerie J. MARTY, Perpignan.

L'Organisation municipale de Perpignan du XIIe au XVIIIe siècle ; *Actes politiques et constitutifs de cette commune.* In-8° raisin. Troisième série. Livre ii. Imprimerie BARRIÈRE & Cie, Perpignan (1920).

Les Moulins de Castell-Rossello et Canet *(Droits de Pêche et droits d'Epaves)*. Quatrième série. Livre I. Imp. BARRIÈRE & Cⁱᵉ (1918).

La Vigne dans l'Antiquité, in-8° coquille. Imp. PRIVAT, Toulouse (1916).

Les anciennes familles seigneuriales de Castell-Rossello, in-8° raisin. Imprimerie E. PRIVAT, Toulouse (1921).

Les Nouveaux Riches et les Bons Riches, in-16. Imprimerie BARRIÈRE & Cⁱᵉ, Perpignan (1921).

Le Costume dans les Temps Anciens et les Lois Somptuaires en France, 9 fascicules in-16. Imprimerie BARRIÈRE & Cⁱᵉ, Perpignan (1921).

Pages d'Histoire du Roussillon, in-8°. Cinquième série. Livre I. Imprimerie BARRIÈRE & Cⁱᵉ, Perpignan (1922).

Les Danses dans l'Antiquité, in-8° raisin. Imprimerie COMET, Perpignan.

Les Danses de la Provence et du Roussillon, in-16. Imprimerie BARRIÈRE & Cⁱᵉ (1922).

Les Hommes politiques du Roussillon sous la Révolution et l'Empire (1790-1815). Etudes archéologiques et historiques sur le Roussillon. Cinquième série. Livre II. Imprimerie BARRIÈRE & Cⁱᵉ, Perpignan.

Figures célèbres de l'Histoire roussillonnaise. Pièces historiques et manuscrites concernant Cassanyes, les Préfets des Pyrénées-Orientales, Charvet et général Martin, le Maréchal Macdonald ; François Arago, politique; Ibrahim-Pacha, etc. Cinquième série. Livre III. Imprimerie BARRIÈRE & Cⁱᵉ, Perpignan.

Feuillets Roussillonnais. Notes d'art ; notices archéologiques. Imprimerie BARRIÈRE & Cⁱᵉ, Perpignan. Cinquième série. Livre IV.

Etude historique sur le Boulou. L'antique stabulum. — Le Volo. — Le Camp du Boulou. — Les Ponts ; les Eglises ; les Sources. Imprimerie GILLES & DUFOUR, Perpignan.

Les Cours d'eau en Roussillon. Les Intendants du Roussillon et les Inondations à Perpignan de la Basse et de la Tet. Imprimerie BARRIÈRE & Cⁱᵉ, Perpignan. Quatrième série. Tome I (2 volumes in-8°.

Lettres de cachet de Louis XV au Conseil Souverain de Roussillon (Les victoires du Roi : la Famille royale). Imprimerie COMET, Perpignan

Les Intendants du Roussillon et les Inondations à Perpignan. Tome II. Le Corps des Ingénieurs des Ponts et Chaussées.

Portraits Roussillonnais. Imprimerie GILLES & DUFOUR, Perpignan.

A L'IMPRESSION

Louis XIV et l'Amour de la Guerre. Imprimerie BARRIÈRE & Cⁱᵉ, Perpignan.

Les Trabucayres ou les Bandits du Roussillon (1838-1846). *(Le plus grand procès du XIXᵉ siècle à Perpignan)*. Imprimerie BARRIÈRE & Cⁱᵉ, Perpignan.

HENRY ARAGON

MEMBRE DE LA SOCIÉTÉ FRANÇAISE D'ARCHÉOLOGIE

Les Intendants du Roussillon

ET LES

Inondations à Perpignan

(1683-1789)

Recueil des Ordonnances, Décrets, Règlements, Devis
relatifs aux Crues de la Basse et de la Tet

TOME II

PERPIGNAN
IMPRIMERIE BARRIERE & Cⁱⁱ
1, Rue des Trois-Rois, 1

1925

Les Intendants du Roussillon

ET LES

Inondations à Perpignan

PREMIÈRE PARTIE

CHAPITRE PREMIER

**Les Intendants d'Albaret, de Bertin, de Bon,
de Clugny, de Saint-Sauveur,
et la réorganisation des Ponts-et-Chaussées
(1742-1789)**

**Travaux exécutés à la Tet de 1742 à 1746. — Mémoires
de M. Thierry. — Correspondance du Comte d'Albaret
avec le Maréchal d'Asfeld, le comte d'Argenson et le
marquis de Maurepas.**

**Détail des travaux exécutés à la rivière en 1742 —
Inondation du 2 octobre 1742. — Mémoires de
M. Thierry au sujet du pont de charpente.**

**Avis de l'Ingénieur Laurens pour le redressement de la
rivière.**

**Lettres du Comte d'Albaret, Intendant, à M. d'Asfeld,
au Comte d'Argenson, à M. Orry et à M. de Maurepas,
au sujet du pont de la Tet, et de diverses recomman-
dations.**

**Ordonnances du subdélégué de l'Intendant.
Contraventions.**

1° *Ouvrages au compte du Roy :*

Pendant l'année 1742, les travaux furent continués sans
interruption aux trois arches du pont de la Tet, et dans le lit
même où l'on construisit un grand et petit batardeau pour

détourner la rivière. On transporta des terres pour former la rampe qui conduisait « au pont provisionel ». On fit aussi quelques réparations à la maison des Jésuites servant de magasin et au jardin dépendant de la d. maison. On enleva également des pierres de taille qu'on avait posées au pied de la pile qu'on a repaissie afin d'empêcher l'affouillement des eaux.

...Article 6ᵉ... Pour avoir creuzé approfondy et entretenû pendant tout le cours de l'ouvrage un canal régnant le long du jardin du seminaire jusques et au-dessus des terres appartenantes au Sieur Malhac le long de l'ancien lit de la rivière, fait et entretenû un autre canal partant de l'extrémité du pont provisionnel et aboutissant au-dessus des eaux-vives servant à baisser par sa pente naturelle les eaux de l'excavation des fondations fait le deblay nécessaire pour poser les grilles et planches sur les fondations, deblaye le terrien pour pouvoir poser les palplanches le long des pilots de coffre de garde en pierre seiche et fait au moyen des moulins et autres machines hydrauliques les épuisements d'eau nécessaires.

... Article 7ᵉ... Pour indemniser les entrepreneurs du dégât causé par l'inondation du 2ᵉ octobre 1742, et des bois, outils, engins, échafaudages qui furent emportés. Ensemble les dépenses qu'on a faites pour les chercher et rapporter ce qu'on a pu trouver [1]. Effets qui ont été perdus et leur estimation faite par les Entrepreneurs... Ces dépenses s'élevèrent à la somme de 4089 livres, 13 sols, 6 deniers.

2° *Ouvrages au compte de l'Entrepreneur :*

Les travaux concernent le canal au-dessus des Capucins, qui devait servir à détourner la rivière « qui se rejettait contre le fauxbourg pour la faire passer sous la 4ᵉ et la 5ᵉ arche, et faciliter par ce moyen les fondations des piles du pont à refaire à neuf ». On construisit un canal vis à vis l'emplacement de la 3ᵉ arche à refaire, pour faire écouler les eaux provenant des épuisements.

L'article quatrième est particulièrement intéressant il nous

---

[1] Il y eut 33 journées 1/2 de charrettes attelées de quatre chevaux qui rapportèrent « les effets qui se sont trouvés dispersez dans la campagne ».

indique quelle est la pile qui fut rasée... « Pour avoir démoly
les piles du vieux pont et les arceaux qui s'etoint ecrouléz et
fait place nette pour construire les nouvelles fondations :
DÉMOLITION HORS DE L'EAU [1] DE LA PILE *du coté du fauxbourg* :
Cette démolition comprend l'avant-bec, l'arrière-bec, le corps
de la pile, l'entredeux des piles.

Les DÉMOLITIONS DANS L'EAU pour déblayer les vieilles fondations concernaient « la pile repaissie, le corps de la pile
et la culée du fauxbourg, et s'élevèrent à la somme de
4085 livres, 2 sols [2] ».

Le document mentionne en détail « les palplanches
employées contre les pilots qui forment le coffre de garde en
pierre seiche devant les radiers et qui retiennent l'argamase
des avants et arrières becs des piles ; les longines, traversines, chapeaux, planches de madriers, fer pour les sabots des
pilots, crampons ; CLOUS **(5610)** employés a clouer les sabots
des pilots et le plencher sur la grille de la pile repaissie
pezant ensemble huit quintaux septante huit livres, a quarante livres le *quintal poids de marc*, montant à la somme de
351 livres, 4 sols ».

La pierre de taille, pour les trois assises qu'on a posées sur
le plancher précédent, représentait 258 pieds, 7 pouces de
taille estimé « à 4 l. le pied quarré eu égard à la portée qu'elles ont dans la maçonnerie » dont le montant s'élevait à
1034 livres, six sols.

La maçonnerie cube de moelon ordinaire pour l'emplacement de la pierre de taille et le repaisissement de la pile,
à 55 livres la toise cube s'éleva à la somme de 165 livres ».

Le document mentionne les dégâts causés par l'inondation
du 2 octobre 1741, « au pont provisionel » qu'on répara, et
qui s'élevèrent à 513 livres, 7 sols, 5 deniers.

Le total général de la dépense pour l'année 1742, fut de
45968 livres, 18 sols, 5 deniers.

Signé : PONTMARTIN.
JOBLOT.

[1] 71 toises, 3 pieds, 4 pouces de démolition hors de l'eau, qui, a raison de 8 sols le pied cube reviennent a 86 livres, 8 sols la toise cube,
montent à la somme de 6189 livres, 8 sols.

[2] 22 toises, 1 pied, six pouces de démolitions dans l'eau : (le pied
cube revient à 183 livres, 12 sols la toise cube.)

Mémoire du Sieur Thierry, au sujet des travaux de peinture faits au pont de charpente, qui étaient inachevés, et qui doivent être toisés.

29 avril 1742

Pour mettre M. de Jallais en estat d'arrester en 1739 la dépense qui avoit esté faitte en 1738 et 1739 pour la construction de deux ponts de charpente pour tenir lieu de la première et de la troisième arche du Pont de la Pierre, joignant le faux bourg Notre-Dame, je compris dans le toisé que j'en avois fait la peinture en entier de ces deux ponts, quoyqu'elle ne fût que commencée. Depuis, on attendit pour la continuer un tems favorable, c'est à dire un tems extrémement sec : cela occasiona des délais, malgré lesquels on finit cependant la peinture du plus petit des deux ponts. On auroit continué celle du grand ; mais, les circonstances ayant changées, on prévit qu'on le démonteroit bientost, et on jugea qu'il falloit la laisser dans l'estat où elle estoit, c'est à dire peu avancée.

Comme on va démonter ce pont, j'ay cru qu'il convenoit, puisque j'ay signé le toisé où est compris cette peinture, que j'eu l'honneur de faire resouvenir par ce mémoire Monsieur le Comte d'Albaret de ce que j'ay eu celui de lui dire la-dessus, afin qu'il puisse, s'il le juge à propos, donner ses ordres pour que les parties du grand pont de charpente dont il s'agit, qui ont esté peintes, soient toisées à fur et à mesure qu'on les démontera, afin que l'on puisse défalquer la quantité de toises qui n'aura pas esté faitte de celle qui a esté comprise dans le toisé.

La chose en vaut la peine, puisque je conjecture que la peinture non faitte, et à laquelle les entrepreneurs estoient obligés, peut aller à environ cinq cent livres [1].

Fait à Perpignan, le 19ᵉ avril 1742.

THIERRY.

---

1 Archives des Pyrénées-Orientales, C 1211.

Mémoire de M. Thierry, relatif à la démolition du pont en bois, et aux pièces de fer qui avaient servi à sa construction.

27 avril 1742

Quand je fis construire le troisième pont de charpente près du faux bourg Notre-Dame pour tenir lieu de la deuxième arche du Pont de la Pierre, il y eut une difficulté sur la quantité de fer que le Sr Barthélemy avoit fourny pour ce pont, et cette difficulté rouloit sur une assez grande quantité de fer ; après avoir fait tout ce qu'il me fut possible pour découvrir la vérité, je passay au Sr Barthélemy, malgré quelques doutes qui me restoient, le fer qu'il demandoit ; mais j'exigeay de lui une soumission pour qu'il tint compte du fer qu'on lui auroit payé de trop, si on s'apercevoit, en démontant ce pont, qu'on luy en eût payé effectivement plus que l'on ne devoit. Monsieur Peyrottes doit trouver cette soumission parmy les papiers que je luy ai remis, et on peut en faire usage aujourdhui, puisqu'on travaille actuellement à la démolition de ce pont.

Il faudroit donc ordonner que les pièces de fer qui ont esté employées, fussent pezées à part par un pezeur public, et que l'on eût soin dans le mémoire qui en sera dressé, de marquer en quelle partie du pont ces pièces de fer estoient placées. C'est un petit détail dont le Sieur Fabre pourroit estre chargé, et qui servira toujours quand même il seroit inutile à éclaircir le point dont il s'agit, puisqu'il faut que ce fer soit pezé de nouveau pour estre remis à l'entrepreneur qui a entrepris la démolition des ponts, etc. On pourroit avertir le Sr Barthélemy de se trouver présent, s'il le veut, à cette opération, qui doit rouler principallement sur les estriers et boulons.

Comme on travaille à démonter le pont dont il s'agit, il faudroit sur le champ donner ordre que l'on mît le fer qui en proviendroit à part, pour qu'il ne se confondit pas avec celuy des autres [1].

Fait à Perpignan, ce 27 avril 1742.

THIERRY.

[1] Archives des Pyrénées-Orientales, C 1211.

**Résumé des travaux nécessaires pour le redressement
du lit de la rivière: 1° plantations — 2° Canaux digues
ou batardeaux — 3° Canaux seuls et plantations. Le
Sr Laurens, ingénieur du roi estime qu'avant de
planter il faut faire des digues, canaux ou batardeaux. (Le mémoire contient un récit détaillé relatif
à la construction des batardeaux.)**

17 août 1742

*Avis du Sr Laurens, Ingénieur Ordinaire du Roy, concernant
les ouvrages à faire pour redresser le lit de la rivière de la Tet,
depuis le Soler jusqu'au Pont de Perpignan.*

1742

Tout le monde convient que cette rivière fait depuis longtemps des grands ravages aux terroirs de Villeneuve, de Baho,
de Saint-Estève, et du Vernet, situés le long du bord du Nord;
qu'il faut la détourner de ce bord où elle coule aujourdhuy,
et la jetter et la contenir dans le nouveau lit marqué où elle
coulera suivant les directions les plus droites qu'il a été possible de luy donner.

L'on se partage seulement sur les moyens qu'il faut prendre
pour parvenir à ce but.

Les uns prétendent qu'il ne faut avoir recours qu'aux
seules plantations, rejettants toute autre sorte d'ouvrages,
parce qu'ils coûteroient trop, et au delà de ce que les contribuables peuvent fournir, et qu'ils sont d'ailleurs inutiles.

D'autres au contraire soutiennent qu'avec les seules plantations, on n'avanceroit rien, et qu'il convient absolument,
avant de planter, de faire d'autres ouvrages, comme des
canaux, des digues ou batardeaux.

D'autres enfin, comme s'ils vouloient garder un milieu,
reconnoissent qu'outre les plantations, il faudra ouvrir des
canaux; mais ils rejettent entièrement toute digue ou tout
batardeau.

Devant donner mon avis sur cette affaire, il me faut néces-

sairement prendre un de ces trois partis. C'est pourquoy,
après avoir écouté les raisons des uns et des autres, et après
y avoir bien réfléchi depuis le temps que j'ay pris connoissance de cette affaire, je suis déterminé à me déclarer en
faveur du sentiment des seconds, persuadé comme eux que,
pour parvenir au but que l'on s'est proposé, il faut, avant de
planter, faire d'autres ouvrages, comme des canaux, digues
ou batardeaux.

Pour appuyer ce sentiment, je ne feray que deux simples
raisonnements qui paroîtront convaicants à quiconque con-
noîtra tant soit peu le lit de la rivière dont il s'agit. Mais
mettons plutôt en avant quelques propositions dont je ne
crois pas que l'on puisse contester la vérité : elles serviront à
éclaircir la matière, et à bien établir l'état de la question.

I° Le terrain au bord du Nord, le long duquel la rivière
coule aujourdhuy, en y causant à chaque inondation de si
grands ravages, est de beaucoup plus bas que tout le reste du
lit de la rivière compris entre le dit bord, et l'autre bord du
Midi, qu'on appelle les Côtes ;

II° Ce lit s'est extrèmement élargi par succession de temps
aux dépens des terroirs situés sur le bord du Nord, de
manière que la rivière ne sauroit l'occuper aujourdhuy tout
entièrement ;

III° A mesure que la rivière a élargi son lit du côté du
Nord, elle s'est éloignée du bord du Midy, où il s'est formé
aussi successivement des isles couvertes de bois, et aussi
hautes au moins que le bord actuel du Nord, au delà desquelles la rivière coule toujours ;

IV° Ces isles se multipliants et se fortifiants tous les jours,
en deviennent d'autant plus redoutables aux terroirs scitués
au bord du Nord, contre lequel elles poussent continuellement la rivière ;

V° Les maux que la riviere fait depuis si longtemps, et
auxquels on veut aujourdhui remédier, ne viennent que de
ce qu'elle coule tantôt du Midy au Nord, et tantôt du Nord au
Midy, en serpentant toujours, ce qui occasionne les différentes anses que l'on voit au bord du Nord, qui s'agrandissent à
chaque inondation

VI° L'unique moyen de remédier à ce grand inconvénient, est de redresser le cours de la rivière, de manière qu'elle n'aille plus fraper directement aucun bord, mais qu'elle coule seulement le long de ses bords.

Tout cela posé, je demande à présent à ceux qui soutiennent le premier sentiment, comment est-ce qu'ils peuvent prétendre, en plantant seulement, remédier aux inconvénients cy-dessus, et mettre la rivière dans l'état qu'il faut pour qu'elle n'aille plus fraper aucun de ses bords. Les plantations pourront bien faire atterrir quelques petites parties des anses que forme le bord du Nord. Mais feront-elles, pour cela, que la partie du lit où la rivière coule toujours aujourdhuy le long de ce bord, ne soit plus basse de beaucoup que le reste du lit ? Feront-elles emporter toutes ces isles si hautes, et garnies de bois bien fourrés pour la plus part, qui poussent continuellement la rivière contre le dit bord du Nord ? Pour moy, je ne saurois le croire. Il me paroît au contraire évident que cela n'empêchera pas que la rivière ne coule toujours au-delà des isles, et que, par conséquent les mêmes inconvénients d'aujourdhuy ne subsistent toujours.

D'où je conclus, en premier lieu, qu'avant de planter, il faut avoir à la rivière une nouvelle route bien différente de celle qu'elle tient aujourdhuy, et cela au moyen d'un canal fait dans le nouveau lit marqué.

Jusques là, nous pensons la même chose, disent les partisans du troisième sentiment, puisque nous reconnoissons qu'outre les plantations, il faut faire encore des canaux. Mais, pour des digues ou des batardeaux, nous les croyons, ajoutent-ils, tout à fait inutiles et quelque chose de trop coûteux.

Mais, ils n'y pensent pas bien, se sont les canaux qui sont véritablement inutiles sans digues ou batardeaux, dans le cas qu'il s'agit. En voicy la raison.

Ces canaux ne seront pas creusés plus bas que la partie du lit occupée aujourdhuy par la rivière le long du bord du Nord. (Ce sera beaucoup faire même que de les creuser aussi bas). Or, sur ce pied-là, qu'est-ce qui déterminera les eaux à prendre plutôt la route des canaux que celle qu'elles suivent aujourd'huy? Qu'est-ce qui retiendra ces mêmes eaux, quand elles seront basses, pour les faire passer toutes dans le nouveau lit? Il n'y a certainement qu'une digue ou un bon batardeau qui puisse le faire, cela est évident.

Après cela encore, lorsque les eaux, introduites dans le canal que l'on pourra considérer comme le lit de la rivière tracé en petit, lorsque ces eaux, dis-je, seront parvenues à certains endroits où il y a des bas-fonds, et où par conséquent le canal sera interrompu, qu'est-ce qui retiendra là les eaux, et les empêchera de regagner promptement le bord du Nord, si ce n'est une Digue ou un bon batardeau. Cela est encore évident et ne demande pas davantage d'explications.

D'où je conclus, en second lieu, qu'avant de planter, outre les canaux qu'il faut faire, pour ouvrir à la rivière une nouvelle route, il faudra encore faire des digues ou de bons batardeaux, tant pour introduire que pour contenir les eaux de la rivière dans les dits canaux.

Mais, continue-t-on, toutes ces digues, tous ces batardeaux et tous ces canaux coûteront infiniment et au delà de ce que les contribuables peuvent fournir.

Il est vray que, pour venir plus promptement à bout du dessein que l'on s'est proposé, il faudroit faire d'abord un canal de vingt toises de large le long du nouveau lit qui a été marqué, et ensuite quatre bonnes digues défendues par nombre de bons épys, comme la digue Orry, pour introduire et contenir la rivière dans ce canal qui seroit son nouveau lit. Mais, comme l'on voit, à veue de païs, que les contribuables ne sont pas en état, bien loin de là, de fournir à de si grandes dépenses, et qu'il faudroit d'ailleurs beaucoup de troupes pour l'exécution d'un tel projet, je suis le premier à le regarder comme quelque chose de chimérique.

Cela ne doit pas cependant empêcher tout à fait que l'on ne songe à réparer les désordres qui sont arrivés, et à prévenir ceux qui arriveront encore infailliblement, si l'on néglige entièrement cette affaire. Il n'y a qu'à avoir recours à d'autres moyens beaucoup moins coûteux et qui, quoique plus lents, ne laissent pas pour cela de faire espérer un heureux succès, du moins dans quelque temps d'icy. C'est dans cette idée que je vais proposer ce que je juge qu'on peut faire de plus convenable dans la conjoncture présente.

Je commencerois en haut au-dessus du Soler. J'y réparerois le premier batardeau que l'on y a fait l'année dernière,
pour mettre l'eau dans les canaux faits dans le nouveau lit
marqué ; lequel batardeau on a endommagé pour procurer de
l'eau au ruisseau de Vernet.

Derrière ce batardeau, j'en ferois un autre à une certaine
distance, auquel je donnerois six pieds d'épaisseur, et tout
au plus trois pieds et demy d'hauteur, et construit seulement
avec des piquets, clayons et cailloux, de la manière que je
diray cy-après.

Entre ces deux batardeaux, et à quelque distance du nouveau, comme de 5 à 6 toises, je commencerois d'ouvrir un
canal, qui iroit aboutir vers un autre petit batardeau fait aussi
l'année dernière un peu au-dessous du précédent, pour bou-
cher une trouée par laquelle les eaux reprenoient le chemin
de Villeneuve.

Je réparerois aussi ce second batardeau qui a été endommagé, et j'en ferois encore un autre derrière, dans le même
goût que celuy que je viens de proposer à faire cy-dessus.

De là ensuite, en descendant vers Sainte-Eugénie, il n'y a
rien à faire, jusques à un endroit qui est un peu au-dessus
du dit Sainte-Eugénie. Là, et à l'endroit où l'on avoit commencé l'année dernière une espèce de digue dont je n'ay pas
aprouvé la construction, il faut faire un autre batardeau de
la même manière que ceux qui sont à faire en haut ; creuser
davantage les canaux qui aboutissent à un seul qui est un peu
au-dessous de Sainte-Eugénie, lequel on prolongera sur la
même largeur et absolument sur le même alignement qu'il
est commencé, jusqu'auprès de l'olivète qui est au-dessus du
mas Générès.

Venant ensuite vers Saint-Estève au batardeau qui sert à
mettre les eaux dans les canaux faits dans le nouveau lit
marqué, et qui a été rompu, il faut le réparer, et en construire
un autre derrière dans le même goût que ceux que j'ay proposé de faire de nouveau cy-dessus. Il convient ensuite
qu'entre ces deux batardeaux, et à 5 ou 6 toises de distance
du nouveau, l'on commence à ouvrir un canal de trois toises
de large, que l'on poussera toujours dans le même alignement

d'un bout à autre, et sur la même largeur, jusques vers vis à vis la pointe du bois de M. Oriola, d'où la rivière coule assés comme il faut dans un bon lit jusqu'au Pont de Perpignan.

Quant à la construction des batardeaux que je propose de faire au lieu de grandes digues, voicy comme j'entends qu'ils soient faits.

Comme ils doivent avoir une toise d'épaisseur, il faudra déblayer tout le long de l'endroit où l'on devra placer le batardeau par deux toises de large, et jusqu'à ce qu'on trouvera l'eau et le bon gravier, afin que le dit batardeau soit un peu fondé comme il faut.

Ce déblais fait, on plantera une rangée de piquets tout le long, distants l'un de l'autre de 15 pouces de milieu en milieu, et de manière que leur sommet ne soit tout au plus que de trois pieds et demy plus haut que le terrain du lit de la rivière où l'on construira ce batardeau. On les entrelassera ensuite de bonnes branches d'arbres mises en clayonnage, et cette rangée ainsi faite, on en faira quatre autres parallèles et distantes également l'une de l'autre, de manière que les cinq ensemble fassent la toise d'épaisseur que doit avoir le batardeau.

Ces cinq rangées de piquets étant clayonnées formeront quatre coffres que l'on remplira de gros cailloux. Les piquets devront avoir sept pieds environ de long pour qu'on puisse les faire entrer dans le gravier jusqu'au refus de la masse. Il convient aussi qu'on les employe coupés de frais, afin qu'ils puissent prendre, et qu'on en plante aussi un certain nombre derrière le batardeau.

Un batardeau construit de cette façon sera capable, selon toute apparence, de soutenir le volume d'eau qu'il retiendra pour le faire entrer dans les canaux ; et comme aussi, par son peu d'élévation, il ne donnera point de prise à la rivière dans les temps d'inondation, les eaux ne feront alors que le surmonter sans l'emporter ni le détruire. L'exemple de celuy que l'on a fait l'année passée au-dessus du Soler à peu près dans le même goût, subsistant encore quoiqu'il ait été plusieurs fois surmonté par plus de 3 pieds d'eau, ne peut être que de fort bon augure pour ceux que je propose icy, qui seront plus épais et contruits encore d'une manière plus solide.

Ces batcrdeaux subsistant donc toujours après les inondations, ainsi qu'il est aisé de le présumer, on aura toujours la plus grande partie de la rivière dans le nouveau lit marqué. En plantant ensuite de chaque côté de ce lit, dont la largeur a été prescrite de 70 à 80 toises, les parties basses où la rivière coule aujourdhuy le long des terroirs de Villeneuve, Baho, et Saint-Estève, s'atterriront peu à peu, et les eaux qui passeront par-dessus les batardeaux dans les temps d'inondation, contribueront beaucoup à cet atterrissement.

Quant à l'observation que M. Delpas a fait dans le procès-verbal, sur ce que la rivière, après avoir coulé entre l'isle et le tuf vis à vis de l'Hospitalet, venant à fraper directement sur le batardeau qui est fait dès l'année dernière, et par conséquent aussi sur celuy qui est à faire, il est à craindre qu'elle n'emporte ces ouvrages.

Je dis d'abord que le batardeau fait en cet endroit l'année passée, n'a pas seulement été endommagé par la rivière, quoiqu'elle soit venue le fraper directement, et quoiqu'il ait été surmonté par plus de trois pieds d'eau. Quand il l'auroit été de dix de plus, il y a toute apparence qu'il auroit pareillement subsisté, ces sortes d'ouvrages ne risquant d'être détruits qu'autant qu'ils donnent de prise aux eaux, pour peu solidement qu'il soient faits. Cela donne lieu d'espérer que l'autre batardeau que je propose de faire aussi en cet endroit ne risque pas plus d'être emporté que l'autre, puisque par son peu d'élévation, il ne donnera pas plus de prise à la rivière, et qu'il sera d'ailleurs plus épais, et construit d'une manière plus solide.

Après cela, on remarque encore que depuis quelque temps, la rivière écorne considérablement cette isle à chaque inondation. On peut donc espérer qu'elle achévera bientôt son ouvrage. Pour tàcher d'en faciliter l'avancement, on n'aura qu'à planter au pied du tuf, sous l'Hospitalet, quantité de gros piquets de saule coupés de frais : ce petit bois pourroit rejetter les eaux vers l'isle et en avancer par conséquent sa destruction.

Les ouvrages que j'ay proposé de faire cy-dessus pourront monter à la somme de dix mille livres : sçavoir, celle de six mille livres pour les quatre mille toises cubes de terre qu'il faudra à peu près déblayer pour faire les canaux indiqués, et les quatre autres mille livres pour la construction des batardeaux.

On peut juger par ce que j'ay dit cy-dessus qu'à mon avis les ouvrages faits l'année dernière sont utiles, et qu'il n'y a qu'à les perfectionner. Vers le terroir de Saint-Estève seulement, il y a un canal que j'ay dit dans le procès-verbal avoir été fait mal à propos hors du nouveau lit marqué. Mais au bout du compte, il en est si peu éloigné que cela ne vaut pas la peine d'en parler.

Quant à la question de savoir si les ouvrages faits et à faire aux terroirs supérieurs de Villeneuve et de Baho seront utiles ou non aux terroirs inférieurs de Saint-Estève et de Vernet, je dis que la simple lecture du procès-verbal de la visite que j'ay faite, détermine à croire l'affirmative.

Il conste par ce procès-verbal que la rivière prend en flanc partie du terroir de Saint-Estève qu'elle a écorné considérablement sur les confins de celuy de Baho, et que les bords de la rivière étant par là fort bas, les eaux, après avoir traversé les bois dans les temps de crue, vont inonder les terres qui sont derrière. Or, cela étant, quelques ouvrages que l'on fît au terroir de Saint-Estève pour se préserver des désordres que la rivière y cause, il est certain qu'ils deviendroient inutiles, si ceux de Baho ne se faisoient pas, puisque la rivière n'en prendroit pas moins en flanc le dit terroir de Saint-Estève, et que, continuant toujours de serpenter, comme elle fait aujourdhuy, et de fraper d'un bord à l'autre, elle ne cesseroit point de faire les ravages qu'elle fait depuis long-temps au dit terroir. C'est ce qu'elle ne faira pas, si on la mène d'en haut bien dirigée, en faisant les ouvrages qu'il faut pour cela, aux terroirs de Villeneuve et de Baho. D'où il suit évidemment que les ouvrages supérieurs ne peuvent qu'être très utiles au terroir de Saint-Estève, et que le succès de ceux que l'on doit faire à ce terroir dépend même des ouvrages supérieurs.

Ce que nous venons de dire de Saint-Estève, il faut le dire aussi de Vernet, puisque ce terroir-cy ne reçoit des dommages de la rivière que parce qu'elle passe par dessus les bords qui sont trop bas le long du terroir de Saint-Estève. Les ouvrages de Villeneuve et de Baho ne peuvent donc qu'être avantageux également aux parties du terroir du Vernet que la rivière endommage après Saint-Estève.

A l'égard de l'autre question, savoir si les eaux, dans les temps de crue, après avoir passé ou coulé par les terroirs de Saint-Estève et de Vernet, ne peuvent pas venir endommager la chaussée de Vernet et les terres qui l'avoisinent, je diray que, pour le présent, il n'y a rien à craindre là-dessus, les eaux qui passent par-dessus les bords au terroir de Saint-Estève et qui viennent aboutir à la partie de la chaussée comprise entre le jardin de M. Peyrottes et les Eaux-Vives, pouvant s'écouler aisément par les dites Eaux-Vives et le Pont Neuf. Mais si l'on négligeoit longtemps à faire les ouvrages nécessaires pour redresser le lit et réparer les bords de la rivière, il n'est pas douteux qu'en ce cas-là la chaussée et le Pont Neuf même courroient grand risque, parce que la rivière, à force d'empiéter sur le terrain de Saint-Estève, pourroit parvenir à des bas-fonds ou ruisseaux qui ouvriroient à la rivière ou à quelque bras une route derrière la Digue Orry, ce qui seroit visiblement une grande source de désordres.

Fait à Perpignan, le 17 aoust 1742 [1].

LAURENS.

---

[1] Archives des Pyrénées-Orientales, C 1212. Taxé 72 livres.

Détail des travaux faits en 1743 aux trois arches du pont de la Tet : Ces ouvrages exécutés par le Sᵣ Pierre Figeac s'élevèrent à la somme de 51.012 livres.

Aperçu des « dépenses faites par économies sur le compte du Roy à l'occasion des dits ouvrages et payés par l'Entrepreneur ».

« Toisé des ouvrages faits en 1743 au Pont sur la Rivière de la Tet pour refaire a neuf les trois arches qui tomberent dans le tems de l'inondation qui survint le 11 novembre 1737. Entrepris et exécutés par le Sʳ Pierre Figeac suivant son marché du 26 feuvrier 1741, y compris aussi la dépense de ceux qui ont été faits en détail cette même année sur le compte du Roy tant à l'estimation que par œconomie, a l'occasion des susdits ouvrages.

Ces travaux exécutés aux arches comprennent les pilots de chêne ou de pin que l'on employa « sous la grille du fondement de la 1ʳᵉ pile neuve, la *plus proche de la porte du fauxbourg ;* les pilots qui portent « la grille du Radier qui regne d'une pile à l'autre sous la 2ᵉ arche... pour les dix longines du radier qui regne autour de l'avant bec et arrière bec, de la troisième pile qui a été épaissie et prolongée... pour le cours de chapeaux chevillés avec grandes chevilles barbelées sur les pilots de garde qui bordent du côté d'amont, les radiers des trois arches et des avant becs des trois piles neuves.

Autre bois de chêne pour les palpanches chevillées contre lesdits pilots de garde, et le long de quelques parties des radiers... devant le Radier de la première arche à faire, ou, attenant la Culée du fauxbourg... Pour les palpanches mis au pied de l'angle de pierre de taille qui est a l'extrémité du mur à parement de brique qui a été fait devant la maison du Sʳ Rustan, et attenant la Culée du fauxbourg du côté d'amont, lesquels palplanches retiennent l'argamas que l'on a mis au pied du dit mur à parement de brique.

La charpente de bois de sapin, au pont provisionel « pour 4 pilots que l'on a planté a la place d'un pareil nombre qu'il y a eù d'emportés par les eaux, « à la première crüe de la

Rivière survenue au mois de novembre dernier, coûta
102 l. 9 s. 8 d. »

Détail intéressant sur la « Démolition des vieilles piles
hors de l'eau, *en se fournissant la poudre...* Pour l'avoir achevé
de démolir les deux vieilles piles renversées par la dernière
chute des trois arches, afin de les mettre au point qu'il falloit
pour y placer dessus les grillages des Radiers que l'on a tenu
plus bas qu'on ne l'aurait conté l'année précédente... A une
troisième vieille pile qui s'est trouvée de la première fondation du pont entre les deux précédentes, et qu'il a fallû aussi
abaisser...

Démolitions, ou arrachements de vieille maçonnerie...
Pour avoir démoli partie du Bloc de vieux argamas qui est
attenant la Culée ou fauxbourg du coté D'amon, pour l'emplacement du mur... que l'on a fait devant la maison du
Sr Rustan, afin d'empecher la Riviere de prendre en flanc
la d. culée du fauxbourg.

La *maçonnerie de gros libage* faite au radier sous la première arche près de la porte du faubourg avait été payée à
l'entrepreneur à 120 livres la toise cube seulement, au lieu
de 180 l. « portées par le marché, parce que cette maçonnerie n'a pas été faite suivant les conditions prescrites ».

Le devis mentionne les *pierres de carrière posées* a sec, pour
l'encaissement tant du coté d'amont que d'aval le long des
radiers des arches ; la maçonnerie de moëlon ordinaire, faite
à la première pile la plus proche du faubourg, « a fondement
depuis le plancher qui est sur la grille jusqu'a la retraite
formée par la p^re assise de pierres de taille de 20 pouces de
haut... »

Aux trois murs que l'on a fait au milieu et a travers des
radiers sous les trois arches neuves pour porter les ceintres...

Maçonnerie commune ou de cailloux, au dessus de ce qui
a été fait en maçonnerie de moëlon ; maçonnerie toute de
brique pour couronnement de murs au couronnement de ce
même mur.

Pierre de taille à la première pile la plus proche de la
porte du fauxbourg. A la première assise mise sur le plancher de la grille du fondement et qui fait le revêtement du

fondement tant du corps de la pile que de l'avant bec et de l'arriere bec.

« Dépenses faites en détail et par œconomie sur le compte du Roy a l'occasion des dits ouvrages conformément aux Etats ou memoires que l'on en a tenù journellement, et qui ont été verifliés, et arrêtés a la fin de chaque semaine...

Cet état comprend l'achat de différents bois [1] pour faire des piquets, destinés aux fassines et aux batardeaux, et les travaux [2] faits aux « deux batardeaux qu'il a fallu faire au dessus du pont entre les deux digues, afin de detourner la Riviere de l'endroit du pont ou il falloit travailler, en la faisant passer sous les vieilles arches, lesquels deux Batardeaux ont été faits, sçavoir l'un au commencement de l'ouvrage et l'autre a l'occasion de la crüe survenue le 11 septembre ».

Le détail suivant précise bien l'endroit où se trouvait le *pont de la porte de la Sal :* « Pour avoir fait avec fassines, et piquets deux petits Batardeaux, a travers du lit de la RIVIÈRE DE LA BASSE, l'un au dessous du PONT DE LA PORTE DU SEL, pour jetter les eaux de cette riviere dans la cuvette du fossé, et l'autre au dessous du PONT DE LA PORTE NOTRE DAME, pour faire aller les eaux qui venoient encore de cette Riviere, dans le Ruisseau des jardins de Saint-Jaume, afin d'empecher toutes ces.eaux de venir sur l'ouvrage pendant surtout que l'on fondoit les deux piles... »

Pour avoir fait un canal depuis le pont jusques en bas vers le BOIS DE M. XAUPI, afin de faire baisser les eaux a un certain point, pour pouvoir fonder les piles, et faire les radiers tout a la fois, et « sans avoir guere recours aux chapelets pour puiser les eaux, et pour avoir aussi recreusé ce même canal qui fut comblé en partie par la crüe qui survint le 11 septembre...

Pour journées d'ouvriers employés à faire aller les moulins

---

[1] Ces bois furent achetés a Mʳ Baichas, au Sʳ Manuel, au terroir de Boupas, au Sʳ Reynès au même terroir.

[2] Les journées d'ouvriers employés à travailler dans l'eau étaient payés à 20 sols, les autres à 16 sols ; les journées de femmes qui portaient des terres, du gravier, des cailloux étaient payés à 8 sols la journée.

2

ou chapelets pour puiser les eaux pendant le temps que l'on a travaillé tant a placer les deux grilles avec leurs planchers dessus, au fondement des deux piles memes, qu'a petarder, et enlever les differents blocs de vieille maçonnerie que l'on a trouvé sous le fondement de la 1re de ces deux piles...

Pour un sablier qui servait a marquer le temps auquel les ouvriers qui faisoient aller les moulins, devoient se relever...

Pour avoir demoly avec des masses de fer, et en petardant, les differents blocs de vieille maçonnerie... etc.

Pour 29 boëttes de fer blanc pour faire les petards dans l'eau a 6 s. chacune... Pour 32 l. de poudre a 18 sols la livre... Pour... pistolets que l'on a racommodé et rallongé avec vieux fer, (ou) en y mettant de l'acier... Pour aiguisage de ces pistolets... Aiguisages d'aiguilles avec lesquelles on faisoit aussi les petards.

... Pour avoir recepé plusieurs pilots de palplanches, le long des radiers..., lesquels pilots on les a recepés cette année, afin de tenir tous ces radiers plus bas qu'on n'avait compté...

... Pour trois flambeaux de cire employés à éclairer les ouvriers qui ont travaillé partie d'une nuit en fondant la 2e pile.

... *Pour avoir coulé* une petite planche de plomb, AVEC DU PLOMB APPARTENANT AU ROY y avoir fait mettre une PETITE INSCRIPTION, et l'avoir ensuite mise en place avec quatre petits crampons a la pointe de l'avant bec de la 1re pile la plus proche de la porte du fauxbourg le tout estimé ensemble 3 livres...

... Pour avoir payé le voyage de nombre de maçons, et tailleurs de pierre que l'on fit venir de Montlouis et de Villefranche pour travailler dans le tems qu'on fonderoit les piles, et que l'on fut obligé de renvoyer bientôt après qu'ils furent arrivés, parce qu'on ne peut pas les employer plus longtemps, leur frais pour la venue et le retour ayant été évalué a 32 journées a 1 l. 10 chacune... Pour le pont de communication qui a été fait avec des poutres qui appartenoient à l'Entrepreneur a travers le grand canal qui passe sous les vieilles arches, pour communiquer aisement de la digue Orry a l'endroit ou l'on travaillait, il a été depensé 360 livres...

Pour avoir payé au RR. PP. capucins 19 messes qu'ils ont fait dire par un de leurs Religieux, a l'église Nôtre Dame du pont pour les ouvriers [1] les jours de dimanche, et de fete quil y a eu pendant le temps qu'a duré le fort du travail a 20 sols chacune...

... A un tambour de la ville qui a battu la berloque sur l'ouvrage pendant 79 jours qu'a duré le fort du travail à 10 sols par jour.

« Toute la dépense des ouvrages faits cette année au Pont de la Rivière de la Tet et compris dans le present toisé, fait et arrêté par nous Ingenieur ordinaire du Roy chargé de leur conduite monte a la somme de Cinquante un mil Douze livres.

Fait a Perpignan, le 19 decembre 1743.

LAURENS [2].

Lettre de l'Intendant à M. d'Asfeld, relative au remplacement de M Joblot, chargé des places de Montlouis et Villefranche par M. Laurens, Ingénieur ordinaire du roi, pour diriger les travaux du Pont de la Tet.

2 mars 1743

Monsieur d'Asfeld,
Monseigneur,

M. Joblot m'a communiqué la lettre qu'il a reçue de vous en datte du 10 du passé, et qui ne luy est parvenue que le 28, par laquelle vous lui donnés avis que le Roy l'a nommé Ingénieur en chef au Montlouis. Je suis charmé que vous luy ayés procuré cette grâce, car c'est certainement un très bon sujet.

Cet événement m'oblige d'avoir de nouveau recours à votre bonté, sans laquelle je ne pourrois me tirer de l'ambarras où

[1] Les ouvriers et charpentiers qui travaillaient au *pont provisionel*, pour reparer les desordres que fit a ce pont l'inondation qui survint au mois de décembre dernier.

[2] Archives des Pyrénées-Orientales, C 1210, folio 107, verso.

je suis. Vous sçavés, Monseigneur, qu'avec votre permission et agrément, j'avois chargé M. Joblot de la conduite des ouvrages de notre Pont, sous la direction de M. de Pontmartin, et que comme ces ouvrages demandent un homme tout entier, vous aviés bien voulu à ma prière dispenser M. Joblot des autres ouvrages de la Place : et, en effet, il y a travaillé depuis deux ans tout au mieux ; mais nous avons encore de la besogne pour deux ou trois ans. Et, comme il n'est pas possible que M. Joblot, étant chargé des places de Montlouis et de Villefranche, puisse continuer à veiller à ceux du Pont, attendu surtout que ce n'est que dans les mêmes saisons qu'on peut travailler aux uns et aux autres, j'ay proposé à M. Laurens, un des Ingénieurs Ordinaires de résidence en cette Place, qui est aussi un très bon sujet et fort au fait de notre rivière de vouloir bien s'en charger, et il me l'a promis tres grâcieusement, pourvu que vous vouliés l'approuver. Je vous supplie donc, Monseigneur, de vouloir bien m'accorder la grâce que je vous demande, et de permettre à M. Laurens de remplacer M. Joblot, dans la conduite d'un ouvrage aussi important que celuy de notre Pont pour le bien du service du Roy ; et que, par une conséquence nécessaire, vous le dispenserés, ainsi que vous avés fait à l'égard de M. Joblot, de se mêler des autres ouvrages de la Place, pendant le tems que durera l'ouvrage de notre Pont. Il vous sera aisé de remplacer M. Laurens pour la conduite de ces autres ouvrages par quelque autre Ingénieur Ordinaire. M. de Pontmartin et moy avons à juste titre beaucoup de confience à M. Laurens, et nous n'avons que luy, qui, étant bien au fait de notre rivière, soit actuellement en état de nous secourir. Je vous supplie, Monseigneur, d'avoir la bonté de me faire une prompte réponse, parce qu'il faut un peu de tems à M. Laurens pour disposer toutes choses, affin de recommancer nos travaux dès que la saison le permettra. Nous avons cette année une besogne des plus sérieuses à faire, car il s'agit de finir nos fondations, et de passer même les arcades, si nous avons assés de tems.

J'ay l'honneur d'être, etc. [1]

[1] Archives des Pyrénées-Orientales, C 1211.

Lettre de l'Intendant au Comte d'Argenson au sujet de l'arrivée prochaine au Boulou du Régiment de Savoie et des deux Régiments de dragons de France et de Lusitania, et relative au maintien de M. Laurens, Ingénieur ordinaire, pour continuer et achever les ouvrages du Pont de la rivière. (Minute).

20 mars 1743

         Monsieur d'Argenson,
         Monsieur,

J'apris par le courrier de hier que le Roy vous avoit nommé Directeur Général des Fortifications de son Royaume. Permétés-moi d'avoir l'honneur de vous en faire mon très humble compliment. Il y a longtems qu'on souhaitoit dans le royaume (à commencer par le corps même du Génie) de voir cette Direction unie à votre Ministère. En mon particulier j'en ressens une véritable satisfaction, et, comme je me trouve Intendant des Fortifications dans ce Département, il sera des plus gratieux pour moy, qui ay déjà l'honneur de vous rendre compte des affaires ordinaires de la Guerre, de vous rendre pareillement compte de celles des Fortifications.

Par les lettres que je viens de recevoir de Barcelone, j'aprens que le second bataillon du Régiment de Savoye en part aujourdhuy, et doit arriver au Boulou le 28 de ce mois. Pour ce qui est des deux régiments de dragons de France et de Lusitania, on croit qu'ils arriveront pareillement au Boulou le premier et le 3; mais cella n'est pas encore bien sûr. J'ay cependant donné tous les ordres convenables pour que rien ne manque à leur logement, subsistance et voiture. Comme le bataillon de Savoye est extrèmement foible, on me mande qu'on y ajoute près de 340 et quelques convalescents des régiments qui ont cy-devant passé.

J'ay l'honneur d'être avec respect, etc.

Monsieur d'Argenson,
Monsieur,

Je commence dès anjourdhuy à entrer en relation avec vous sur les affaires qui ont du raport au Génie. Ce n'est pourtant pas encore fortification, -mais un ouvrage pour lequel je ne puis me passer d'Ingénieur.

Il y a trois ans qu'une inondation terrible emporta trois arcades du pont scitué sur la Tet à la porte de cette ville, qui est la seule communication qu'on puisse avoir de Perpignan et des autres villes de guerre de la Province avec le Languedoc dans le tems des grandes eaux. Vous connoîtrés par là, Monsieur, de quelle conséquence il est que ce Pont soit bientôt et solidamment rétabli. C'est à quoy je travaille depuis deux ans que le Roy a bien voulu m'accorder des fonds pour cela. Les projets qui avoient été faits par M. de Pontmartin, Directeur du Génie dans cette Province, ont été approuvés ; mais comme un seul homme ne peut suffire pour la conduite d'un pareil ouvrage, attendu qu'il faut souvent travailler jour et nuit, je priay alors M. le Maréchal d'Asfeld de vouloir bien que M. Joblot, Ingénieur ordinaire en cette ville, veillât sous les ordres de M. de Pontmartin à la conduite de cet ouvrage, et qu'il le dispensât, pendant le temps de sa construction de se charger des ouvrages ordinaires de la Place. M. le Maréchal d'Asfeld qui reconnut la justice de ma demande, me l'accorda très gratieusement, et en conséquence M. Joblot y a travaillé très utilement pendant deux campagnes. Mais il y a environ un mois, qu'ayant été nommé Ingénieur en chef du Montlouis et de Villefranche, il se trouve par là hors d'état de pouvoir continuer ses soins pour l'ouvrage dont je vous parle, qui demande un homme tout entier et qui ne s'écarte jamais, c'est ce qui fit que le 2 de ce mois j'écrivis à Monsieur le Maréchal d'Asfeld pour le prier de me permettre de substituer à M. Joblot, M. Laurens, autre Ingénieur ordinaire, en résidence en cette place, fort au fait des ouvrages de notre rivière où il a travaillé en différents temps, et le seul de ceux qui nous restent icy en actuellement, en qui M. de Pontmartin et moy puissions avoir une certaine confiance, mais ma

lettre sera arrivée trop tard, puisque M. le Maréchal d'Asfeld est mort le 7 du courant, je vous suplie donc, Monsieur,
de vouloir bien vous faire raporter ma lettre du 2 du courant,
et de m'accorder la même demande que j'avois faite à Monsieur d'Asfeld ; il s'agit d'un ouvrage, d'où dépend, non seulement l'avantage de la Province, mais le bien particulier du
service du Roy ; notre rivière est un torrent affreux, et en
attendant que le Pont soit réparé, nous sommes à la discré-
tion d'un pont de bois, qui, quoy que solidement bati ne peut
durer longtemps, c'est par ce pont que nous viennent beaucoup de subsistances necessaires pour les habitans, et quasi
celles nécessaires pour les troupes, ainsi vous connetrais par
là, de quelle nécessité il est de parachever le plutôt qu'il se
pourra un ouvrage qui a été parfaitement bien commencé,
j'espère que vous voudrés bien avoir égard à mes justes
reprasentations, en m'accordant M. Laurens, et le dispensant
tant que durera l'ouvrage en question, des autres ouvrages
de la place, pour lesquels il vous sera nécessaire de le remplacer, par un autre Ingénieur ordinaire.

J'ai l'honneur d'être avec respect, Monsieur, etc. [1]

**Lettre du Marquis d'Argenson, ministre de la guerre,
Directeur général des Fortifications, à M. le Comte
d'Albaret, Intendant de Roussillon, relative à M. Laurens, Ingénieur, chargé des travaux de la Tet sous
la direction de M. de Pontmartin. (Original)**

21 mai 1743

Monsieur le Comte d'Albaret,

L'on m'a remis, Monsieur, votre lettre du 2 mars à feu
M. le Maréchal d'Asfeld, et j'ai reçu celles que vous m'avés
fait l'honneur de m'écrire du 20 du meme mois. Je vous suis
très obligé de l'intérest que vous voulés bien prendre à la
grâce que le Roy m'a faite en réunissant au ministère de la

[1] Archives des Pyrénées-Orientales. C. 1909.

Guerre la Direction Générale des Fortifications. Je suis bien flaté de trouver dans cette nouvelle fonction un surcroît de correspondance entre vous et moy.

Il me suffit que vous jugiés au Sieur Laurens tous les talens nécessaires pour la conduite du Pont commencé depuis deux ans sur la rivière de la Tet à Perpignan, pour que je me fasse un plaisir de l'en charger sous la conduite de M. de Pontmartin, comme vous le proposés. J'écris en conséquence à ce Directeur, bien aise de trouver dans cette occasion celle de seconder vos vues dans l'exécution d'un ouvrage de cette importance.

Je suis, Monsieur, avec un très parfait attachement votre très humble et très obéissant serviteur. [1]

M. d'ARGENSON.

Lettre de l'Intendant à M. d'Argenson, au sujet de la désignation de M. Laurens, chargé des ouvrages du pont de la Tet, sous l'inspection de M. de Pontmartin. (Minute).

1er juin 1743

Monsieur d'Argenson,
Monsieur,

J'ay receu la lettre que vous m'avez fait l'honneur de m'écrire, du 21 du passé, par laquelle vous m'accordez M. Laurens, Ingénieur du Roy, à la résidence de cette ville, pour se charger de la conduite des ouvrages du pont, commencés depuis deux ans, sur la rivière de la Tet, sous l'inspection de Monsieur de Pontmartin, auquel vous écrivez, en conséquence, ce directeur, m'a communiqué la lettre qu'il a receu de vous à ce sujet, dont nous sommes tous les deux très contents, et j'ay l'honneur de vous en faire mes très humbles remerciemens ; la grace que vous m'accordéz me tranquilise

---

[1] Archives des Pyrénées-Orientales, C 1211.

beaucoup, par ce que je suis assuré, que cet ouvrage qui est
d'une grande importance pour le service du Roy, et l'utilité
publique sera bien exécuté.

J'ay l'honneur d'être, etc [1].

Lettre de l'Intendant à M. d'Argenson relative au départ de M. Laurens, Ingénieur, qui se rend à Belle-Ile en qualité d'Ingénieur en chef, et dont on désirerait voir retarder le départ pour achever les travaux très avancés du pont de la Tet.

20 novembre 1743.

    Monsieur d'Argenson,
    Monsieur.

M. Laurens, Ingénieur Ordinaire employé dans cette ville,
vient de me communiquer un ordre qu'il a reçeu de vous en
datte du 10 du courant, pour se rendre à Belle-Isle sur les
côtes de Bretagne, pour y servir en qualité d'Ingénieur en
chef. Je ne puis vous celler, Monsieur, que cet ordre me met
dans un grand embarras, et que cella m'oblige à vous faire
une très humble représentation, à laquelle je vous supplie de
vouloir bien faire attention.

Vous sçavez, Monsieur, que je suis chargé ici de l'exécution
d'un ouvrage qui est de la dernière conséquence pour le bien
du service du Roy et les besoins de la Province, qui est la
réfaction du Pont sur la Tet, qui est à l'entrée du Faux bourg
de cette ville.

M. de Pontmartin, Directeur du Génie en cette Province,
qui a formé le plan de ce Pont qui a été approuvé par la Cour,
ne pouvant suffire par lui-même à la conduite de cet ouvrage,
étant obligé d'avoir l'œil sur tous ceux de sa Direction, je
priai, il y a deux ans, feu M. le Maréchal d'Asfeld de vouloir
bien m'accorder M. Joblot, alors Ingénieur Ordinaire dans
cette ville, pour avoir la conduite de cet ouvrage sous l'ins-

[1] Archives des Pyrénées-Orientales, C 1209.

pection de son Directeur, attendu que ce même ouvrage est si délicat qu'il demande un homme tout entier qui ne le perde pas de vue. M. le Maréchal d'Asfeld, informé de l'importance de l'affaire dont il s'agissoit, voulut bien me l'accorder, même avec la condition que cet Ingénieur ne seroit chargé que de ce seul ouvrage pendant qu'il dureroit, et l'ayant exempté des autres ouvrages de la place : en conséquence, il a travaillé efficassement pendant deux campagnes à celluy dont il s'agissoit : mais au commencement de cette année, M. le Maréchal d'Asfeld ayant jugé à propos de nommer M. Joblot, ingénieur en chef au Mont-Louis et à Villefranche, je fus obligé de recourir à luy, le deux mars dernier pour avoir un autre secours. Je le trouvai heureusement dans la personne de M. Laurens, Ingénieur Ordinaire servant dans cette ville, qui, outre la capacité que tout le monde reconnoît en luy, a encore une connoissance parfaite de notre rivière, qui est des plus difficiles à conduire, attendu que c'est un espèce de torrent qui n'a point de lit. Mais M. le Maréchal d'Asfeld étant mort dans ces antrefaites, èt le Roy vous ayant nommé à sa Direction, j'eus l'honneur de vous faire la même prière par ma lettre du 20 du même mois de mars dernier. Vous eûtes alors la bonté de l'accueillir favorablement, et, en consé-quence, par votre lettre du 21 may, vous m'accordâtes M. Laurens pour conduire l'ouvrage de notre Pont, en le dis-pensant ainsi que M. Joblot, des autres ouvrages de la Place : il a travaillé depuis tout cet été et cette automne avec tant de zèle et d'activité qu'il a fait finir toutes nos fondations et élever les piles au point d'être en état de recevoir les arcades ; on travaille actuellement à faire le cintre de la plus grande, et je m'attendois à la faire passer tout de suite.

C'est dans ces circonstances, Monsieur, que votre ordre vient d'arriver pour faire partir M. Laurens ; et vous devez juger de l'embarras où il me jette. Je suis actuellement dans le fort de l'ouvrage ; M. de Pontmartin doit partir au premier jour pour profiter d'un congé que vous luy avés accordé ; et je n'ay ici d'autre ressource que M. Laurens pour pouvoir continuer un travail aussi délicat et aussi important.

Ce n'est pas le tout encore : il faut arrêter tous les toisés de cette campagne, dont luy seul a une parfaite connoissance, et, s'il part, ni les entrepreneurs ni moy ne sçaurons plus à quoy nous en tenir, et j'aurai chaque jour avec eux des contestations sur chaque article, si celluy qui a dirigé toutes leurs démarches n'est pas sur les lieux pour éclaircir toutes les difficultés : il s'agit pourtant d'une somme considérable tant pour le Roy que pour la Province.

Dans des circonstances aussi critiques, Monsieur, j'ay de nouveau recours à vos bontez ; l'ouvrage dont il est question veut être mené tout de suite pour être bon et bien fait ; il est de la dernière conséquence que nous passions la grande arcade d'ici à trois mois pour pouvoir passer les deux autres dans l'été prochain et parachever les parapets et démolir tout de suite notre pont provisionel ; sans quoy, cella nous obligera à travailler une année de plus, et peut nous occasionner des grands incovénients (sic) attendu que notre rivière ayant une pente très rapide depuis la montagne jusqu'à cette ville, les crues vienent très promptement, et que les deux ponts, tant provisionel que le véritable, formant un obstacle à l'eau, il est dangereux que l'un ou l'autre n'en souffre et que les digues des deux côtés de cette rivière que M. Orry et de Jallais et moy après eux avons fait construire ou réparer avec beaucoup de peine et de dépense n'en soient endomagées. Le Roi et la Province m'ont fourni, il y a trois ans, une somme considérable pour faire et parachever cet ouvrage, et par consequent les fonds doivent en être bien ménagés; car, s'il arrivoit accident, je ne scaurois plus ou trouver de ressources.

M. Laurens est prêt à partir et à exécuter vos ordres ; mais dans une pareille conjoncture, et étant même nécessaire qu'il mète en régle les toisés de cette année, j'ay cru que vous ne désapprouveriez pas que je luy demandasse d'attendre pour partir que j'eus reçeu votre réponse. Dans un an d'ici l'ouvrage sera dans sa perfection ou au moins dans un état que tout autre pourroit aisément parachever ce qui resteroit à faire. Mais, pour le présent, si celuy qui en a une connoissance parfaite part, je serai dans le plus grand embarras, parce qu'il faudra interrompre l'ouvrage et risquer d'essuyer des malheurs, auxquels je ne serois pas en état de remédier, faute de fonds. Je vous supplie donc, Monsieur, de vouloir bien m'accorder encore M. Laurens au moins pour une année ; après quoy, vous pourrez le destiner partout ailleurs où vous jugerez à propos, sans que un ouvrage aussi essentiel pour le service du Roy et le bien public puisse en souffrir.

J'ay l'honneur, etc. [1]

Lettres de Monsieur d'Albaret à Messieurs Orry, d'Argenson et de Maurepas, pour leur recommander Monsieur de Pontmartin, Directeur du Génie en Roussillon. (Minute.)

25 novembre 1743.

Monsieur Orry,
Monsieur,

Monsieur de Pontmartin, Directeur du Génie dans ce département, partant en vertu d'un congé qu'il a pour aller vaquer à ses affaires à la Cour, et n'ayant pas l'honneur d'être connu de vous, m'a demandé une lettre qu'il peut vous présenter. Je le fais avec d'autant plus de plaisir que c'est un ancien officier de mérite et de distinction, et qui sert très utilement dans ce païs le Roy et même la Province. C'est luy, monsieur, qui a donné le plan du Pont de la Tet que je fais construire actuelement, plan qui a eu votre approbation et celle de Monsieur Gabriel. Les conjonctures du tems sont la cause que cet ouvrage n'est pas tout à fait autant avancé que nous l'aurions souhaité : mais cella n'est provenu que du manque de bras, le Roy ayant retiré les troupes de ce païs, et étant obligez de nous servir de païsans qui ne travaillent pas si vite que les soldats, et sur lesquels il faut toujours avoir les yeux, crainte qu'ils ne fassent mal ce qu'on leur donne à faire. Cependant, malgré ce contre-tems, la fondation de nos radiers et de nos piles est faite ; les piles sont même hors de l'eau, et en état de recevoir les arcades, de manière que si la saison est un peu favorable, j'espère de

____

[1] Archives des Pyrénées-Orientales, C 1209.

pouvoir passer dans peu l'arcade la plus grande ; au moyen
de quoy, l'été prochain, nous passerons aisément les deux
autres et pourrons peut-être parachever l'ouvrage.

Vous m'obligerez sensiblement, Monsieur, lorsque vous
aurés occasion de voir Messieurs de Maurepas et d'Argenson,
sous les ordres desquels Monsieur de Pontmartin travaille,
de vouloir bien leur parler en sa faveur et leur dire que vous
êtes informé combien utilement il sert dans ce païs.

J'ay l'honneur, etc.

Dudit jour.

> Monsieur le Comte d'Argenson,
> Monsieur,

Monsieur de Pontmartin, à qui vous avez accordé un congé,
espérant d'avoir le tems d'aller régler quelques affaires qu'il
a à Paris, trouvez bon que j'aye l'honneur de vous le recommander. Vous sçavez, Monsieur, que c'est un ancien officier
et qui sert avec distinction. Monsieur de Bernage, dans le
département duquel il a servi pendant longues années, pourra
vous en rendre des bons témoignages ; et je suis témoin de
la manière avec laquelle il sert ici le Roy et la Province même.
C'est à luy à qui nous avons la principale obligation de la
construction du Pont de la Tet, qui est de la dernière conséquence, et il a fait beaucoup d'avoir poussé cet ouvrage au
point où il est actuelement, le secours des troupes nous ayant
manqué. Je souhaite que vous trouviez quelque occasion de
luy rendre service. J'ose dire qu'il mérite vos bontés et les
grâces du Roy.

J'ai l'honneur, etc.

Dudit jour.

> Monsieur le Comte de Maurepas,
> Monsieur,

La présente vous sera remise par Monsieur de Pontmartin,
Directeur du Génie dans cette province, qui, proffitant d'un
congé qu'il a obtenu, aura l'honneur de vous rendre ses

devoirs. Je puis vous rendre des bons témoignages de la manière avec laquelle il sert ici le Roy et la Province même ; et Monsieur de Bernage, dans le département duquel il a servi pendant nombre d'années, vous parlera de même sur son sujet. Je serai charmé que vous trouviés quelque occasion de l'honnorer de vos bontés. J'ose vous assurer qu'il les mérite.

J'ay l'honneur, etc.

M. d'Argenson à M. d'Albaret, Intendant, l'autorisant à garder M. Laurens, Ingénieur, pour l'achèvement du Pont de la Tet.

20 décembre 1743

Monsieur de Ponte d'Albaret,

J'ai reçu, Monsieur, la lettre que vous m'avés fait l'honneur de m'écrire le 20 novembre au sujet des ordres qu'a eu M. Laurens pour aller servir en qualité d'Ingénieur en chef à Belle-Isle. Dès qu'il vous est absolument nécessaire pour l'achèvement du Pont que vous faites construire sur la rivière de la Tet à Perpignan, je lui mande qu'il peut y rester, et que je le ferai remplacer en cette premiere place par un autre Ingénieur.

Je suis, Monsieur, avec un très parfait attachemeut, votre très humble et très obéissant serviteur,

M. d'Argenson [1].

---

[1] Archives des Pyrénées-Orientales, C 1211.

Pont de la rivière de la Tet. — Toisé des travaux faits en 1744. — Toisé des ouvrages faits au Pont sur la Rivière de la Tet en 1744 pour refaire à neuf les trois arches tombées en novembre 1737, entrepris et exécutés par le sieur Pierre Figeac suivant son marché du 26 février 1741, y compris aussi ceux de détail qui ont été faits cette même année par économie sur le comte du Roy à l'occasion des dits ouvrages.

1744

Les travaux de cette année comprennent la *charpente de bois de sapin* pour les cintres de la 2ᵉ arche (lambourdes ou chevrons pour porter les voussoirs-anguille mises sur les tirans afin de les lier toutes ensemble) et les autres de la 3ᵉ arche qui est la plus grande (pièces formant la croix de Saint-André ; arbaletiers qui arcboutent les poinçons, moises au-dessous et le long de la courbe).

2° La *charpente de bois de chêne* comprennent les madriers que l'on a mis sur le mur que l'on a fait du milieu de la longueur du Radier pour porter les ceintres de la moyenne arche, et ceux que l'on a mis sur le mur du Radier de la grande arche qui porte pareillement les ceintres de cette arche.

3° La *maçonnerie commune de cailloux* à la première pile la plus proche de la porte du faubourg, au-dessous de ce qui a été fait et toisé en 1743 et jusques au-dessous du cordon, ainsi qu'aux autres piles et aux trois arches.

4° La *pierre de taille* au revêtement des piles depuis ce qui a été fait, et toisé en 1743 jusques au-dessous du cordon, comprenant les piles et les arches du pont.

5° *Autre pierre de taille* des voussoirs ou douëlles à la voute de l'arche du milieu, de la grande arche ensuite qui est la plus grande.

6° Le *gros fer neuf* employé aux ceintres des deux susdites arches, et le *petit fer* pour cheviller les lambourdes.

Les dépenses faites par œconomie sur le compte du Roy a

l'occasion des susdits ouvrages conformément au memoire
qui en ont été tenus journellement et arrêtés à la fin de chaque Semaine, avant d'être payés par l'Entrepreneur s'élèvent
à la somme de 45,012 livres.

Elles comprennent les travaux faits pour « les fassines,
saucissons et piquets nécessaires avec du bois appartenant
au Roy et que l'on a coupé le long de la digue Orry, et aux
Eaux Vives ; les travaux[1] faits au petit canal « qui débouchait
depuis le grand canal jusqu'à l'endroit ou l'on a fait le Batardeau pour détourner la Rivière, afin d'amener les eaux de la
rivière dans le grand canal ; le batardeau fait pour détourner
la rivière » en la jettant dans le grand canal pour la faire
passer sous les vieilles arches afin de pouvoir travailler a
mettre en place les ceintres des *arches neuves* ; les lambris
faits avec de vieux soliveaux et des planches, que l'on a appliqués le long des piles du côté du faubourg, au-dessus des
eaux ordinaires pour garantir le coin de l'arrière bec de cette
pile en cas d'inondations ». Il a été alloué au Sr Loiseau, inspecteur pour le Roy sur les ouvrages de ce pont, pour ses
appointements de toute l'année 1744, à raison de 50 l. par
mois, 600 livres.

Toute la dépense des ouvrages faits cette année au Pont de
la Tet, et comprise dans le présent toisé fait et arrêté par nous
Ingénieur ordinaire du Roy chargé de leur conduite, monte a
la somme de quarante-cinq mille douze livre.

Fait à Perpignan, le 18 décembre 1744.

LAURENS [2].

1, Les journées des ouvriers employés à couper le bois ou à faire
les fascines étaient payées 15 sols la journée ; les ouvriers qui travaillaient dans l'eau étaient payés 20 sols la journée. Les journées
des femmes a 8 sols la journée.

2 Archives des Pyrénées-Orientales, C 1210, folio 132 v°.

Lettre de l'Intendant au Comte d'Argenson, au sujet du maintien de M. Laurens qui pourra terminer la construction du Pont de la Tet.

1ᵉʳ janvier 1744.

Monsieur le Comte d'Argenson,
Monsieur,

J'ai reçu la lettre que vous m'avez fait l'honneur de m'écrire le 20ᵉ du mois passé, par laquelle vous m'aprenez que vous voulez bien m'accorder M. Laurens pour parachever l'ouvrage de la Construction de notre Pont.

Je vous suis sensiblement obligé, Monsieur, de la bonté que vous me témoignez dans cette occasion ; et, comme c'est moy seul qui suis cause de ce que vous avez changé la destination de M. Laurens, je vous suplie de vouloir bien que ce changement ne porte aucun préjudice à ses intérêts et à son avancement, puisque, sans moy, il eut d'abord exécuté ce que vous luy prescriviez.

J'ai l'honneur, etc. [1]

Lettre du Comte d'Argenson à l'Intendant, relative à M. de Pontmartin, dont le zèle est au-dessus de tout éloge.

9 janvier 1744

Monsieur de Ponte d'Albaret, Intendant du Roussillon.

J'ai reçu, Monsieur, la lettre que vous m'avés fait l'honneur de m'écrire le 25 décembre en faveur de M. de Pontmartin, Directeur des Fortifications des Places du Roussillon. Je me ferai représenter dans l'occasion l'état de ses services, et je serai très aise, en rendant justice au zele qu'il a toujours témoigné et à la distinction qu'il s'est acquise, de vous marquer le cas que je fais de votre suffrage.

Je suis, Monsieur, avec un très parfait attachement, votre très humble et très obéissant serviteur. [2]

D'ARGENSON.

[1] Archives des Pyrénées-Orientales, C. 1211. — [2] *Ibidem.*

3

Lettre de l'Intendant à M. d'Argenson, au sujet de M. Laurens qui avait été nommé Ingénieur en chef

11 Janvier 1744

Monsieur d'Argenson,
Monsieur,

Par ma lettre du premier du courant, en vous remerciant de la bonté que vous aviez eue de m'accorder M. Laurens, Ingénieur, pour finir l'ouvrage de notre Pont, je vous supliai de vouloir bien que son changement de destination ne portat aucun préjudice à son avancement et à ses intérêts, puisque j'étais seul la cause de ce changement. M. Laurens m'est venu témoigner l'inquiétude où il étoit à cet égard, attendu qu'en l'envoyant à Belle-Isle, vous luy aviés donné le grade d'Ingénieur en chef, et que dans le nouvèl arrangement que vous vous proposés de faire dans le corps du génie, les ingénieurs en chef pourroient avoir des avantages que les autres n'auroient pas.

Il seroit triste pour moy d'être la cause que la demande que je vous ai faite put luy nuire ; ainsi, je vous serai sensiblement obligé Monsieur, si vous voulés bien conserver à M. Laurens le grade d'Ingénieur en chef que vous luy aviez accordé, et le faire jouir des mêmes avantages dont il auroit joui, s'il étoit allé à Belle-Isles.

J'ose espérer que vous vous y porterés d'autant plus volontiers que l'ouvrage que fait exécuter ici M. Laurens est très essentiel pour le service du Roy. [1]

Réponse du Comte d'Argenson à M. d'Albaret, Intendant, relative à M. Laurens, Ingénieur

24 janvier 1744.

Monsieur d'Albaret,

J'ay reçu, Monsieur, la lettre que vous m'avez fait l'honneur de m'écrire le 11 de ce mois, en faveur de M. Laurens, Ingé-

[1] Archives des Pyrénées-Orientales. C. 1211.

nieur. Le séjour qu'il fait à Perpignan pour conduire les ouvrages d'un pont sur la Tet, ne doit pas lui faire craindre aucun préjudice sur son avancement. Je me ferai même un plaisir, en lui procurant les grâces que ses services mériteront, de vous donner un témoignage de l'attention que je fais à l'intérest que vous y prenés.

Je suis, Monsieur, avec un très parfait attachement, votre très humble et très obéissant serviteur. [1]

D'ARGENSON.

Mémoire de M. Thierry de ce qui est dû à la caisse des fonds destinés aux ouvrages de la rivière de la Tet près de Perpignan.

23 mars 1744

I

Pour 132 saucissons pris aux Capucins en 1739 parmi ceux qui estoient destinés aux ouvrages de la rivière de la Tet, pour faire des batardeaux, etc., pour la réparation du pont de la Basse à la Porte Notre-Dame [2]	99 l.	0.	0.
Pour 840 piquets, pour idem	12 l.	12.	0.
Pour 150 autres piquets	10 l.	2.	6.
Pour 60 gros piquets pour le batardeau de la culée du pont de la Basse que l'on vouloit réparer	9 l.	9.	0.
Pour 20 autres piquets pour le tracé des ouvrages de la Citadelle	3 l.	3.	0.
Pour de petits piquets pour idem	4 l.	13.	10.
Total	139 l.	0.	4.

Cette somme est due par les héritiers de feu Sr Genton, entrepreneur des Fortifications de Perpignan pendant les années 1738, 1739 et 1740, toutes ces choses qu'il n'avoit point

[1] Archives des Pyrénées-Orientales. C 1211.
[2] Cela a esté estimé sur ce pied, sans qu'il ait esté possible de savoir au juste si cette estimation estoit raisonnable.

fournies, luy ayant esté passées dans les toisées des ouvrages de la fortification, avec un petit bénéfice pour les peines de l'entrepreneur.

Les 189 l. 0. 4. devoient donc luy estre retenues pour estre ensuitte remises a qui Monsieur de Jallais ou Monsieur le Compte d'Albaret qui avoit succédé à M. de Jallais auroit jugé à propos ; mais les toisés ayant esté délivrés à mon insu ou pendant que j'estois en Languedoc à l'entrepreneur, il a apparamment cru que le total du toisé luy revenoit en entier, et il l'a touché ; et comme il avoit beaucoup perdu dans son entreprise, il est très difficile de faire revenir cette somme à sa destination ; de sorte que je pense que les héritiers du S. Genton devroient supplier M. le Comte d'Argenson de leur accorder une indemnité, tant pour cette somme que pour ce qu'ils peuvent d'ailleurs redevoir au Roy ; monsieur le Comte d'Albaret et monsieur de Pontmartin appuyant cette demande, elle seroit exaucée, et on seroit dispensé d'augmenter le malheur de ces héritiers que l'on pourroit peut-estre aussy rechercher sur des ouvrages mal faits, de sorte qu'il faudroit que leur demande fût générale.

J'ay laissé un mémoire en Roussillon de ce que ces héritiers redoivent au Roy, par rapport auquel c'est un petit objet.

La somme de 139 l. 0. 4. ne doit point toutte retourner à la caisse des travaux de la rivierre de la Tet, puisque pour ces ouvrages on a pris dans les magazins de la fortification 15 couloirs de planche de sapin que M. Laurens ou moy avions fait faire pour les réparations du pont de la Basse, et que Monsieur de Pontmartin a fait prendre pour celuy de la Tet ; 13 de ces couloirs ont esté passés dans le toisé de 1739 à 3 l., 10 s. chacun.......... 45 l. 10. 0.

Pour 2 autres couloirs que l'on doit compter, si on a pris aussy les canaux pour faire couler les eaux.................................. 18 l. 10. 9.

64 l. 0. 9.

Il ne reviendroit donc, si on fait payer ces couloirs comme neufs à la caisse des ouvrages de la rivierre que 74 l. 19 s. 7 d.

Fait ce 23 mars 1744. [1]

THIERRY.

Mémoire de l'Ingénieur Thierry
relatif à la réparation des ponts de charpente

23 mars 1744

En 1738, il fut fait pour les deux ponts de charpente de la Tet qui devoient tenir lieu des arches du Pont de la Pierre près de Perpignan qui avoient été renversées en 1737 par une inondation, plus de boulons de fer qu'il n'en falloit.. On les laissa chez le S. Barthélemy qui les avoit fait forger, et à qui on donna ordre dans les suittes de coupper une partie de ces boulons pour les faire servir au troisième pont de charpente qui fut fait entre les deux dont il vient d'estre fait menlion. Le S. Barthélemy a chez luy les rognures de ces boulons qu'il faut faire retirer avec quelques boulons entiers.

Pour sçavoir ce qu'il peut s'y entrouver, il faut voir dans le toisé des deux ponts de la Tet, fait(s) en 1738, combien il y avoit de ces boulons de trop, et dans le toisé de 1740, combien il y en a ésté employé au troisième pont de charpente. Le reste sera ce qui se doit trouver chez le S. Barthélemy.

J'avois écrit quelque part qu'il y avoit eu 10 boulons de reste des deux premiers ponts, pezant 197 l, poids de marc, deux têtes de boulons et un bout pezant 12 l., deux autres têtes de boulons et cinq œils pezant 19 l., faisant en tout 2 quintaux 28 livres.

Or il me semble que dans le toisé du 3ᵉ pont de charpente de 1740, il paroît qu'il a été reforgé sept des dix boulons précédens, pezant 1 quintal 35 l. 1/2, poids de table, faisant 113 l. poids de marc. Il devroit donc rester chez le S. Barthélemy des boulons pour 84 l. poids de marc, le déchet qu'il y a eu sur les sept boulons dont il vient d'être parlé, lorsqu'on les a repassés à la forge, compris.

[1] Archives des Pyrénées-Orientales, C. 1211.

C'est une chose à vérifier sur les toisés des trois ponts de la Tet.

Quelques jours avant mon départ de Perpignan, j'ay fait porter à un petit magasin qui est au-dessus de la porte de Canet un établi de menuisier accompagné d'un valet qui appartient au Roy, et qui avoit esté fait pour raccomoder les brouettes et les outils des travailleurs qui rétablissoient la Digue Orry. Cet établi se trouve là avec plusieurs effets de la fortification qui appartiennent aussy au Roy, et même avec plusieurs choses qui ont servi aux travaux de la rivière.

Ce 23 mars 1744.

THIERRY.

Je crois avoir remis il y a assez longtems un mémoire à M. Peyrottes sur la couppe d'un bois qui avoit été achepté et payé 50 l. à M. de Gazanyola, pendant mon absence en 1738 ou 1739, pour les ouvrages de la rivierre de la Tet ; lequel bois n'a point ensuitte esté abattu, parce que l'on n'en eut point besoin. Je crois qu'il est bon d'en rappeler icy la mémoire. On pourra vérifier sur les toisés si c'est effective- ment 50 l. que ce bois avoit coûté [1].

THIERRY.

Ordonnance du subdélégué au sujet des bois destinés aux travaux du pont et entraînés par les crues et que des particuliers se seraient appropriés au détriment du Sr Figeac à qui ces pièces appartenaient.

30 juin 1744

Le S. Figeac, entrepreneur du rétablissememt du Pont de Perpignan, nous ayant représenté qu'ayant fait descendre par la rivière de la Tet quantité de pièces de bois destinées pour les ouvrages du dit Pont, les crues d'eau de la dite rivière auroient jetté plusieurs de ces pièces de bois dans différents terroirs des communautés situées sur l'un et l'autre bord de la dite rivière depuis Ille jusqu'à Perpignan, lesquellès en

[1] Archives des Pyrénées-Orientales, C. 1211.

auroient été retirées par des particuliers qui les tiennent en leur pouvoir, et étant nécessaire de faire revenir ces bois pour être employés à leur destination.

A ces causes,

Nous ordonnons aux bailles et consuls des communautés situées le long de la rivière de la Tet depuis Ille jusqu'à Perpignan, et particulièrement à ceux de Neffiac, Millas, Saint-Feliu de Vall et le Soler, de faire, chacun endroit soy, toutes les recherches convenables dans les maisons des particuliers et dans les autres endroits qui leur seront indiqués par le dit Figeac ou par le porteur du présent ordre, et de faire rendre toutes les pièces de bois qui se trouveront en leur pouvoir apartenant au dit Figeac, à peine contre les dits particuliers d'être punis comme voleurs, recélateurs, et contre les dits bailles et consuls de prison, faute par eux de tenir exactement la main à l'exécution du présent ordre.

Fait à Perpignan, le 30 juin 1744.

(Pièce jointe à la précédente :)

Le long de la rivière.

Ille.

Neffiach, un pilot à l'entrée du village.

Millas : le baile de la rivière a 2 pilots devant sa porte.

Saint-Feliu-d'Avail : le Capdellaayre a 2 ou 3 pièces.

Le Solé : devant la porte de celuy qui a le droit d'arretter le bois qui est à la rivière.

Il y a aussi quelques pièces qui sont escartées le long de la rivière.

Je prie M. Amat de me donner un ordre pour les bailes et consuls des dits lieux, pour faire rendre tous les pilots et pièces qui se trouveront nous appartenir ; et obligerés votre serviteur[1].

BELMAS.

---

[1] Archives des Pyrénées-Orientales, C 1211.

Ordonnance de l'Intendant M. d'Albaret relative aux plantations faites des deux côtés des digues, et à certaines contraventions commises par le Sr Rouzer condamné à une amende de 20 livres pour abandon d'un cheval et d'une mule dans le bois. (Imprimé).

20 août 1745

DE PAR LE ROY.

Antoine-Maria de Ponte, chevalier, comte d'Albaret et de Lotoul, seigneur d'Armissan, Combelongue, Le Quatourze et autres lieux, Conseiller du Roy en ses Conseils, Premier Président au Conseil Souverain de Roussillon, Intendant de Justice, Police, Finances et Fortifications de ladite Province et de la Comté de Foix.

Veu les ordonnances de M. de Jallais, ci-devant Intendant de cette Province, des 9 février 1731 et 11 juin 1732, portant défenses à toutes personnes d'envoyer paître aucunes sortes de bestiaux dans les terreins qui sont situés devant et derriere les deux Digues, et d'endommager les piquets, clayonages, ni les arbres et plantées de bois qui y ont été faites ou qui le seroient dans la suite, à peine de confiscation des bestiaux et de vingt livres d'amende; le procès-verbal du Sieur Fabre, chargé du soin des dites Digues, contenant que le jour d'hier, environ les six heures du soir, il auroit trouvé un cheval et une mule appartenans au nommé Jacques Rouzer, habitant du fauxbourg, qui pâturoient dans une plantée nouvellement faite du côté du nord de la Digue; qu'il auroit arrêté et saisi les dits cheval et mule en présence des nommés Laurens Comi et Honnoré Sarrive, et en auroit chargé le nommé Le Comte, hôte du dit faux bourg, auquel il auroit fait deffenses de s'en dessaisir, jusques à ce que par nous il en eût été autrement ordonné; et, attendu que ce n'est pas la première fois que les bestiaux du dit Rouzer ont été trouvez aux environs de ladite Digue, malgré les avis réitérez qui lui ont été donnez de s'en éloigner, ce qui ne peut être regardé que comme un mépris des deffenses portées par les dites ordonnances, qui ont été duement publiées et affichées, et dont l'exécution s'en est suivie toutes fois et quantes il y a été contrevenu ; et après avoir ouy le dit Rouzer ; tout considéré.

Nous, Intendant susdit, pour la contravention commise par le dit Jacques Rouzer, l'avons condamné et condamnons en l'amende de vingt livres, au payement de laquelle il sera contraint à la diligence du dit Fabre par toutes voyes et par corps ; le déchargeons par grâce, et sans tirer à conséquence, de la confiscation des dits bestiaux, dont nous lui faisons main levée, à la charge d'en payer les frais de nourriture et garde ; lui faisons défenses de récidiver, à peine de pareille amende et de plus forte, s'il y écheoit, outre la confiscation des dits bestiaux ; et afin d'arrêter la licence que se donnent plusieurs personnes d'aller couper du bois le long des dites Digues, et d'y faire paître des bestiaux, et surtout les blanchisseuses, qui, malgré les menaces qui leur sont faites de la part du dit Fabre, continuent toujours à étendre leur linge sur les anciennes et nouvelles plantées que nous avons fait faire aux environs de la dite Digue. Ordonnons de plus foit que les dites ordonnances de M. de Jallais des 9 février 1731 et 11 juin 1732, ainsi que celle rendue précédemment par M. Orry le 17 janvier 1728, seront exécutées selon leur forme et teneur.

Et sera la présente lue, publiée et affichée partout où besoin sera, à ce que personne n'en ignore.

Fait à Perpignan, le 20 août mil sept cens quarante cinq.

Signé : de PONTE d'ALBARET.

Et plus bas :

Par Monseigneur, AMAT.

Collationné, AMAT. [1]

[1] Archives des Pyrénées-Orientales, C 1211.

Autre contravention commise par le Sr Brial, Me Chaussetier, condamné à une amende de 20 livres pour avoir abandonné son cheval dans le bois de la rivière situé entre les deux Digues.

25 mai 1746

L'an mil sept cens quarante six, et le vingt et deuxième jour du mois de may, nous, Joseph Fabre, chargé du soin et entretien des Digues, passant sur les six heures du matin ou environ sur la Digue d'Orry, pour aller à Saint-Estève, nous aurions aperceu une jument qui pâturoit dans un fonds planté de bois de nens (?), pubiers, arbres blancs, et salits, à côté de la plantée nouvellement faite du côté des Eaux-Vives : revenant sur les dix heures du matain du dit Saint-Estève, nous y aurions retrouvé la dite jument qui pâturoit au même endroit ; et, sur les trois heures du soir alant faire notre tournée, nous étant transporté à l'endroit où j'aurois veu la dite jument ; et luy ayant trouvée attachée à un publier, sans que personne la gardât, je l'aurois détachée en présence du nommé Pierre Cavaillé, tailleur de pierre, et l'aurions conduite chez le S. Leconte, hoste au faux bourg Notre Dame, où pend pour enseigne la Croix Blanche. Et en même temps s'est présenté le nommé Ignace Brial, metre chaucetier, qui a réclamé la dite jument, disant luy apartenir. Sur quoy, nous l'aurions remise entre les mains du dit S. Leconte, hoste au dit Faux bourg, et luy aurions dit de ne s'en désesir que jusques à ce qu'il seroit ordonné par Monseigneur l'Intendant. Sur quoy, aurions drecé le présent procès verbal. Et le dit Pierre Cavaillé, ayant dit ne savoir signer, nous l'aurions signé véritable, le jour et an que dessus.

FABRE.

Veu par nous, Intendant du Roussillon et du Pays de Foix le procès verbal cy-dessus, les ordonnances de M. de Jallais, cy-devant Intendant de cette Province, des 9 février 1731 et onze juin 1732, portant défenses à toutes personnes d'envoyer paître aucune sorte de bestiaux dans les terrains qui sont situés devant et derrière les deux Digues, à peine de confiscation des bestiaux et de vingt livres d'amande, et celle rendue par nous le 20 aoust dernier qui renouvelle les dites défenses ; et après avoir ouy le nommé Ignace Brial, m⁰ chaussetier de cette ville, dénommé au dit procès verbal.

Nous ordonnons que les dites ordonnances seront exécutés selon leur forme et teneur ; et pour la contravention commise par le dit Brial, le condamnons en vingt livres d'amande, au payement de laquelle il sera contraint à la diligence du dit Fabre par toutes voyes et par corps ; le déchargeons par grâce et sans tirer à conséquence, de la confiscation de la dite jument, dont nous luy faisons main levée, à la charge d'en payer les frais de nourriture et garde ; luy faisons défenses de récidiver, à peine de pareille amande, et de plus forte s'il y écheoit, outre la confiscation des bestiaux.

Fait à Perpignan, le 25 may 1746.[1]

De Ponte d'Albaret.

Pont sur la rivière de la Tet. Toisé des ouvrages faits en 1745 et 1746 au Pont de la rivière de la Tet pour achever de faire à neuf les trois arches les plus voisines de la porte du fauxbourg, et qui croulèrent le 11 novembre 1737 ; entrepris et exécutés par le sieur Pierre Figeac suivant son marché du 16 février 1741, y compris aussi quelques autres ouvrages de détail faits en même tems par économie sur le compte du Roy à l'occasion des dits ouvrages. Le montant de ces dépenses s'élève à la somme de 26.722 livres, sept sols et trois deniers, pour les deux années 1745 et 1746.

1745 et 1746

Ces travaux de ces deux années comprennent : 1⁰ la *charpente* de bois de sapin (ceintres, courbes, arbaletriers, jambes de force, pottelets ;

2⁰ la *maçonnerie commune de cailloux* (à la 1ʳᵉ arche atte-

[1] Archives des Pyrénées-Orientales, C 1211.

nant la porte du faubourg — saillie du bandeau, cordon le long des trois arches neuves, parapet le long de la partie neuve du Pont ;

3° les ouvrages faits dans « le jardin qui est à côté de la porte du faubourg et qui appartient au *Collège de Py*. Pour avoir continué d'élever à la hauteur des autres murs de clôture de ce jardin, le mur qui est ensuitte de la culée du Pont du côté de la Rivière et dont une poutre avoit été refaite entièrement à neuf lorsqu'on a commencé de travailler au Pont.

P^re partie pour avoir arrasé ce mur au dessous de la retraite qu'il y a du côté du jardin. — 2e Partie au dessus de la dite retraite et y compris les arrachemens faits au mur du corps de garde du Pont. A l'autre mur de clôture en suitte du précédent, et que l'on a continué d'élever sous celuy qu'on avoit fait aussi au commencement des ouvrages du pont pour servir de culée au pont provisionel de charpente... A l'autre mur de clôture où est la porte de ce jardin du côté de la Rüe du faubourg lequel mur avait été aussi démoli pour le passage de la Rampe qui conduisait au pont provisionel de charpente. Dans le jardin qui est à côté de la porte du faubourg, avoir refait les deux piliers du puits qui avoient été démolis parce qu'ils se trouvaient dans la rampe qui conduisoit au Pont provisionel de charpente.

4° *Maçonnerie commune* partie à parement de brique et partie à parement de vieille pierre de taille, le tout passé en maçonnerie à parement de brique, et *maçonnerie* tout de brique aux différents parapets des arches.

5° *Pierre de taille* [1] à la première arche attenant la porte du fauxbourg, au revetement de partie de la culée sous l'arche ; des deux côtés de cette arche au dessous du cordon ; à la saillie du bandeau de cette arche de chaque coté du pont ; à la saillie des 6 clef des trois arches neuves de chaque coté du pont ; au cordon le long de toute la partie neuve du Pont de

---

[1] Je reproduis tout au long les travaux en pierre de taille mentionnés dans le toisé de l'ingénieur ; cela servira à reconnaître les trois arches qui ont résisté depuis cette époque aux inondations qui se sont succédé sans répit depuis plus de deux siècles.

chaque coté ; au parapet au dessus, de chaque coté ; aux deux profils du couronnem'ent de ce parapet à l'extremité de la partie neuve du Pont et joignant le parapet de la P^re arche vieille ; à la saillie des 6 pilastres formés du parapet au dessus des clefs des trois arches neuves de chaque coté du Pont ; aux sièges que l'on a pratiqué autour des avant becs et arrière becs des trois piles neuves ; aux 12 profils de ces sièges ; au bas des deux tableaux de la porte du fauxbourg ; à l'angle formé par le mur à parement de Brique devant la maison du Sr Rustan et par la culée du coté d'amont ; à l'apareil que l'on a mis à la cinquième assise de cet angle toisée parci devant et comprise ainsi que les 4 centre assises au dessous dans le toisé de 1743. — Autre *pierre de taille* des voussoirs ou douëlles à la voute de la Première arche attenant la porte du faubourg au bout du Pont.

La suite du devis comprend le *gros fer neuf* employé à cramponner les pierres des assises du parapet, et la culée, et celles de la voute de la première arche.

5° Le *pavé de cailloux*, le long de la partie du pont qui a été refaite à neuf, et aux avant becs et arrière becs des piles neuves et de la première vieille pile. — *Le vieux pavé* de cailloux remanié, a commencer à la porte du Bout du pont et vient vers la Rüe du faubourg. — Les Boutte roües employés de chaque coté de la partie du pont qui a été refaite à neuf.

Dépenses faites par œconomie et par estimation sur le compte du Roy à l'occasion des susdits ouvrages.

Partie du parapet de la partie vieille du pont que l'on a refait et rajusté avec le parapet de la partie neuve du dit pont...

...Pour avoir petardé, et enlevé un gros bloc de vieux argamas détaché qui était ronpeu au dessus de la première arche neuve du côté du fauxbourg... Pour ... journée d'ouvriers employés à oster les broussailles qui s'arretoit devant les ceintres de la p^re arche attenant le fauxbourg, lors de la grande inondation qui survint l'hyver dernier (1745) après que cette arche fut construite... Pour avoir fait par deux différentes fois un petit pont provisionel de charpente du coté des Capucins, pour le passage des gens à pied pendant le tems que l'on a fait le pave de cailloux du pont... Pour avoir bouché avec des poutres et des plenches, l'extrémité de la voye du Pont du coté de la campagne pour empêcher que l'on y passat pendant le tems que l'on a fait le pavé du pont... Par la fermeture de la porte du jardin du collège de Py qu'il a fallu remplacer... Au Sr Loiseau inspecteur pour le Roy sur les ouvrages de ce pont, pour ses appointemens de toute l'année 1745 et les 9 premiers mois de la présente année 1746.. .... 1.050 livres.

Au même pour une gratification à lui accordée par M. Le Comte d'Albaret Intendant.... .... 150 livres.

Récapitulations. — Toute la dépense des ouvrages faits ces deux dernières années 1745 et 1746. Au pont sur la rivière de la Tet et comprise dans le présent toisé fait et arrêté par nous Ingénieur ordinaire du Roy chargé de leur conduite monte à la somme de *vingt six mil sept cent vingt deux livres sept sols trois deniers* fait à Perpignan le 28 décembre 1746[1].

(Signé) LAURENS.

---

[1] Arch. départementales des Pyr.-Or., C. 1210, f° 146 v°.

CHAPITRE II

Toisés des ouvrages faits au Pont de la Tet de 1741 à 1746. — Le Séminaire de Perpignan. — Lettres à M. d'Albaret. — Devis du Sr Joblot.

Mémoire, lettre du Provincial des Jésuites de Toulouse à M. d'Albaret et de M. de la Houssaye au sujet du Séminaire de Perpignan, au faubourg Notre-Dame.

Devis du Sr Joblot pour le quai projeté le long du Séminaire.

Projet d'arrêt relatif à la construction de ce quai, aux réparations à faire à cet immeuble.

Récapitulation générale des cinq toisés et de leur dépense. Le total général de la dépense comprise dans les cinq toisés s'est élevé à la somme de « Deux cent vingt deux mil cinq cens livres »[1].

28 décembre 1746

« Le présent Etat[2] et toisé diffinitif des ouvrages qui sont entrés dans la réfaction des trois arches qu'on a refaites au Pont de la Rivière de la Tet a commencer de l'année 1741. Jusques et compris l'année 1746, les d'ouvrages exécutés par Pierre Figeac en consequence du Marché qui luy en a été passé le 24 février 1741 a été par nous Subdélégué general de l'Intendance du Roussillon et du Pays de foix veu examiné et arreté a la somme de *deux cent vingt deux mille cinq cents* livres a laquelle somme le d[t] Figeac tiendra compte de celle de *huit cent cinquante cinq livres dix huit sols* pour la valeur des outils et autres effets apartenant au Roy delivrés au d[t] Figeac estimés a la d[e] Somme suivant le procès verbal du 14 juin 1741, d'une part, et celle de *Deux mille trois cent quatre vingt cinq livres huit sols trois deniers* pour le montant des bois de fer des

---

[1] Archives de Pyr.-Or., C. folio 1°.
[2] D'une écriture différente de celle du régistre tout entier.

trois arches détruites adjugé a M⁷? Figeac par le procès verbal du 15 avril 1742, et d'avant le procès verbal dressé en conséquence par M. de Joblot qui constate la valeur des d. bois et fer a la d. somme conformement aux prix fixés par la d. adjudication d'autre part, et de celle de *Six mille cent vingt livres treize sols* pour la possolane payée des fonds du Roy et neanmoins employée dans le d. Toizé, comme fournie par le d. Figeac, lequel tiendra aussy compte des sommes cy après mentionnées qu'il a reçues a compte des d. ouvrages, savoir, des fonds de la Capitation par les mains du Sʳ Arnaud Receveur général Cent quarante Neuf mille huit Cents livres, dont sur l'année 1740, en vertu des ordonnances des 15 may 14 juin et 18 juillet 1741. *Vingt neuf mille huit cent* livres sur 1741. *Quarante mille livres* par les ordonnances des 5 7ᵇʳᵉ 1741. 29 janvier 15 avril 6 juin et 7 aoust 1742. Sur la d. année 1742, pareille somme de *Quarante mille livres* sur les ordonnances des 10 7ᵇʳᵉ et huit novembre 1742 15 janvier, 25 aoust et 25 7ᵇʳᵉ 1743 et su d. année 1743, pareille somme de *Quarante mille livres* sur les ordonnances des 19 aoust et 27 8ᵇʳᵉ 1744. 18 juin et 15 7ᵇʳᵉ 1745, du dit Sʳ Arnaud des fonds des Impositions ordinaires la somme de *Vint Six mille deux cent livres* dont sur 1740. *Cinq mille deux cent livres* le 5 7ᵇʳᵉ 1741. *huit mille livres* sur la d. année 1741 le d. jour 5 7ᵇʳᵉ et le 7 aoust 1742. *huit mille livres* le 30 8ᵇʳᵉ 1743 et sur la d. année 1743. *cinq mille* livres le d. jour 30 8ᵇʳᵉ et 17 mars 1744. par les mains des fermiers de l'impariage la somme de *trente un mille* livres les savoir du Bail et fonds *dix neuf mille* livres le 18 juillet 1741 7 aoust et 8 9ᵇʳᵉ 174.. et 19 may 1743 et du Bail de Bertrand *douze mille livres* les 25 aoust et 27 7ᵇʳᵉ 1743 et 17 mars 1744 et finalement la somme de *trois mille* livres sur le droit de Ral de Villefranche par les mains de Bertrand fermier les 5 9ᵇʳᵉ 1741. et 19 may 1743. Revenant toutes les d. sommes a celle de DEUX CENT DIXNEUF MILLE TROIS CENT SOIXANTE UNE LIVRES DIXNEUF SOLS TROIS DENIERS pour avec celle de trois mille cent trente huit livres, neuf deniers qui sera payée au d. Figeac par le dⁱ Sʳ Arnaud des fonds de la Capitation de l'année 1744. sur l'ordonnance qui luy en a été aujourd'huy expédiée, faire celle de DEUX CENT

VINGT DEUX MILLE CINQ CENT LIVRES a laquelle montent tous les
ouvrages contenus au present toisé, lesquels au moyen de
ce dernier payement, seront et demeureront entièrement
acquités fait à Perpignan le quinze septembre 1749.

(Illisible) AMA D.

**Mémoire pour le Séminaire de Perpignan, dont le mur
dit « Argamas » construit le long de la rivière est
miné par les eaux qui fouillent les fondations de l'immeuble : le Séminaire ayant peu de ressources, les
Séminaristes et leurs directeurs demandent que les
réparations soient prises sur les fonds publics. Mémoire pour le Séminaire de Perpignan.**

1746-1748

Le Séminaire de Perpignan est dans le fauxbourg Notre-
Dame, au bord de la rivière de la Tet, un peu au dessus du
Pont. Au dessus de la maison, il y a un jardin, qui borde
ladite rivière ; à cent pas au dessus du jardin, commence un
mur épais, qui règne du coté de la rivière, le long du jardin,
et de la maison du Séminaire, et continue jusques au Pont.

La tradition constante du pays, est que ce mur qu'on apèle,
Ergamas, en langue vulgaire, et qui n'est autre chose qu'une
maçonnerie de chaux vive, avec du cailloutage qui devient
dure cumme le roc, fut bati du temps des Roys d'Aragon, et
qu'on fit contribuer aux frais de sa construction, toute la
Catalogne, dont le Roussillon faisoit partie.

La proximité des montagnes rend la petite rivière de la Tet
sujette à des crues fréquentes, causées par la fonte des neiges,
ou par les pluies ; elle est alors d'une rapidité de torrent à qui
rien ne résiste.

L'Ergamas, fut bati pour garantir des ravages des inondations le fauxbourg, et les fortifications de la ville, qui y sont
attenantes, il est élevé au dessus des plus grosses eaux.

Le terrain du lit de la rivière au dessus du Pont s'est si fort
élevé que les eaux se trouvant trop resserées, elles ont crevé
plusieurs fois la digue qui les borne de l'autre coté ; lorsque

cette digue a résisté, elles ont fouillé sous les piles du Pont, qu'elles renversèrent, pareille chose arriva aussi à la partie de l'ergamas qui est le long de la maison du Séminaire, dont le renversement causa la chute de trois toises de cette maison.

Les eaux ne trouvant plus de résistance dans cette partie, ont sapé peu à peu le terrain, et miné sous les fondements ; la crue arrivée le mois de novembre dernier a causé de nouvelles fentes au batiment, qui firent craindre que tout n'allat crouler, et qui obligèrent les Séminaristes d'abandoner le Séminaire, par ordre de Monseigneur l'Evêque, heureusement cela n'est pas arrivé, mais il est à craindre que la première crue ne soit l'époque de sa chute entière.

Ce péril imminent qui n'est point exagéré, demande un prompt remède, la perte du Séminaire seroit l'objet le moins intéressant, on pourroit avec des secours, le placer ailleurs. mais ce qui seroit irréparable, ou qui engageroit à des depenses immenses seroit la ruine du fauxbourg, et des fortifications, qui s'en suivront nécessairement.

Ce fauxbourg qui ne consiste qu'en une rue, seroit bientôt percé ; les eaux feroient ensuite brèche dans le glacis, et se jetteroient dans le fossé ; quel fruit tireroit alors de la grande dépense qu'on a fait pour réparer le Pont, et qu'elles en seroient les suites ? on en sentit toutes les conséquences lorsqu'on fit faire l'ergamas, le danger prochain doit engager à y porter les remèdes les plus prompts et les plus efficaces.

On a tout lieu de croire que le cout de ces réparations a été compris dans les plans et les devis estimatifs des ouvrages à faire concernant le Pont qui furent envoiés à la Cour. L'ergamas n'est pas moins un ouvrage public que le Pont, le Roy d'Aragon et la Province en firent les frais ; son entretien et les réparations qu'il y a à faire doivent donc être pris sur les fonds publics, il y auroit de l'impossibilité d'exiger que des particuliers en fissent les frais ; le Séminaire a si peu de ressources, qu'il ne sauroit de plusieurs années réparer le domage causé à sa maison.

Le Pont est parfaitement réparé graces aux soins et la vigilance de M. l'Intendant, il ne reste que quelques réparations à faire au premier Pont, qu'on apéle le Pont Neuf, comme elles pressent beaucoup moins que l'ergamas, on espére que Monseigneur le Controlleur Général voudra bien donner ses ordres pour qu'on y travaille le plus tot qu'il sera possible.

On croit que le moien le moins couteux, le plus prompt, et le plus solide seroit de fermer la brèche par un bon encaissement de pilotis et de paleplanches, d'une épaisseur convenable, comme on fait pour le radier du Pont. Cependant on s'en raporte à la prudence et l'habilité de ceux qui dirigent ces ouvrages [1].

Lettre du P. Boissy, Provincial des Jésuites de la province de Toulouse, à l'Intendant, M. d'Albaret, touchant la réparation de l'argamas, qui soutenait la maison du Séminaire, dont les murailles sont crevassées et minées dans leurs fondations.

19 décembre 1746

Monseigneur,

Faisant icy la visitte de nos trois maisons, j'ay trouvé celle du Séminaïre en si grand danger que je crois devoir implorer la protection de votre grandeur pour garentir le Séminaire d'une ruine totale qui entraîneroit celle du Faux bourg et des fortifications mesme ; l'ancienne digue appelée erguarmas, construitte, à ce qu'on croit, du temps des rois d'Aragon a esté emportée par une inondation.

Maintenant la rivière fond toute entière contre les murailles du Séminaire qui sont déjà fendues, crevassées, et aparement plus endomagées dans les fondemens.

Cette maison, Monseigneur, plus nécessaire en ce pays qu'en tout antre, mérite votre attention, non seulement parce qu'elle est fondée par le Roy et entretenue par les libéralitez de S. M., mais encore parce que sa ruine auroit les plus funestes suittes.

[1] Archives des Pyrénées-Orientales, C. 1211.

Plus on différeroit à arrester l'impétuosité des eaux, plus les malheurs qu'elles causeront seront grands et difficiles à réparer. On peut aujourd'huy les prévenir à peu de frais. Les séminaristes et leurs directeurs, vous devant la seureté de leur habitation, n'y cesseront d'y lever les yeux au ciel pour votre conservation.

J'ay l'honneur d'estre, avec le plus profond respect, Monseigneur, votre très humble et très obéissant serviteur.

Signé : BOISSY,
Provincial des Jésuittes dans la province de Toulouze[1].

M. de la Houssaye à M d'Albaret, Intendant, au sujet du Séminaire de Perpignan, dont le mur (argamas) menace d'être emporté par une nouvelle crue; et des ouvrages, plans et devis concernant ces travaux urgents.

14 janvier 1747,

Monsieur d'Albaret,
Monsieur,

J'ay l'honneur de vous envoyer la copie d'une lettre que le Révérend Père Boissy, Provincial des Jésuittes de la province de Toulouze, a écritte à M. le Controlleur Général au sujet de l'inondation qui a emporté une digue apellée erguamas, et par laquelle il prétend que les murailles de leur Séminaire de Perpignan courent risque d'estre entièrement dégradées et emportées, avançant mesme que si on tarde à restablir cette digue, les dégats seront dans la suite très grands et très difficiles à réparer.

Je vous prie, Monsieur, de vouloir bien examiner l'estat de cette digue et des murs en question, de me marquer à combien pouront monter les ouvrages que vous croirez les plus indispensables, et sur quels fonds on poura en prendre la dépense, et de joindre à votre avis un projet d'arrest conforme avec les plans et les devis estimatifs de ces réparations, afin

[1] Archives des Pyrénées-Orientales. C. 1211.

de me mettre en estat de rendre compte de cette affaire à
M. le Controlleur Général.

Je suis avec respect, Monsieur, votre très humble et très
obéissant serviteur [1].

De la Houssaye.

Lettre du P. Boissy, Provincial des Jésuites de la Province de Toulouse, à M. d'Albaret, Intendant, relative à l'accueil favorable que le Contrôleur Général a fait à sa demande.

2 février 1747

Monsieur,

Permettez-moy de vous renouveller mes très humbles
remerciments des sages conseils que vous me donâtes sur le
danger où est le Séminaire d'ettre emporté par la rivière.
M. le Compterolleur Général a accuilli favorablement, mes
remontrances ; il vous les renvoie, comme vous l'aviés prédit.
Le Séminaire ne peut pas ettre en melleures mains : je m'attends à tout ce qu'on peut espérer dans ces maleureux temps.

M. de la Houssaye, qui me fait l'honneur de me répondre
au nom de M. le Compterolleur Général, veut que je confère
avec vous, Monsieur, sur cette affaire ; mais je ne sçaurois
avoir cet avantage. Permettez que les PP. Tougas et du Pouget vous présentent la réponse que j'ay reçue et qu'ils prennent vos ordres et vos avis. Apparament que vous recevrez
de la Cour un mémoire que j'y ay envoié par une seconde
lettre. Je souhaite que vous le trouviés de votre goût. Je suis
persuadé que si vous rejettez mes vues, ce ne sera que pour
en substituer de melleures.

J'ay l'honneur d'ettre, avec le plus profond respect et la
plus vive reconnoissance, Monsieur, votre très humble et très
obéissant serviteur.

Boissy, P. Provincial.

Aggréez, Monsieur, que je présente icy mes très humbles
respects à Madame la Comtesse d'Albaret [2].

---

[1] Archives des Pyrénées-Orientales C. 1211. — [2] *Ibid.*

Devis du Sr Joblot pour le quai projeté en remplacement de l'argamas qui régnoit depuis le Pont de Pierre le long du bâtiment du Séminaire appartenant aux R. P. Jésuites, et relatif aux terres à déblayer, aux fascines et aux clayonnages, et coffres avec pilotages, sous les fondations, avec grillage sous les pilots, à la maçonnerie de gros libage, et à parement de brique, au pavé de moellon, etc. (L'entrepreneur est tenu d'exécuter dans toutes ses clauses le présent devis).

Devis des différentes espèces d'ouvrages qui entreront dans la composition du quay projetté de faire pour tenir la place de l'argamase qui régnoit depuis le Pont de Pierre le long du batiment du Séminaire apartenant aux R. P. Jésuites, jusques à l'angle du mur de clôture de leur jardin, lequel argamase a été renversé par les différentes crues d'eau et inondations successives de la rivière de la Tet.

3 mai 1747

I

TERRES

Les terres a déblayer pour la construction de cet ouvrage se réduisent à deux espèces, savoir celles hors de l'eau, et celles dans l'eau.

Celles hors de l'eau qui proviendront de l'excavation et déblay nécessaire pour creuser le coté sur le plan (13) servant à donner à la rivière un cours différent, et à l'éloigner de l'endroit où on doit travailler, et diminuer, s'il est possible, par ce moyen les filtrations abondantes qui s'opposent à ce que l'on puisse jetter les fondations aussy bas que la solidité de l'ouvrage l'exige, seront portées de la première main aux lieux indiqués par l'Ingénieur chargé de la conduite de l'ouvrage ; et, attendu que les endroits où il sera nécessaire de les transporter n'excédera jamais la distance de cinquante toises, l'entrepreneur ne pourra prétendre aucun payement pour les relais, à moins que, par un cas de nécessité, on ne soit constraint d'augmenter cette distance au-delà des cinquante toises ; pour lors, l'entrepreneur sera payé des relais de dix toises chacun.

Dès que la largeur du canal aura été déterminée, que les piquets d'alignement auront été plantés sur toute son étendue pour en fixer la direction, l'entrepreneur aura attention que les terres qui se transporteront ou se jetteront à la pèle de droit et de gauche du dit canal, soient au moins éloignées de trois pieds de ses bords, en sorte qu'il reste une berme ou passage, et que les terres ne puissent pas, par leur pente naturelle, retomber et combler le canal ; si l'entrepreneur manque à cette condition il sera obligé de les relever à ses fraix et dépens, sans pouvoir prétendre aucune indemnité ou dédommagement.

Il en sera de même de celles qui couvrent la surface supérieure des endroits qu'on doit déblayer pour les fondations : l'entrepreneur sera payé de ces terres à la toise cube.

Celles qui sont dans l'eau, c'est à dire qu'on ne sauroit déblayer sans les secours des machines hydrauliques, comme il est impossible de les réduire à la toise cube pour le payement qui deviendroit ou trop fort ou trop foible, malgré l'attention qu'on auroit d'en faire une juste aprétiation, en égard aux sujétions et difficultés, elles seront faites par économie, tant pour le déblay que pour le transport qui se fera de la manière qui paroîtra la plus avantageuse ; il sera passé le dix pour cent à l'entrepreneur pour ses peines et pour les outils qu'il fournira.

II

OUVRAGES EN FASCINES ET EN CLAYONS

Comme il est nécessaire de construire un batardeau coté sur le plan (14) pour contenir les eaux de la rivière et les obliger de passer dans le nouveau canal, il est à propos de s'étendre icy sur la qualité des matériaux qui doivent le composer et sur la façon de les employer.

Il sera composé de facines, piquets et clayonage qui formeront des coffres et qui seront remplis de terres.

La fassine sera de bon bois de saule ou bois blanc, sain et vif avant d'être coupé, sa longueur de dix pieds au moins, sa grosseur en diamètre de neuf pouces, et vingt-huit de circonférence à la tête et au milieu ; elle sera liée de quatre harres vers la tête, indistantes chacune d'un pied, et les autres harres en dessous, c'est à dire vers la queue, distantes l'une de l'autre de deux pieds.

Ces facines en général seront mêlées de bois de branche ou trois pouces de diamètre, le tout bien serré ensemble, comme il a été dit.

Les piquets seront de bon bois de saule ou de bois blanc, leur grosseur par la tête de trois et quatre pouces de diamètre, leur longueur de trois différentes dimentions, savoir de 3 pieds, de 5 pieds et de 6 pieds ; observant qu'ils soient bien droits sans nœuds et bien apointés, sans être cependant trop aigus.

Le clayonage sera fait de bonne branche de longueur convenable, et d'un pouce ou d'un pouce et demy de diamètre.

Employ des facines, piquets et clayons pour la construction du batardeau.

La direction du batardeau étant déterminée par des piquets on commencera, pour en déblayer la fondation, à un pied et demy plus bas que le fonds naturel de la rivière, et ce sur toute la largeur qui sera déterminée pour l'épaisseur du batardeau.

Les fondations creusées suivant les dimentions cy-dessus, on commencera d'arranger sur la longueur le premier lit de facines bien liées, pressées les unes contre les autres, piquetées chacune de quatre piquets.

Les têtes des facines suivront l'alignement qui sera déterminé pour le batardeau, et, ce lit de facines ainsy étably, on se retirera de neuf pouces en dedans des etes (?) des facines ; et suivant ce second alignement, on plantera des piquets sur la longueur à un pied de distance les uns des autres, et saillant par la teste au-dessus du premier lit des facines de neuf à dix pouces que l'on clayonera sur toute la longueur et sur toute la hauteur ; ce premier rang étant fait, on se retirera parallèlement au premier rang cy-dessus de 3 pieds, on plantera un autre rang de piquets espacés comme les précédents, et saillans aussy de 9 à 10 pouces au-dessus du lit de facines qu'on clayonera comme il a été dit cy-dessus, observant que les clayons soient bien entrelassés, serrés de la main et battus avec un levier ou masse de bois servant à enfoncer les piquets, sans cependant les briser.

Cette manœuvre se répètera de trois en trois pieds sur toute la largeur du batardeau.

Les encaissemens qui formeront tous les clayonages seront remplis de terre ou gravier de la rivière bien battu, lit par lit, à coup de demoiselles du poids de trente livres.

On établira ensuite un nouveau lit de fascines piquetées, comme il a été dit cy dessus, en le retirant également au moyen d'une retraite de 9 pouces, après lequel on répétera le clayonnage, observant toujours la même retraite, et cela jusqu'à ce qu'on ait atteint la hauteur que devra avoir le batardeau.

Cet ouvrage ainsy finy sera mesuré premièrement à la toise cube dans toute sa solidité, compris terres, facines, piquets et clayonage et payé au prix de l'adjudication des terres, en égard au maniement des terres et au batage.

Le clayonage sera payé à la toise quarrée, et les facines piquetées de six piquets chacune, et mises en place à la pièce.

L'entrepreneur se fournira de bois nécessaire pour la construction de ce batardeau qu'il prendra dans les bois les plus à portée, en s'acomodant de gré à gré avec les propriétaires ; au défaut de quoy, l'entrepreneur ne pouvant saccorder avec les propriétaires, M. l'Ingénieur en réglera le prix.

III

PILOTAGE SOUS LES FONDATIONS

Le déblay des fondations étant fait et poussé à la profondeur nécessaire, c'est à dire jusques au terrain ferme, on peuplera le sol du terrain de pilots espacés de six pieds de millieu en milieu et en tout sens.

Ces pilots seront de bois de chêne ou de pin, équarris de la longueur de 9 à 10 pieds, étant inutile de les employer plus longs, le terrain les refusant, et de 12 pouces de carrissage armés d'un sabot de fer du poids de 30 à 35 l. à trois branches, cloué et arrêté de trois clouds à chaque branche contre le pilot qui sera enfoncé au refus d'un mouton du poids de 600 l. La tête du pilot sera garnie d'une frète de fer mobile pour qu'elle puisse servir à tous les pilots successivement, et pour empêcher aussy que la tête du pilot n'écrase et ne se fende.

Les pilots ainsy enfoncés, leur tête sera recepée de niveau en tout sens, afin de recevoir le grillage qui doit être cloué dessus et dont il va être fait mention.

L'entrepreneur sera payé de cet ouvrage au cent de solives, pose comprise.

IV

GRILLAGE SUR LES PILOTS

Les têtes des pilots recepées de hauteur et de niveau en tout sens sur la longueur de la partie qu'on voudra fonder, on établira dessus un grillage de bois de chêne ou pin composé de longrines et traversines de 9 à 10 pouces d'écarrissage, assemblées à my bois dans leur intersection, et clouées sur chaque tête de pilot par une grande cheville de fer de la longueur le 18 pouces, ébarbelée sur ses quatre arêtes, et dont la tête sera perdue dans la pièce qui la recevra. Coté (17).

Ce bois doit être sain, de bonne qualité et d'égale épaisseur, pour que ce grillage ne porte point à faux et soit de niveau en tout sens. L'entrepreneur en sera payé au cent de solives, la pose comprise.

V

MAÇONNERIE DE CAILLOUX

Quand le grillage, construit comme il a été dit cy-devant, aura été mis en place, bien arrété sur les pilots, et qu'on aura vérifié son niveau, on remplira les vuides ou cases de ce grillage d'une maçonnerie de cailloux de rivière posés en bon mortier fait avec chaux éteinte de frais tiercé à lordinaire, mais cependant un peu épaix, pour que l'on ne puisse pas en détremper la chaux si facilement. On aura attention de bien fraper ces cailloux au refus du marteau, et d'en bien garnir les entredeux pour faire corps le plus tôt possible et d'arraser parfaitement cette maçonnerie avec la surface supérieure du grillage, pour recevoir sur une aire bien plane la maçonnerie suivante.

L'entrepreneur sera payé de cet ouvrage à la toise cube, avec déduction du bois,

VI

MAÇONNERIE DE GROS LIBAGE

Sur ce grillage ainsy disposé et arrasé, on élèvera une maçonnerie de gros libage, c'est à dire de grosses pierres de carrière seulement débruties, posées par assises réglées sur joints de niveau ; les boutisses auront au moins 3 pieds de queue, et un pied et demy de tête ; les paremens à plomb et bien alignés coté (18) aux profils ; cette maçonnerie sera construite en parement sur toute la longueur de la fondation, et sur sa hauteur, de la façon énoncée cy-dessus et cotés (18) ; et le remplissage pour le corps se fera en maçonnerie comune.

L'entrepreneur sera payé du gros libage à la toise cube, et de la maçonnerie aussy à la toise cube.

VII

PAVÉ DE MOILONS DE PLAT

Toute la maçonnerie sur la longueur de ce quay, élevée à la hauteur déterminée avec son talus extérieur et sa pente du derrière au devant, on établira au-dessus un pavé de moilon de plat en bain de mortier coté (19).

Ce moilon sera de bonne qualité ; il sera essuillé ; les carreaux larges et plats, leurs joints petits ; la superficie unie ; posés en bain de mortier, observant les pentes prescrites.

Cet ouvrage sera payé à la toise quarrée.

VIII

MAÇONNERIE COMUNE

La maçonnerie des massifs sera composée de moilons de la meilleure qualité ; ils seront raboteux pour faire bonne liaison et bien aspirer le mortier ; on les posera sur un lit de mortier, pressés de la main et frapés ensuite du marteau (sans les casser), jusques à ce que le mortier soufle entre les joints que l'on remplira avec des éclats ou boscailles pour occuper tous les vuides.

Les paremens, si l'on en construit, seront à pierre aparente de bonne qualité, d'un grain fin et dur, qui ne se détache point à l'air ; les joints auront quatre ou cinq lignes au plus ; ils seront cirés et rejointés proprement avec la pointe de la truelle.

IX

MAÇONNERIE A PAREMENT DE BRIQUE

Elle ne diffère de la précédente que par le parement extérieur ou de face qui sera composé de bonne brique bien cuite et non brûlée, bien droite, vermeille et sonante, de la meilleure terre qui se trouvera aux briqueteries aux environs, bien épierrée, corroyée, et au moule de Catalogne dit cairon, proprement faite, de seize pouces de longueur, huit de largeur et deux d'épaisseur, chamfrainée, s'il est nécessaire, sur son épaisseur, selon le talus qu'on voudra donner, partie sur la longueur et partie sur la largeur.

On observera en général de donner à la longueur des briques le double de la largeur pour faire une liaison qui soit bonne et régulière.

Le parement de face sera fait par trois rangs de brique posés en boutisses, sur lesquels on en posera trois autres, ou par assises égales, ou tas de trois briques de profondeur, posées boutisses et paneresses alternativement pour que l'épaisseur dans le corps du mur soit réduite à douze pouces,

et qu'il y ait huit pouces de harpe pour servir à lier la brique
avec la maçonnerie de moilon du restant du mur ; observant
dans l'élévation de l'ouvrage que les tas soient en bonne liaison les uns sur les autres, les joints de 3 à 4 lignes d'épaisseur
dressés proprement et recirés à la truelle avec du mortier fait
avec du sable fin.

Comme le mur de ce quay doit avoir douze pieds d'épaisseur récuite, les six pieds qui porteront le parement de brique
de face seront payés au prix de la maçonnerie à parement de
brique, et les autres six pieds au prix de la maçonnerie
comune.

X

Les épuisements des eaux et tout ce qui dépend des dits
épuisements sera fait par œconomie, et il sera passé à l'entrepreneur un dixième sur cette dépense pour ses soins et pour
les outils qu'il fournira.

XI

L'entrepreneur sera obligé de fournir les chèvres, moutons,
et échafaudages nécessaires pour le pilotage sans autre prix
que celuy qui luy aura été adjugé pour le cent de solive de
pilots. ·

CONDITIONS GÉNÉRALES

Le présent devis bien étendu (?), l'entrepreneur sera obligé
de l'exécuter dans toutes ses clauses, sans aucune réserve. Il
sera obligé de se fournir de tous matériaux, outils, échafaudages, cordages, engins, voitures, à la réserve des moulins à
chapelet pour les épuisements des eaux, et généralement de
tout ce qu'il aura besoin pour l'exécution du présent ouvrage,
sans qu'il puisse prétendre d'autres prix que ceux portés par
le présent marché. Il suivra exactement les plans et profils
quy luy seront donnés.

Il donnera bonne et suffisante caution pour la seureté des
ouvrages et les avances des deniers qui luy pourront être
faites.

L'entrepreneur acceptant ces conditions, ils pourront luy
être adjugés.

Savoir :

Les déblays de terre, tant pour le creusement du canal de décharge que pour la superficie supérieure des fondations, la toile cube, à..	2 l. 5 s.
Les facines piquetées de six piquets de cinq pieds de long, chacun mises en place, la pièce, à.................	16 s.
La toise quarrée de clayons, à..............	4 l.
Le cent de solives de bois de chesne ou de pin pour les pilots, mis en place...	650 l.
Le cent de solives de bois de chesnes ou de pin pour le grillage, sur les pilots, à...........	580 l.
La maçonnerie de cailloux pour le remplissage du grillage, la toise cube, à..	30 l.
La maçonnerie de gros libage pour les fondements, la toise cube, à.................. .	180 l.
La toize quarrée de pavé de moilon de plat avec mortier, à...........................	6 l.
La toize cube de maçonnerie commune, à.....	42 l.
Le quintal de gros fer de cent livres, poids du pays, pour les sabots des pilots et autres ouvrages, à	25 l.
La toize cube de maçonnerie à parement de brique, à.............	62 l.
Les relais de dix toises, chacun à....	5 s.

Signé : JOBLOT.

Lettre de l'Intendant à M. de la Houssaye relative à l'argamas du Séminaire, (Minute) et au mémoire envoyé par le P. de Boissy, provincial des Jésuites au Contrôleur général. (A cette lettre est jointe le projet d'arrêt).

20 mai 1747

Monsieur de la Houssaye,
Monsieur,

J'ay receu en son tems la lettre que vous m'avés fait l'honneur de m'écrire le 14 janvier dernier en m'envoyant copie de la lettre écrite à M. le Controlleur Général par le Père de Boissy, Provincial des Jésuites de la province de Toulouze, au sujet des dégradations que les dernières crues d'eau ont fait à la maison du Séminaire, située au bord de la rivière de la Tet dans le fauxbourg de Perpignan.

Le Père de Boissy m'écrivit dans le même temps. Il me marquoit que par une seconde lettre, il avoit envoyé un mémoire à M. le Controlleur Général qu'il comptoit devoir m'être renvoyée. Je ne l'ay pas reçeu, mais ayant demandé copie de ce mémoire au Supérieur du Séminaire, il me l'a remise, en voicy l'analise suivante.

Ce qu'il expose de la situation du Séminaire, de la construction du mur, apelé, argamas, et des crues d'eau, à cause de la fonte des neiges ou par la pluye, est vray.

Il est certain que si la rivière perçoit dans le jardin du Séminaire, elle pourroit en entrainer la maison, et une partie du fauxbourg, et risqueroit d'endommager considérablement les fortifications de la ville, ce qui arriveroit infailliblement, si l'on ne pourvoyoit à rétablir le mur d'argamas, dont une partie a été renversée par la fouille des eaux.

Il avance que le cout des réparations à faire à l'argamas fut compris dans le devis estimatif du Pont, et que ce Pont étant dans un état de perfection, la réparation de l'argamas doit être préférée à ce qu'il peut y avoir à faire au Pont Neuf. C'est là à peu près le précis de ce mémoire.

Pour y répondre, il convient d'entrer dans le détail de ce qui s'est passé depuis l'inondation de 1737. Voicy le fait.

Deux arches du Pont furent emportées en ladite année 1737 par une grande inondation qui survint au mois de novembre. On trouva le moyen pour la commodité du public et pour entretenir le commerce avec le Languedoc, d'y établir un Pont provisionel en bois d'une pile à l'autre. En 1740, la troizième arche croula par une nouvelle inondation. Il fallut faire un autre Pont de bois et rétablir les premiers qui avoient été dégradés par les mouvemens des piles que les eaux avoient mises de côté. Mais, comme cette réparation ne pouvoit subsister longtems, M. Orry, lors Controlleur Général, qui connoissoit par luy-même la nécessité de rétablir ce pont, et l'impossibilité où étoit cette Province de fournir à la dépense, voulut bien sur les mémoires que je luy envoyay en rendre compte au Roy qui eut la bonté d'accorder un fonds de 300.000 l. à prendre savoir 200.000 sur le produit de la Capitation en cinq années à commencer de 1740, à raison de 140.000 l. par année, et les 100.000 restantes sur les impositions ordinaires de la province et sur les droits d'Impariage et du Réal, dont le fonds est destiné à l'entretien des Ponts et Chaussées et des autres édifices publics, et à plusieurs autres charges affectées sur ces droits par différents arrests du Conseil, et ce en cinq années, à raison de 20.000 l. par année.

Les projets pour l'employ de ce fonds regardoient uniquement le rétablissement d'une partie de la Digue Orry qui avoit été emportée, la construction de trois nouvelles arches, les ouvrages de rempiètement à faire aux anciennes piles dont les arches subsistoient encore, à des réparations considérables à faire au Pont Neuf qui est un prolongement de celuy qu'on apelle le Pont de Pierre, et enfin à élargir la voye de ce dernier Pont à la même dimention qu'on a donnée aux trois arches construites à neuf.

A l'égard de l'argamas qui étoit sur pied et qui n'étoit menacé que parce que les eaux avoient pris leur direction de ce côté-là, il fut projeté de faire un épi à la pointe du jardin du Séminaire en saucissons et en cailloux dont la dépense auroit coûté environ 2.500 l., afin de couper les eaux et les empêcher de battre l'argamas ; on pensa même alors que les Jésuites y ayant un intérêt sensible, prendroient quelques précautions qui peussent garantir ce mur.

Lorsque le Roy eut accordé le fonds de 300.000 l. l'ouvrage qui parut le plus pressé fut de construire un pont provisionnel en bois où toutes sortes de voitures peussent passer ; dans le même temps, on fit le rempiètement des anciennes piles, et l'on travailla à réparer la Digue Orry, qui fut mise en bon état ; cela fait, on donna un nouveau lit à la rivière par des canaux qui la rejetèrent du côté des arches qui subsistoient, afin de pouvoir déblayer les ruines de trois arches détruites et en construire trois neuves : ces canaux par lesquels on éloignoit la rivière de l'argamas firent le même effet qu'auroit pu faire l'épi projeté à la teste du jardin du Séminaire.

La dépense de ces ouvrages qui ont été exécutés en cinq années a presque consommé tout le fonds accordé. Il n'en faut pas être surpris, parce que, depuis que nous n'avons plus de troupes, les ouvriers et les travailleurs ont coûté beaucoup plus cher, et n'ont pas fait autant de besogne, en sorte que ce qui nous reste de ce fonds suffira à peine pour faire le quart des ouvrages qui restent encore à exécuter, lesquels consistent à l'élargissement des quatre arches anciennes pour les rendre uniformes aux trois nouvellement construites, et à faire au Pont Neuf des réparations considérables, savoir : à refaire une pile du milieu dont un angle fut emporté par les inondations, et à réparer la culée de la dernière arche qui menace ruine. Il faut encore faire construire des parapets sur toute la longueur de ce Pont, n'y en ayant jamais eu, ce qui est si nécessaire que dans les grands vents qui sont fréquents dans ce pays-cy, on a veu des coups de vent emporter dans la rivière des hommes et des voitures.

Pour revenir à l'argamas, qui fait la matière de votre lettre et du mémoire des Jésuites, j'ay commencé par me transporter sur les lieux avec MM. les Ingénieurs du Roy. M. de Joblot, qui est en chef à Perpignan, après avoir visité les dégradations, me fit remarquer que pour faire un ouvrage parfait, il en coûteroit 200.000 l., à cause qu'il faudra toujours être dans l'eau, et que les épuisemens seront d'une dépense considérable, parce qu'il y a peu de pente pour les écouler. Il me promit de travailler à un projet ; il l'a fait et en a réduit la dépense à 65.952 l., 5 s., 6 d. Il me l'a remis depuis trois jours avec un plan et un devis estimatif. J'ay l'honneur de vous envoyer le tout cy-joint.

Vous me demandés, Monsieur de vous indiquer le fonds qu'on pourroit destiner à cette dépense. Elle me paroît d'autant plus considérable que nous avons encore les ouvrages qui restent à faire pour remplir les projets du Pont et de la Rivière. Mais avec le peu de fonds qui nous reste des 300.000 accordés, celuy des impositions faites en 1745 à 1746 pour les réparations des Ponts et Chemins, et quelque chose que je puis ménager sur l'Impariage et le Réal, en renvoyant à d'autres temps les dépenses qui ne sont pas si pressées, j'espère de pouvoir y pourvoir ; mais je ne say où prendre pour les réparations de l'argamas, si le Roy n'a la bonté de nous aider ; cette réparation est urgente ; celle des ponts est encore plus pressée, et il paroît nécessaire de faire travailler incessament aux unes et aux autres.

Le Roy a accordé en différens tems des fonds pour les réparations du Pont de Perpignan et des digues qui y aboutissent. J'en joins icy un bordereau, montant depuis 1721 à 354.457 l. ; le plan que je me propose pour remettre en état l'argamas ne peut avoir lieu qu'autant qu'il plaira au Roy d'avoir les mêmes bontés pour cette misérable Province ; elle en a, d'autant plus besoin qu'elle se trouve surchargée d'impositions, surtout depuis l'établissement du dixième et les nouvelles taxes imposées sur les corps d'arts et métiers. Il me paroît donc nécessaire, pour remplir le fonds de 65.952 l., 5 s., 6 d., à quoy monte le devis estimatif de M. Joblot, qu'il plaise à sa Majesté d'accorder un fonds de 40.000 l. sur la Capitation, savoir 20.000 l. sur la présente année 1747, et pareille somme sur 1748 ; 16.000 l. sur les impositions ordinaires de la province, savoir 8.000 en 1747 et pareille somme en 1748 ; et que les 9.952 l., 5. s., 6 d. qui manquent seront prises sur l'Impariage et le Réal. J'ay dressé sur ce plan le projet d'arrêt que vous me demandés par votre lettre, et je le joins icy.

J'ay l'honneur d'être avec respect [1], etc.

Bordereau des sommes accordées par le Roy en différens temps pour les ouvrages du Pont et de la rivière, à prendre du produit de la Capitation [2].

Par arrest du Conseil du 13 may 1721	57.457 l.
Idem du 10 juin 1727	70.000 l.
Idem du 25 septembre 1736	6.000 l.
Idem du 25 mars 1738	15.000
Lettre de M. le Controlleur Général du 12 décembre 1738	6.000 l.
Arrest du Conseil du 16 avril 1741	200.000 l.
	354.457

[1] Archives des Pyrénées-Orientales, C 1211. — [2] *Ibid.* C 1211.

Projet d'arrêt dressé par l'Intendant d'Albaret (joint à la lettre précédente), relatif à la réparation du mur du Séminaire qui sert de digue à la rivière, et dont la dépense est évaluée par l'Ingénieur en chef de Joblot, à 65.952 livres, 5 sols, 5 deniers, qui seront prélevées sur les fonds de la capitation.

20 mai 1747

Le Roy en son Conseil, ayant été informé que par l'inondation arrivée en Roussillon au mois de novembre 1746, le mur d'argamas qui sert de digue à la rivière de la Tet au-dessus du Pont de Perpignan et qui borde le jardin et la maison du Séminaire, auroit été renversé par la violence des eaux, en sorte que le dit Séminaire et le faux bourg de Notre Dame de ladite ville risquent d'être emportés aux premières crues d'eau, ce qui mettroit les fortifications à découvert, causeroit un dommage considérable aux meilleures terres des environs, même aux ouvrages des dites fortifications, et étant nécessaire pour le bien du service du Roy, pour l'utilité du commerce des habitans du Roussillon, et pour entretenir la communication de cette province avec le Languedoc, de rétablir ledit mur d'argamas ou d'y construire un quay qui en tienne lieu, Sa Majesté auroit fait donner ses ordres au S. de Ponte, comte d'Albaret, Intendant et Commissaire départy en ladite Province de faire dresser par l'Ingénieur du Roy en cette Place un devis estimatif des ouvrages à faire pour établir ledit mur d'argamas avec solidité et le mettre en état de résister aux inondations qui sont fréquentes en Roussillon ; à quoy ayant satisfait, vu le plan des lieux, le devis des différentes espèces d'ouvrages à faire pour établir un quay qui tienne la place du dit mur d'argamas, l'estimation des dits ouvrages montant à 65.952 l., 5 s., 5 d., le tout dressé par le Sieur de Joblot, Ingénieur en chef à Perpignan, ouy le raport du Sieur de Machault, Conseiller d'Etat et ordinaire au Conseil Royal, Controlleur Général des Finances ;

Sa Majesté, étant en son Conseil, a ordoné et ordonne que par le dit S. Intendant et Commissaire départy, il sera incessament procédé à l'adjudication des ouvrages à faire pour la construction du dit quay, aux clauses et conditions du dit devis, à l'exception des épuisemens des eaux qui seront faites par économie : le prix desquels ouvrages sera payé à l'adjudicataire à fur et à mesure de l'avancement d'iceux sur les ordonnances particulières du dit Sieur d'Albaret ; savoir par le Sieur Arnaud, Receveur Général de la Capitation, jusques à concurrence de la somme de 40.000 l., savoir 20.000 l. sur le fonds de la Capitation de chacune des années 1747 et 1748, par le dit Sieur Arnaud ; celle de 16.000 l., savoir 8.000 l. pendant chacune des dites deux années, des fonds qui ont été ou seront imposés à cet effet ; et celle de 9.952 l., 5 s., 6 d,, savoir 5.000 l. pendant la présente année, et les 4.952 l., 5 s., 6 d. restantes pendant l'année 1748 par les adjudicataires des droits d'Impariage et de Réal, et en raportant par eux les ordonnances du Sieur d'Albaret, les états et toizés des dits ouvrages, les quittances de l'adjudicataire et de ceux qui seront commis pour l'exécution des épuisements des eaux qui seront faits par économie, avec copie collationnée du présent arrêt, les dites sommes seront passées et allouées dans la dépense de leurs comptes partout où il apartiendra.

Fait au Conseil d'Etat du Roy, etc.[1]

Lettre de M. de La Houssaye à M. d'Albaret, Intendant du Roussillon, au sujet des réparations du mur du Séminaire qui concernent M. Trudaine à qui le mémoire est renvoyé.

22 septembre 1747

Monsieur de Ponte d'Albaret,
Monsieur,

Vous m'avez fait l'honneur de m'envoyer au mois d'aoust dernier votre avis sur le mémoire présenté par le Provincial des Jésuites de la Province de Toulouze au sujet des répara-

[1] Archives des Pyrénées-Orientales. C 1211.

tions à faire au mur apellé l'argamas, qui a été emporté par les inondations, et qui a causé des dégradations considérables à la maison du Séminaire des Jésuites de Perpignan. Mais ayant remarqué, Monsieur, par votre réponse que la dépense de ces réparations devoit être prise sur les fonds destinés à l'entretien des Ponts et Chaussées, et que par conséquent cette affaire regardoit M. Trudaine qui a dans son Département les Ponts et Chaussées, je luy ay envoyé le tout, afin qu'il fît sur cette affaire ce qu'il jugeroit à propos.

Je suis avec respect, Monsieur, votre très humble et très obéissant serviteur. [1]

De La HOUSSAYE.

Lettre de l'Intendant à M. le Contrôleur général, au sujet de l'attribution des fonds destinés à l'entretien des ponts, chemins, chaussées et autres ouvrages publics du Roussillon, généralement prélevés sur le produit des droits d'Impariage et du Réal de Villefranche, et parfois même sur les comptes de la capitation, avec l'assentiment du roi.

14 octobre 1747.

Monsieur le Controlleur Général,
Monsieur,

J'ay reçu la lettre que vous m'avés fait l'honneur de m'écrire le 6 du mois dernier, au sujet des ouvrages à faire pour la construction d'un quay qui garantisse le fauxbourg de Perpignan des inondations que les débordements de la rivière de la Tet y occasionnent; par laquelle je vois que vous désirés savoir quels sont les fonds sur lesquels on prend la dépense à faire par chaque année pour l'entretien et la réparation des ponts, chemins, chaussées et autres ouvrages publics du Roussillon; dans quelle forme on en fait l'employ; qui en fait la recette et la dépense; quels en sont les acquits, et devant qui se rendent les comptes.

Les fonds sur lesquels on prend la dépense des ponts,

<hr>

[1] Archives des Pyrénées-Orientales, C 1211

chemins et chaussées du Roussillon ne sont pas fixés pour
chaque année, on y employe ce qui reste du produit des droits
d'Impariage et du Réal de Villefranche, les charges acquitées ;
quand cela ne suffit pas, on impose sur la Province, mais
lorsque les dépenses sont considérables, le Roy a toujours eu
la bonté d'accorder un fond sur la Capitation, ainsi que je
l'ay détaillé dans la lettre que j'ay eu l'honneur de vous écrire
le 20 May dernier ; dans ce dernier cas, le même arrêt qui
accorde ces sommes, autorise l'Intendant à faire l'adjudication des ouvrages, sur les plans et devis que les Ingénieurs
du Roy en ont dressés, et lorsque les ouvrages sont finis, les
mêmes Ingénieurs en dressent le toizé sur lequel l'Intendant
ordonne le payement de la dépense sur les différens fonds
qui y sont destinés ; et c'est encore l'Intendant qui arrête les
comptes de la Capitation et des impositions, dans la dépense
desquels il alloue le montant desdits toizés.

A l'égard des autres ouvrages pour la dépense desquels les
fonds restants de l'Impariage et du Réal suffisent, on les fait
quelquefois par adjudication, et souvent par économie quand
l'ouvrage n'est pas considérable ; mais ces ouvrages sont
toujours dirigés par un Ingénieur qui en certifie l'état sur
lequel l'Intendant en ordonne le payement.

Vous demandés aussi, Monsieur, de savoir quel est l'objet
des droits d'impariage qui en fait la recette, et la dépense, et
à quoy le produit se consomme.

Les deux états que j'ay dressés, et que je joins ici, vous
feront connoitre l'origine de ces deux droits, et à quoy les
fonds qui en proviennent sont employés ; l'Intendant en fait
l'adjudication tous les trois ans, chaque fermier à la fin de
son bail, rend un compte, dont le prix du bail forme la recette,
et il employe en dépense les charges ordinaires et extraordinaires et le montant des ouvrages ordonnés et exécutés
pendant le même bail, dont il raporte les toizés et états, avec
les ordonnances de l'Intendant, et les quittances des parties
prenantes.

Vous me marqués encore, Monsieur, que vous avés envie
de mettre les ponts et chaussées de la Province du Roussillon
sur le même pied des autres généralités du Royaume, et en

ce cas de faire remettre les fonds qui y seront destinés au Trézorier Général des Ponts et Chaussées du Royaume, qui auroit un commis à Perpignan à qui les fermiers et receveurs remettroient les fonds qui y sont destinés, et qui en feroit la dépense sur mes ordonnances, en conformité de l'état qui en feroit arrêté tous les ans au Conseil ; et vous souhaités que j'examine ce que vous me proposés, et que je vous dise ce que j'en pense, en vous envoyant les éclaircissements que vous me demandés.

J'ay taché de satisfaire par les deux mémoires cy joints, et par mes observations cy dessus aux éclaircissements, et à l'égard du projet de mettre les Ponts et Chaussées du Roussillon, sur le pied des autres généralités du Royaume, j'auray l'honneur de vous dire naturellement, que j'y trouve quelque inconvénient.

1° Il n'est pas possible de fixer une somme certaine pour les dépenses, des ponts, chemins et chaussées du Roussillon. par ce que les inondations fréquentes font souvent des dégradations et des dommages, auxquels il faut remédier sur le champ, et si l'on n'a pas un fond sous la main pour y pourvoir, la dépeuse augmente à chaque instant, surtout pour les ouvrages de la rivière et du Pont de Rivesaltes, le seul par où nous communiquons avec le Languedoc ;

2° Le peu de fonds que nous avons pour ces sortes de dépenses se trouveront diminués par les taxations attribuées au Trézorier Général des Ponts et Chaussées et par les appointements d'un commis à Perpignan.

Ce n'est pas d'aujourd'huy, Monsieur, que ce projet a été proposé, mais M. Orry qui avoit été Intendant de cette Province et qui connoissoit la nécessité de laisser les fonds de l'Impariage et du Réal à la disposition de l'Intendant, n'a jamais jugé à propos d'en juger l'exécution.

Au surplus vous ferés l'usage que vous jugerés à propos, de mes observations, que je soumets à vos lumières supérieures, et je me conformeray toujours aux ordres qu'il vous plaira de me donner.

Je suis, Monsieur, etc. [1]

[1] Archives des Pyrénées-Orientales, C 1211.

CHAPITRE III

L'Intendant de Bertin (1751-1753). — Le Contrôleur-général de Marchault et la réorganisation des Ponts et Chaussées. — Devis du Sr de Lescure, Ingénieur des Ponts. — Les nouveaux Syndics.

Lettres de M. de Marchault, contrôleur général à l'Intendant au sujet du Séminaire de Perpignan et de la réorganisation des Ponts et Chaussées.

Lettre de l'Intendant au Maréchal de Noailles, concernant les Ponts et Chaussées.

Lettre de M. d'Albaret au Sr de Lescure, Ingénieur des Ponts et Chaussées.

Ordonnances diverses de M. de Bertin, Intendant du Roussillon, Conseiller du roi.

Devis du Sr Lescure, Ingénieur.

Adjudication des travaux pour le nouveau canal.

Homologation de la délibération des tenanciers de la Tet au sujet de la nomination de nouveaux syndics.

Lettre de M. de Marchault, contrôleur général à l'Intendant, touchant le rétablissement de l'ergamas qui protégeait le Séminaire de Perpignan, et la réorganisation des Ponts et chaussées sur le même pied que dans le reste du Royaume. Le Contrôleur général conclut que c'est à la ville de Perpignan qui est la principale intéressée dans ces travaux à y pourvoir sur ses revenus.

22 juillet 1748

Monsieur d'Albaret,
Monsieur,

Sur les nouvelles instances que font les Jésuites de Perpignan pour le rétablissement du mur apellé ergamas, afin de mettre le Séminaire à couvert des inondations de la Tet, je

me suis fait représenter tout ce qui s'est passé à cet égard, et
la proposition que je vous avois faite d'établir l'administration de ce qui concerne les ouvrages des Ponts et Chaussées
et en général les constructions et entretiens des ouvrages
publics sur le même pied que dans la plus part des autres
provinces du Royaume.

Apres avoir examiné votre réponse et les éclaircissemens
que vous me donnez sur cette proposition, je vois que vous
n'y oposez que deux difficultés qui me paroissent faciles à
résoudre : l'une que le plus ou le moins de ces ouvrages
dépendant des crues des rivières et des domages qu'elles
causent, qui varient, il ne seroit pas aisé d'y pourvoir par un
fonds fixe et réglé. Les mêmes circonstances se rencontrent
dans une infinité de pays. Il y a un fonds annuel pour pourvoir à l'entretien et à faire peu à peu les ouvrages neufs que
l'on peut faire à loisir ; et lorsqu'il survient des ouvrages pressans, on augmente à proportion les fonds d'imposition. Les
circonstances ne permettent pas au Roy de rien diminuer sur
les revenus qu'il tire des Provinces ; ils sont tous destinés à
des dépenses indispensables ; et lorsqu'il survient nécessité
de faire quelques ouvrages nouveaux, c'est à la Province qui
en doit tirer le bénéfice à y contribuer, et c'est à ceux qui sont
à la tête de l'administration à proposer les moyens les moins
onéreux.

Quand à la seconde difficulté que vous proposez, je conviens que les taxations atribuées aux Receveurs Généraux et
particuliers des Ponts et Chaussées consommeront 9 d. pour
livre ; mais je les tiendray bien employés, lorsqu'ils serviront
à assurer le recouvrement, la consommation et la comptabilité de ce genre de dépense.

Je joins à cette lettre un mémoire de ce qu'il y auroit à faire
pour aranger cette partie comme je le propose. Je vous prie
de l'examiner encore et de me le renvoyer avec vos réflexions.

Je vous prie de me marquer aussi en quel état sont les chemins du Roussillon, de la Serdagne et du Païs de Foix, et de
quelle manière on a pourvu jusqu'à présent à leurs réparations dans ces différens païs.

Quand au mur de quay qui est à faire présentement, eet

ouvrage ne me paroît interessant que pour la seule ville de
Perpignan, et si l'Administration étoit dans ce païs sur le
même pied que dans les autres provinces du Royaume, je
penserois encore qu'un pareil ouvrage ne pouroit être payé
sur les fonds des Ponts et Chaussées et sur les fonds publics
de la Province.

C'est à la ville de Perpignan à y pourvoir sur ses revenus,
et si elle n'en a pas de suffisans, il faut la mettre en état d'y
pourvoir par une augmentation des droits qui s'y perçoivent
ou par une imposition. Car il ne faut pas compter, comme je
vous l'ay dit au commencement de cette lettre, que le Roy
puisse y destiner aucune partie de la Capitation ny des autres
revenus qu'il lève sur la Province.

Je suis, Monsieur, votre très humble et très affectionné
serviteur. [1]

MARCHAULT.

**Lettre de l'Intendant à M. le Maréchal de Noailles au
sujet de l'argamas du Séminaire et du projet conçu
par le Contrôleur général pour mettre en Roussillon
les Ponts et Chaussées sur le pied des autres provinces, projet qui tend à priver l'Intendant des fonds de
l'Impariage et du Réal, à rendre à la ville le droit
d'Impariage, à doubler le droit du Réal, et à imposer
annuellement la province pour faire fonds à la caisse
des Ponts et Chaussées. Il est également question
dans cette lettre du pont de Rivesaltes dont la partie
en bois est presque toujours emportée et interrompt
ainsi toute communication avec le Languedoc.**

9 novembre 1748

Monseigneur le Maréchal de Noailles,
Monseigneur,

Le projet formé par M. le Controlleur Général de mettre en
Roussillon les Ponts et Chaussées sur le pied des autres Provinces du Royaume, et de faire remettre tous les fonds qui y

[1] Archives des Pyrénées-Orientales, C 1211.

seront destinés au Trésorier Général des Ponts et Chaussées, m'engage à vous faire le détail de ce qui s'est passé depuis un an à cette ocasion.

L'argamas qui borde le jardin du Séminaire, et sur lequel les Jésuites ont baty partie de leur maison, ayant fait quelque mouvement pendant les inondations de la rivière de la Tet, leur Provincial écrivit le 19 décembre de 1746 à Monsieur le Controlleur Cénéral ; il luy exposa le danger qu'il y avoit de rester dans le Séminaire que la première crue d'eau pourroit emporter et entraîner avec elle la ruine du faux bourg et des fortifications qui y sont attenantes, et demandoit qu'il plût au Roy d'ordonner le rétablissement des dégradations faites au mur d'argamas, sur les fonds publics.

M. le Controlleur Général, par sa lettre du 14 janvier 1744, me fit renvoyer par M. de la Houssaye la lettre du Provincial, et me chargea d'examiner l'état du mur en question, de luy marquer à combien pourroit monter les ouvrages qu'il seroit indispensable d'y faire, sur quel fonds on pourroit prendre la dépense, et de joindre à mon avis un projet d'arrêt avec les plans et le devis estimatif.

Je répondis à cette lettre par la mienne du 20 may de la même année : je rendis compte de l'état des lieux ; je joignis à ma lettre le plan et le devis estimatif qui montoit à la somme de 65.952 l., 5 s., 6 d. ; et je proposay, pour remplir cette somme, un fond de 40.000 l. à prendre sur la Capitation ; 16.000 l. à imposer sur la Province ; et 9.952 l., 5 s., 6 d., à prendre sur le produit de l'Impariage et du Réal. Et pour engager M. le Controlleur Général à accorder les 40.000 l. sur la Capitation, je joignis à mon avis un état des sommes accordées par le Roy sur cette imposition depuis l'année 1721 jusques en 1741, montant à 354.457 l., avec la datte des arrêts du Conseil qui avoient autorisé ces dons.

M. le Controlleur Général, au lieu de faire rendre l'arrêt dont j'avois envoyé le projet, me marqua par sa lettre du 6 septembre 1747 qu'avant de statuer sur l'arrêt, il seroit bien aise de savoir quels sont les fonds sur lesquels on prend la dépense à faire par chaque année pour la réparation des ponts, chemins, chaussées et autres ouvrages publics, etc. Il ajoute qu'il a envie de mettre les Ponts et Chaussées de la province de Roussillon sur le pied des autres provinces, et me prie d'examiner sa proposition et de luy mander ce que j'en pense.

Je prévis dez lors que j'aurois bien de la peine à le faire changer de sentiment. Cependant, en luy donnant les éclaircissements qu'il me demandoit, je luy envoyay, avec ma lettre du 14 octobre de la même année, deux mémoires, l'un sur l'impariage, et l'autre sur le droit Réal ; je joins icy copie de ces mémoires, de sa lettre du 6 septembre, et de ma reponse du 14 octobre 1747, où vous verrés que j'ay insisté à rejetter cette proposition à cause de quelques inconveniens et que M. Orry, à qui pareille chose avoit été proposée n'avoit pas jugé convenable d'en permettre l'exécution.

Comme je n'avois plus ouy parler de cette affaire, j'avois lieu de croire que ce projet avoit été abandonné ; mais je receus le 22 juillet dernier une grande lettre de M. le Controlleur Général, à laquelle il a joint un projet de la nouvelle forme qu'il veut établir dans le Roussillon, pour que les Ponts et Chaussées y soient régis comme dans les autres provinces du Royaume. J'ay l'honneur de vous envoyer, Monseigneur, copie de la lettre et du projet, ensemble celle de ma réponse et du mémoire que j'y ai joint.

Ce projet tend à dépouiller l'Intendant de la disposition des fonds de l'Impariage et du Réal, rendre à la ville le droit d'Impariage en chargeant la communauté de pourvoir aux ouvrages publics, au Pont et à l'argamas, à ordonner un doublement du droit de Réal, et à imposer 20.000 l. annuellement sur la Province pour faire fond à la Caisse des Ponts et Chaussées.

Ce projet tend encore à supprimer les gages de 1200 l. du Viguier de Conflent affectées sur le droit Réal. On en demande les titres et l'origine ; et le projet dit que s'ils sont bien établis, on pourroit les employer dans les états du Domaine ou des Finances, ce qui me paroît impraticable, parce que je ne trouve d'autre titre qu'un bail du droit de Réal passé par M. de Trobat en 1692, qui porte que le fermier percevra un sol d'augmentation sur le droit pour tenir lieu des dits gages ;

et je propose dans mon mémoire de les imposer sur la Province, comme le sont ceux des viguiers de Roussillon et de Cerdagne, pour éviter la représentation d'un titre que M. de Champeron n'a pas, et qu'il seroit impossible d'avoir, puisque j'ay fait fouiller tous les papiers de feu M. de Trobat qui sont à l'Intendance où l'on n'a rien trouvé ; cela engageroit même le Viguier à faire enregistrer sa Commission et son Titre à la Chambre des Comptes et au Bureau des Finances à Montpellier.

Je n'entre point dans un plus grand détail, parce que vous le trouverés dans les mémoires que j'ai l'honneur de vous envoyer. Vous verrés par le premier que j'ay fait tout ce que j'ay pu pour éloigner le projet de l'établissement de la régie des Ponts et Chaussées en Roussillon et que par le second je ne cède qu'à la force, en adoptant le projet de M. le Controlleur Général avec les changements que je luy propose.

J'insiste surtout à ce que la Cour laisse à ma disposition le fonds de l'Impariage, parce que, au moyen du produit de ce droit, je seray en état de pourvoir au rétablissement de la maison faisant partie de l'Hotel du Gouvernement, que nous avons été obligés de mettre à bas, et à ménager quelque fonds pour l'entretien du même Hotel, pour les réparations des maisons de M. le Lieutenant Général et de celle de l'Intendant, et pour rétablir l'Université qui est presque à terre, ayant été obligés de prendre le cloître des Dominicains pour y faire les leçons. Car la ville n'est point en état de pourvoir aux dépens de ces ouvrages, ses revenus étant absorbés par les dépenses annuelles qui vont augmenter à cause des impositions pour les Ponts et Chaussées dont la communauté sera obligée de payer sa part.

Il arrive d'ailleurs des occasions où l'Intendant se trouve très embarrassé, s'il n'a pas un fonds sous la main à pouvoir disposer pour les besoins publics : je me suis trouvé dans le cas l'hiver dernier ; la famine commençoit à se faire sentir dans la Province, et je fus fort heureux d'avoir quelque fonds pour faire venir des bleds étrangers. Car M. le Controlleur Général, à qui je rendis compte de notre triste situation, après m'avoir fait espérer qu'il nous envoyeroit des grains, me manda qu'il ne le pouvoit pas, et que je n'avois qu'à me retourner comme je pourrois pour faire subsister les peuples.

Un autre cas qui arrive presque toutes les années regarde le pont de Rivezaltes : la partie qui est en bois est toujours emportée par la première inondation ; il est indispensable de la réparer sur le champ, sans quoy la communication avec le Languedoc est interrompue ; et, si l'Intendant n'a pas un fonds prêt pour réparer ce pont, le service du Roy, l'intérêt du public et celuy du Commerce en souffrent considérablement ; car nous avons vu qu'on a été obligé de faire rétrograder les troupes qui étoient en marche, faute de pouvoir passer la rivière.

Il conviendroit donc à la Province et à la ville en particulier qu'il plût à M. le Controlleur Général ou à M. de Trudaine que je crois l'auteur du projet de laisser subsister les choses à cet égard comme elles l'ont été jusques à présent.

Mais si absolument on veut l'exécution du projet, il faudroit au moins le réduire à mon avis contenu dans mon dernier mémoire.

Je m'aperçois avec peine que M. de Machault, depuis qu'il est en place, est extrêmement dur pour tout ce qui regarde le Roussillon, au lieu que les anciens Controlleurs Généraux ont toujours eu des attentions particulières pour cette province, à cause de la pauvreté de ses habitans, et qu'ils ont eu des ménagemens par raport à ce qu'elle est frontière et pays nouvellement réuny à la Couronne.

Vous êtes, Monseigneur, le protecteur des peuples de votre Gouvernement : ils vous sont sincèrement attachés ; et je vous suplie, en leur nom et à mon particulier, de leur être favorable dans cette occasion, en engageant M. le Controlleur Général à abandonner le projet, ou au moins à ne faire ce nouvel établissement que conformément à ce qui est porté par mon dernier mémoire. Mais, de quelque manière que la chose tourne, le droit de Réal sera doublé, et la province aura une imposition d'augmentation de 15.000 l. au moins, dont elle mériteroit être dispensée, si l'on vouloit avoir égard à ce qu'elle a souffert de dommages par les différens passa-

ges des Espagnols, et par la garde des Places que Sa Majesté
a bien voulu leur confier pendant la guerre dernière et celle
de 1734. [1]

**Réponse de M. d'Albaret, Intendant, à la lettre de
M. de Marchault du 22 juillet 1748, relative à la nou-
velle forme de régie des Ponts et Chaussées dans le
Roussillon, à l'état des routes du Roussillon, de la
Cerdagne et du Pays de Foix.**

9 novembre 1748

Monsieur le Controlleur Général,
Monsieur,

J'ay receu avec la lettre que vous m'avés fait l'honneur de
m'écrire le 22 juillet dernier, le projet de la nouvelle forme a
établir dans le Roussillon pour que les Ponts et Chaussées y
soient régis comme dans les autres provinces du Royaume.
J'ay examiné ce projet avec toute l'attention possible, et j'ay
dressé un mémoire que j'ay l'honneur de vous envoyer ci-
joint, par lequel, en ne changeant rien dans la forme de cette
nouvelle régie, je propose ce que je crois de plus convenable
pour la bien établir, et pour éviter la dissipation des deniers
destinés à cette régie, surtout ceux de l'impariage, qui seroient
très mal entre les mains des consuls de Perpignan et des
consuls de mer par les raisons que j'en ay raportées dans le
mémoire.

Vous me marqués, Monsieur, de vous informer de l'état où
sont les chemins du Roussillon, de la Cerdagne et du Pays de
Foix.

Ceux du Pays de Foix sont en bon état, au moyen de la
réparation que l'on vient d'y faire, et l'on travaille actuellement à perfectionner certains endroits. Les Etats du Pays, et
la ville de Pamiers y ont dépensé environ 40.000 l., outre les
corvées que les habitans des lieux limitrofes des chemins ont
fournies gratis. J'ay expliqué dans le mémoire de quelle
manière, les Etats pourvoient à l'entretien des Ponts et
Chaussées.

[1] Archives des Pyrénées-Orientales, C 1211.

A l'égard de ceux du Roussillon, la grande route depuis Salces jusqu'à la frontière d'Espagne sous Bellegarde forme un grand chemin bien entretenu. Celuy de Perpignan à Collioure, et celuy de Perpignan à la frontière du Conflent est aussi bon que la nature du terrain le peut permettre.

Le grand chemin qui conduit de la frontière du Conflent jusqu'au Montlouis, passant par Villefranche, a besoin souvant des réparations, parce qu'estant dans une gorge de montagne à droit et a gauche, la moindre pluye le dégrade, et alors pour le réparer, on commande la corvée ; mais la main-d'œuvre et les gens que l'on employe pour la commander ont été payés jusques icy des deniers du droit Réal ; lorsqu'il y a des réparations à faire aux différents ponts établis sur ce chemin, on en dresse un devis, et j'en fais l'adjudication, ou je commets le viguier sur les lieux pour la faire ; alors on ne se sert pas de la corvée.

Ceux de la Cerdagne et du Vallespir sont dans le même cas ; mais ces derniers ont grand besoin de quelques réparations auxquelles il conviendra de travailler l'année prochaine.

Je m'en raporte au surplus à ce que contient mon mémoire, consernant le Pont de Perpignan, et l'argamas du Séminaire, et je vous renvoye votre projet.

J'ay l'honneur d'être, etc. [1]

Lettre de l'Intendant M. d'Albaret au Sr Lescure, Ingénieur des Ponts et Chaussées de Roussillon, au sujet du pont de Rivesaltes, dont la culée est dégradée et de diverses réparations urgentes à faire dans la province : (réparation du chemin depuis Céret jusqu'à Prats-de-Mollo ; projet de construction d'un pont au Boulou ; projet d'une route à Collioure).

31 juillet 1750

Monsieur de Lescure,

J'ay receu, Monsieur, à mon retour de Versailles, d'où j'arrive, vos deux lettres du 18 et du 20 du courant. La

─────

[1] Archives des Pyrénées-Orientales, C 1211.

dernière concerne votre logement. Je verray M. Trudaine
pour régler la chose avec luy ; cependant M. Amat a eu raison
de vous dire qu'il falloit un arrest du Conseil à cet égard,
d'autant qu'il s'agit de faire une augmentation d'imposition
sur la province, et qu'un Intendant ne peut faire aucune
imposition sans un arrest du Conseil ; sans quoy, il tombe-
roit dans le cas de concution. L'arrest pour l'imposition de
l'année courante est rendu déjà depuis du tems, et ainsy on
ne peut y toucher pour cette année ; mais je verray avec
M. de Trudaine de trouver le moyen pour que vous ne soyés
pas en souffrance.

Par votre première lettre qui est du 18, vous me communi-
qués vos observations sur les ouvrages les plus instantes à
faire dans la province. Je regarde toujours la réparation du
Pont de Rivesaltes comme la plus nécessaire, parce que nous
avons plus besoin de la communication avec le Languedoc
que de tout autre pays. Je savois la dégradation qu'il y a à la
culée du Pont de Rivesaltes du côté du village, et, à vouloir
faire cette réparation dans toutes les formes, il en coûteroit
des sommes par raport à l'épuisement des eaux : mais on
pourroit trouver moyen d'assurer cette culée à moins de frais,
en plantant une ou deux rangées de pilots tout autour en
demy cercle, liés avec de bons chapeaux, bien assujetis avec
de gros cloux, et en jettant dedans ce qu'on appelle argamas
en Roussillon, qui est un mélange de chaux vive et du cailloutage bien batu, qui rempliroit le creux qu'il y a sous la
culée, et suffiroit pour l'assurer ; car, si vous vouliés épuiser
les eaux pour reprendre cette culée sous œuvre, vous auriés
de la peine à en venir à bout avec une grosse dépense.

Quant à la rempe du pont de Rivesaltes du côté de Salces,
si vous étiés venu quelques années plus tôt en Roussillon,
vous l'eussiés trouvée bien plus roide qu'elle est à présent :
car c'est moy qui l'ai faite radoucir considérablement depuis
peu ; et cependant rois et reynes, princes et princesses y ont
passé dans l'état qu'il étoit anciennement sans s'en être
plaints. Ainsi, vous pouvés laisser subsister ce côté du Pont
pour quelque tems tel qu'il est. Le projet que vous avés d'ali-
gner la rivière sous les arcades du milieu du pont est très

bon ; mais il sera extrêmement coûteux par le remuement des
terres qu'il vous faudra faire, et les digues qu'il vous faudra
construire à cet effet. Et il faudra que vous voyés vous-même
l'effet fait par les grosses eaux pour décider de la façon dont
vous devés diriger cette portion d'ouvrage. Il est vray que
dans d'innondations *(sic)*, il y a près d'une centaine de toises
de terre au bout du pont du côté de Salces qui sont sous
l'eau ; mais jusqu'à présent, ce n'a été que l'affaire de
quelques heures, et ce terrain est bien tenasce (?) : d'ailleurs
cette quantité d'eau n'est pas toute de la rivière. Il y en a une
portion qui vient d'un torrent qui se forme de l'écoulement
des eaux des terres du côté de Salces au-dessus du pont, et il
convient que vous examiniés comment on pourroit remédier
à un pareil inconvénient.

La réparation du chemin depuis Céret au Prats-de-Mollo
seroit aussi très convenable ; mais il sera difficile dans son
exécution, car toutes les fois qu'il vient des crues d'eau dans
la montagne, les chemins sont toujours dégradés. Il y auroit
un moyen pour y obvier, qui seroit de changer le chemin
dans une portion du chemin vers le midy du côté d'Espagne ;
mais cela peut être nuisible aux intérêts du Roy en tems de
guerre. Ainsi, il ne faut pas se déterminer aisément sur cet
article.

Je conviens encore qu'un pont au Boulou seroit fort com-
mode pour des gens qui vont et viennent d'Espagne. Mais il
est aussi question de savoir si la politique permet que l'on
construise un pont qui soit à demeure à cet endroit. J'en
parleray à M. le Maréchal de Noailles, qui connoît parfaitement le pays, et il sera bon aussi d'avoir l'avis de M. le
Comte de Mailly, commandant la Province, et celuy du
Directeur du Génie en Roussillon : car cette affaire peut être
d'une grande conséquence. D'ailleurs, la construction d'un
pont en cet endroit coûteroit des sommes très considérables,
et où les prendre ? eu égard au peu de fonds qu'il y a en
Roussillon pour ces sortes d'ouvrages, et à la misère du pays,
où les paysans ne sont déjà que trop chargés de corvées ; et
si on leur en donne plus qu'ils n'en peuvent suporter, ils
déserteront et s'en iront en Espagne.

Quant au chemin de Collioure, comme j'espère être de
retour en Roussillon avant la fin de cette année, nous en
raisonnerons ensemble.

Je suis, etc. [1]

Signé : de PONTE d'ALBARET.

Lettre de l'Intendant à M. de Lescure, relative à la direction des travaux du Pont de la Tet, qui regardent M. de Trudaine, et au logement de M. de Lescure dont le montant est fixé à 250 livres par an.

16 aoust 1750

Monsieur de Lescure,

Depuis ma lettre du 31 du passé, Monsieur, j'ay receu la
vôtre du 3 du courant au sujet de la prétention que vous
aviés de diriger la réparation que j'avois ordonné qui fût faite
au Pont de la Tet à la porte du faux bourg de Perpignan. Je
ne puis vous celler que j'ay été surpris de l'idée que vous
avés eue à cette occasion, parce que l'ouvrage de ce Pont m'a
été confié directement par la Cour, avec pouvoir à moy de
me servir à cet effet des personnes que je croirois devoir
choisir, et que, de plus, les fonds affectés à cet ouvrage sont
très indépendants de ceux que le Roy a affectés pour les

---

[1] Un arrêt du Conseil d'Etat, attribuait à la ville de Perpignan le
produit du droit d'impariage. établi. en faveur du Consulat de mer
« sur toutes sortes de marchandises et denrées qui entrent et qui
sortent de la province », et qui avait été déjà affecté à la construction
des casernes. du magasin aux fourrages, du prolongement du pont
de la Pierre, des épis et digues de la Tet, de l'Esplanade, de la
chaussée du Vernet, du pont de Rivesaltes et autres travaux publics.
Le produit doit être appliqué à l'entretien des ouvrages et édifices
publics de la ville et à diverses dépenses : gages du professeur d'ana-
tomie, des deux professeurs de médecine, des professeurs de droit
français, d'instituts, de droit canon, de droit civil, de mathématique ;
entretien des remparts et de l'esplanade, entretien et réparations du
« ruisseau royal qui conduit l'eau de la rivière de la Basse à l'hôpital
du Roy ». 25 février 1749. Livre vert majeur, série AA. F° 4-3.

Archives des Pyrénées-Orientales, C 1211.

Ponts et Chaussées. Si j'avois été sur les lieux, j'aurois toujours fait continuer cet ouvrage, mais, en mon absence, mon subdélégué, sur vos représentations, n'a pas osé prendre la chose sur luy ; et j'ay lieu de craindre que le retardement n'ait porté un préjudice dont je ne me consolerois pas. Car si, par malheur, il est survenu quelque crue d'eau, les déblays de terre des radiers de ce Pont qui forment déjà un gros article de dépense, sera un argent perdu.

J'ay eu une conférence avec M. de Trudaine, tant sur cette prétention de votre part que sur la demande que vous avés faite de votre logement. M. de Trudaine, à qui vous avés écrit et sur l'un et sur l'autre objet, a décidé que l'ouvrage que j'ay ordonné que l'on construisît au Pont de la Tet n'étoit en aucune façon de votre lot, et me charge de mander à mon subdélégué de faire continuer le dit ouvrage, ainsy qu'il l'avoit commencé. Je vous en donne avis afin que vous ne fassiés plus de difficulté à l'avenir à cet égard.

Quant à ce qui concerne votre logement, M. de Trudaine m'a dit que l'arrest des impositions pour le Roussillon pour la courante année 1750 y ayant été envoyé bien avant votre arrivée, je ne pouvois ordonner une nouvelle imposition pour votre logement pour la courante année, et que ce ne seroit que l'année prochaine que je pourrois comprendre votre logement dans l'état des impositions sur la province qui devroit être spécifié dans l'arrest du Conseil pour l'année 1751. J'ay demandé à M. de Trudaine de fixer le montant de votre logement par année, et il l'a réglé à 250 livres par année. Vous pouvés compter qu'à commencer de l'année prochaine, je ne vous oublieray pas lorsqu'il sera question d'envoyer à la Cour le projet d'arrest des Impositions, et suis, Monsieur, parfaitement à vous[1].

Signé : de PONTE d'ALBARET.

[1] Archives des Pyrénées-Orientales, C 1211.

Ordonnance de M. de Bertin, condamnant les sieurs Bosch, maître pareur et Depéra, jardinier, chacun à une amende de 50 livres, pour avoir défriché un terrain et coupé du bois dans la rivière à l'extrémité de la digue Orry. (Imprimé).

4 mai 1752

DE PAR LE ROY.

Henry-Léonard-Jean-Baptiste de Bertin, Chevalier, Conseiller du Roy en ses Conseils, et honoraire au Grand Conseil, Maître des Requêtes ordinaire de son Hôtel, Intendant de Justice, Police, Finances, Fortifications et Vivres de la Province de Roussillon et de la Comté de Foix.

Veu l'extrait des registres des dénonciations des bans des bords des rivières, du quatre du présent mois, contenant que le Sieur Fabre, par nous commis à la garde, entretien et conservation des Digues, auroit comparu au greffe de cette commission, lequel auroit dénoncé que Joseph Bosch, maître pareur et peseur-juré de Perpignan, et Augustin Depéra, jardinier, auroient défriché, sçavoir : le premier une ayminate et quatre-vingt quatre cannes, et le second cent soixante-six cannes de terre qui étoient plantées en bois au bout de la Digue d'Orry, terroir de Saint-Jean ; que le dit Bosch auroit fait labourer et préparer son dit terrain pour être ensemencé ; que ces deux faits étoient autant de contraventions commises par les dits Bosch et Depéra aux ordonnances de M^{rs} les Intendants concernant la conservation des Digues, Pont de Pierre, et l'entretien des plantations ; à cause desquelles contraventions, le dit Sieur Fabre dénonçoit et déclaroit contre les dits Bosch et Depéra les amendes portées par les dites ordonnances, et telles autres qu'il nous plairoit prononcer ; laquelle dénonciation, le dit Sieur Fabre auroit, en vertu du serment par luy prêté lors de sa nomination et acceptation de sa dite commission, affirmé véritable : exploit de signification du dit extrait fait aux dits Bosch et Depéra le six du présent

mois : le dit exploit portant assignation à comparoir dans
huitaine par-devant nous, à l'effet de leur condamnation des
dits bans et amende, controllé le lendemain ; requête à nous
présentée par le dit Bosch, tendante à ce qu'ayant égard à sa
réponse au dit ban, et qu'il n'a point contrevenu aux règlemens, il nous plaise le décharger du payement d'icelui avec
dépens ; autre requête présentée par le dit Depéra, tendante à
ce qu'il nous plaise le décharger des fins de la dite dénonciation, attendu qu'il n'a point contrevenu aux règlemens, et lui
permettre de défricher le dit terrein : autre requête du dit
Sieur Fabre, tendante à ce qu'il nous plaise, vu les dites
dénonciation et assignation, condamner les dits Bosch et
Depéra aux peines et amendes portées par les ordonnances
de nos prédécesseurs, pour avoir défriché les dits lambeaux
de terre, leur faire défenses de récidiver sous de plus fortes
peines, même de prison s'il y échéoit, avec dépens ; et tout
considéré.

Nous, Maître des Requêtes, Intendant susdit, avons condamné et condamnons les dits Bosch et Depéra, chacun en
cinquante livres d'amende ; déclarons les bois coupés par eux
en contravention des arrests et règlemens concernant la rivière
de la Tet, confisqués au profit de l'Hôpital de la Miséricorde ;
ordonnons que les dits Bosch et Depéra seront tenus de faire
replanter incessamment en bois le terrein par eux défriché, et
de l'entretenir ainsi planté avec soin, sinon qu'il sera replanté
et entretenu à leurs frais et dépens à la diligence du dit Sieur
Fabre ; les condamnons aux dépens liquidés à quatre livres
six sols, non compris les copies et significations de notre présente ordonnance.

Avons fait et faisons très expresses inhibitions et défenses
à toutes personnes de quelque qualité et condition qu'elles
soient, propriétaires, fermiers et autres, de couper, faire couper ni enlever aucuns bois propres à faire des fascines ou
piquets dans les terroirs des communautés situées aux anvi-
rons des rivières de l'Agly, la Tet et le Tech, à peine de confiscation des dits bois et de cinquante livres d'amende contre
les contrevenans et pour chaque contravention, payable sans
déport, et applicable moitié au dénonciateur, et l'autre moitié

au dit Hôpital de la Miséricorde. Enjoignons aux bayles et
consuls des dits lieux de tenir la main à l'exécution de la présente, et de nous informer des contraventions si aucunes y
sont faites, à peine d'un mois de prison.

Et sera notre dite présente ordonnance imprimée, lue,
publiée et affichée, à la diligence du Sieur Viguier du Roussillon, dans tous les lieux des environs des dites rivières de la
Tet, du Tech et de l'Agly, et exécutée nonobstant oppositions
ou autres empêchemens quelconques. [1]

Signé : BERTIN.

Et plus bas : par Monseigneur MORESTIN.

Collationné : MORESTIN.

Ordonnance de l'Intendant de Bertin, pour la répression des délits commis sur les plantations faites le long de la rive gauche de la Tet, et l'obligation pour ces mêmes riverains de planter les bois le long de la rivière.

23 mars 1753

DE PAR LE ROY.

Henry-Léonard-Jean-Baptiste de Bertin, Chevalier, Conseiller du Roy en ses Conseils et honoraire au Grand Conseil,
Maître des Requêtes ordinaire de son Hôtel, Intendant de
Justice, Police, Finances, Fortifications et Vivres de la Province de Roussillon et de la Comté de Foix.

Sur les représentations qui nous avoient été faites par
différens propriétaires riverains de la Tet, au sujet du peu
de soin que l'on a d'entretenir les plantations qui ont été
faites le long de la rive gauche, et des délits qui se commet-
tent journellement dans les bois plantés pour la contenir
dans son lit, depuis le territoire de Pézilla jusqu'à la Digue
Orry, et depuis le Pont de Perpignan jusque vis-à-vis la butte

[1] Archives des Pyrénées-Orientales. C. 1211.

sur laquelle est situé Canet ; Nous nous serions transportez
sur les lieux avec des personnes expérimentées, auxquelles
l'examen et le soin de cette partie avoient été depuis long
tems et justement confiez, et nous y aurions fait venir les bayles
et consuls et quelques habitans agés des communautez qui
avoisinent la dite rivière, que nous avons cru être le plus en
état de rendre compte des différens cours qu'a pris ce torrent,
et des ouvrages qui ont été faits ou projetez pour en arrêter
ou suspendre les ravages ; il auroit été unanimement reconnu
qu'une grande partie des propriétaires des terres situées à la
rive droite avoit usurpé le lit ancien et naturel de la rivière,
au moyen des plantations et des défenses qu'ils avoient faites
pour l'éloigner de leurs héritages, et la rejetter du côté opposé ;
et qu'au contraire les propriétaires des terres situées à la rive
gauche avoient négligé d'entretenir les plantations et les
défenses souvent très dispendieuses qu'ils avoient opposé de
leur côté, ou plutôt d'empêcher les bestiaux de les dégrader ;
à quoy il nous a paru d'autant plus juste et nécessaire dé
pourvoir, que l'abus où se sont comme maintenus quelques
habitans des lieux voisins d'y envoyer impunément dépaître
leurs bestiaux, s'est accru cette annéee à l'occasion de la
dizette des fourrages, et qu'il est cependant de l'avantage
même des propriétaires des bestiaux de le faire cesser, puisque s'ils avoient l'attention d'envoyer leurs bestiaux dans
d'autres paturages pendant l'intervalle de deux ou trois années,
qui est le tems nécessaire aux plantations pour bien réussir,
il ne paroîtroit guere y avoir d'inconvénient à restraindre
les limites fixées par les règlemens faits à ce sujet, et leur
abandonner le surplus pour le pâturage de leurs bestiaux :

A ces causes, vû les arrêts du Conseil des 11 octobre 1736,
29 mars 1740 et 18 janvier 1752, et les ordonnances rendues
en conséquence par M. de Jallais et M. d'Albaret, successivement Intendans de cette Province.

Nous, Maître des Requêtes et Intendant susdit, avons
ordonné et ordonnons que les propriétaires des terres situées
le long de la rive gauche de la Tet, depuis l'ancienne Digue
du ruisseau du Vernet, dans le terroir de Pezilla, jusqu'à la
Digue Orry, et depuis le pont de Perpignan jusques vis-à-vis

la butte sur laquelle est située Canet, seront tenus de faire des plantations et des défenses aux endroits et ainsi qu'il leur sera indiqué par le Sieur Viguier du Roussillon, que nous avons commis à cet effet ; sinon, et huitaine après l'avis qui leur en aura été par lui donné, elles seront faites à leurs frais et dépens. Comme aussi ordonnons que les propriétaires des terres situées sur les bords de la rive droite, dans l'étendue des mêmes terres, seront tenus de faire attacher et détruire les plantations et défenses par eux faites le long de la dite rivière, aux endroits qui leur seront pareillement indiquez par le dit Sieur Viguier, sinon, et dans le même délai, elles seront arrachées et détruites à leurs frais et dépens.

Faisons très expresses inhibitions et défenses à tous propriétaires et gardiens de bestiaux d'envoyer ou d'aller faire dépaître leurs dits bestiaux dans les plantations faites ou à faire le long de la rive gauche ; et à tous particuliers, propriétaires ou autres, de défricher les dites plantations, à peine de trente livres d'amende pour chaque contravention, même de plus forte suivant l'exigence des cas, et de tous dépens, dommages et intérêts ; comme aussi à peine, outre la dite amende, de prison contre les gardiens des dits bestiaux. Enjoignons aux bayles des terroirs et communautez de veiller à ce qu'il n'en soit commise aucune, et aux sous-bayles de dénoncer exactement les bans des contrevenans, à peine de pareille amende et de prison contre les dits sous-bayles, en cas de négligence ou de connivence.

Ordonnons aux officiers et cavaliers de la maréchaussée que nous avons, en tant que de besoin, commis à cet effet, de se transporter souvent sur les lieux, et de dresser leurs procès-verbaux contre les contrevenans, même d'arrêter et emprisonner sur le champ les gardiens des dits troupeaux qui se trouveroient dans des cas de récidive ; et seront les amendes qu'il écherra de prononcer tant contre le sous-bayle qu'autres, adjugées à leur profit.

Enjoignons au surplus au Sieur Viguier du Roussillon de tenir la main à l'exécution de la présente ordonnance, laquelle sera exécutée, nonobstant oppositions et appellations quelconques et sans y préjudicier, imprimée, lue, publiée et

affichée partout où besoin sera, à ce que personne n'en
ignore.

Fait à Perpignan, le 23 mars 1753.[1]

Signé : BERTIN.

Et plus bas : Par Monseigneur, AMAT.

Collationné : AMAT.

**Devis du S. Lescure, Ingénieur en chef des Ponts et
Chaussées, au sujet des travaux de la rivière (digue
Orry, pont de la Tet (Pont de Pierre).
Ponts et Chaussées. — Exercice 1754. — Article 6. —
Devis des ouvrages à faire pour diriger le cours de
la rivière de la Tet sous le milieu du Pont de Pierre
du faux-bourg de Perpignan, grande route d'Espagne,
et pour rétablir les dégradations faites à la Digue
Orri.**

5 septembre 1755

La rivière de la Tet occupe dans ses débordemens un
terrain considérable. Elle détruit souvent des héritages très
précieux, par des grands atterrissemens qu'elle forme de 5,
6 et 7 pieds de hauteur au-dessus du fonds de son lit, qui
rendent son cours tortueux dans toute l'étendue de la plaine,
en se jettant alternativement d'un côté à l'autre du trop grand
espace qu'elle trouve pour s'étendre et changer son lit presque
à chaque inondation.

La partie qui intéresse les Ponts et Chaussées consiste dans
environ 722 toises de longueur, en descendant la dite rivière
depuis le tuf du moulin de la Pou jusqu'à environ 30 toises
au-dessous du débouché du dit Pont de Pierre, sur la grande
route d'Espagne, composé de 9 arches, à peu de distance
duquel il s'en trouve deux autres successivement construits,
à mesure que la rivière s'éloignoit du dit fauxbourg.

Ces deux derniers qu'on appelle les Ponts des Eaux-Vives,
ayant été considérablement endommagés dans leur fondation, et voyant pour lors que la dite rivière pouvoit encore

[1] Archives des Pyrénées-Orientales. C. 1211.

dans quelque inondation se porter plus loin dans la plaine
opposée au dit faux-bourg et couper de nouveau la grande
route d'Espagne, où il faudroit faire un quatrième pont ; dans
ces circonstances, M. Orry, lors Intendant, prit le parti de
faire construire une Digue depuis la huitième et neuvième
arche du dit Pont de Pierre (que l'on boucha), en remontant
la rive gauche ou le côté du Nord de la rivière, jusqu'à
462 toises de longueur, tant pour mettre à couvert la dite
plaine de Perpignan et du Vernet des inondations et dégâts
qu'elle y faisoit, que pour n'être pas obligé à construire successivement des ponts à mesure qu'elle s'éloigneroit dans la
dite plaine, et pour contenir les inondations de la dite rivière
du côté de Perpignan et faire passer ses eaux sous le Pont de
Pierre qu'elles avoient abandonné.

Cette Digue, qu'on appelle la Digne Orry, qui fait le chemin
des villages de la plaine et de la seule carrière de pierre de
taille à portée de Perpignan, est élevée d'onze pieds au-dessus
du fonds du lit de la rivière ; elle a 9 toises de largeur par en
haut, plantée de muriers, et en glacis de droit et de gauche,
avec des épis de terrain et cailloux, de distance en distance,
terminée en glacis vers le fonds du dit lit.

Cette rivière qui n'a cessé, depuis la construction de cette
Digue, de former divers atterrissemens très elevés et diverses
sinuosités, dans le trop grand espace qu'on lui avoit laissé de
libre entre la Digue et le Couvent des Capucins, donna aussi
lieu, du temps de M. de Jalais, Intendant de la Province, de
faire une nouvelle Digue, depuis la barrière de la ville
jusqu'au bout de l'enclos des Capucins, grand chemin du
Conflent, Montlouis et Comté de Foix. Et comme il est encore
resté un trop grand espace, les inondations ont toujours
continué de faire des atterrissemens et des sinuosités, en se
jettant d'un côté à l'autre, et dégradé d'une part la Digue
Orry, et de l'autre les défenses qui avoient été faites pour
garantir le dit faux-bourg. Et les Vives eaux ayant cy-
devant pris en flanc les sept arches restantes du dit Pont de
Pierre, il en tomba trois qui ont été rétablies, de vingt et
quatre pieds d'une tête à l'autre, quoique les anciennes n'en
eussent que 16.

Les trois inondations survenues l'année dernière ayant considérablement endommagé la susdite Digue, et l'action de l'eau que le plan incliné des atterrissemens fait agir contre corrodant et rongeant continuellement le terrain dont elle est construite, pouvant la rompre, la percer et même la prendre par derrière et se jetter dans la plaine dont le milieu est plus bas que les bords joignant la dite rivière, nous estimons que pour la sûreté et conservation de la chaussée de Vernet (ci-devant faite de 36 pieds de largeur, revêtue de murs, et élevée de 3 et 4 pieds au-dessus de la campagne, que M. de Jalais a faite faire pour la grande route d'Espagne), et pour n'avoir qu'un seul pont à soutenir sur la même rivière proportionné au plus fort volume d'eau qu'elle puisse fournir, il faut non seulement réparer les dégradations faites à la Digue Orry, mais encore alligner et déterminer le lit de la dite rivière par un nouveau canal à faire depuis le tuf de la Pou jusques sur le milieu du dit Pont de Pierre, contenant 722 toises, compris 30 toises au-delà du débouché du dit Pont, et lui donner une capacité suffisante pour contenir beaucoup plus d'eau que les plus fortes inondations n'en sçauroient fournir. Et ayant trouvé que le profil des plus fortes inondations, mesuré au travers de la partie du lit fixe et déterminé par le tuf du moulin de la Pou d'une part, et de l'autre par le plan incliné d'un terrain planté en bois, ayant 8 pieds 10 pouces de hauteur réduite dans la partie du lit la plus profonde, où se réduisent les vives eaux, sur environ 25 toises de largeur, contenoit 1628 pieds 3 pouces d'eau, le dit nouveau canal ou lit de la rivière sera déterminé de 30 toises de largeur par bas au fonds de son lit et formera ses rives de 12 pieds de hauteur en glacis sur 15 toises de longueur, pour donner moins de prise à l'eau et donner au dit canal 60 toises par en haut à la hauteur des dites rives. Et si les dites eaux, lors des plus fortes inondations, s'élevoient dans ce nouveau canal à la même hauteur qu'au tuf du moulin de la Pou, c'est à dire de 8 pieds 10 pouces, le profil du nouveau canal à la dite hauteur fourniroit 1984 pieds 3 pouces d'eau, c'est à dire 356 pieds plus que le premier profil. D'où il suit que, dans le nouveau canal, les plus hautes inondations s'élèveront un pied et demi moins qu'à l'endroit du dit tuf.

La ligne du milieu du dit canal, étant bien dirigée depuis le milieu du canal au droit du susdit tuf jusque sous le milieu de l'arche avalante du susdit Pont de Pierre, le fonds du dit canal sera bien dressé sur la dite largeur de 30 toises, à raison de 21 pouces de pente par cent toises, et un peu concave, c'est à dire qu'il sera creusé d'un pied de profondeur de plus dans son milieu.

Depuis le dit Pont de Pierre jusqu'à 150 toises, en remontant la trace du nouveau lit, l'excavation et déblai de la moitié de la largeur du nouveau lit suffira pour faire les remblais de la Digue qui doit le terminer du côté de Perpignan, semblable à la partie de la Digue Orry qui termine l'autre côté ; et le surplus du dit déblai sera employé du côté de la Digue Orry au remblai de la brèche que les eaux y ont faite, et à la construction d'un épi dont la tête en glacis jusqu'au fonds du dit canal sera faite de couches de fassines retenues par des piquets clayonnés ou tunnés, comme il sera dit ci-après ; et le dit épi, qui du bord du nouveau canal ira joindre de niveau la Digue Orry, aura 16 toises de largeur par bas et 10 par en haut, appuyé à la dite Digue, il sera placé à 90 toises au-dessus du dit Pont de Pierre, faisant avec la Digue un angle de 75 degrés opposé au courant.

Dans la partie suivante d'environ 260 toises en montant la dite rivière, le nouveau canal, se trouvant dans le lit actuel, le peu d'excavation qu'il y aura à faire dans la moitié de la dite longueur du côté de Perpignan sera employé à former les 15 toises de longueur en glacis, depuis le fonds du lit de la rivière jusqu'à sa rive. Et l'excavation de l'autre moitié sera employée a rétablir les épis endommagés qui sont faits le long de la dite Digue. Et au bout de la dite longueur, il sera construit un autre épi semblable à celui dit ci-dessus.

Dans les 282 toises suivantes jusqu'au tuf du moulin de la Pou, un tiers de la dite excavation suffira pour faire la Digue du côté de Perpignan ; et du côté opposé les deux tiers de la dite excavation seront employés à la prolongation de la Digue Orry, non pas dans la même ligne, mais parallèlement au dit nouveau canal, et à la construction de deux épis, dont l'un sera placé à la tête de la dite Digue, vis à vis le susdit tuf, et l'autre à égale distance entre celui-ci et le précédent.

CONSTRUCTION DES SUSDITS ÉPIS

Le bois des fassines, piquets et clayons pour la construction des épis, sera pris le long de la Digue Orry, tant d'un côté que de l'autre ; et les arbres seront émondés pour en avoir les branches ; les fassines seront faites d'onze à douze pieds de longueur, et de 30 à 32 pouces de tour ; les brins seront de 5 à 6 ans de coupe, bien serrés avec une grosse corde, et liés avec quatre hares, le premier à un pied de la tête, et les trois autres à deux pieds et demi l'un de l'autre. Les piquets auront depuis 5 jusqu'à 6 et 7 pieds de longueur, et 3 pouces de diamètre, au moins au gros bout, coupé d'équerre, affutés et brûlés par l'autre bout, et bien droits ; les clayons seront de longues branches de bois de puplier, de deux à deux pouces et demi de tour, les plus longues et les plus plaines qu'il se pourra.

La tête de chaque épi étant en glacis jusqu'au fond du lit de la rivière, sera faite de fassines posées couche par couche de 6 toises de longueur du côté à mont l'eau, retournant en s'arrondissant jusqu'à 10 toises de longueur suivant le cours de l'eau. La première couche sera arrasée dans le fonds du lit de la rivière, et les fassines posées de niveau, bien serrées les unes contre les autres, et leurs têtes bien réglées fairont parement du côté de la rivière ; et au-devant du lien ou hare des têtes, à égale distance du dit parement, l'on plantera un piquet dans le milieu de chaque fassine avec un maillet de bois, pezant environ trente livres, que l'on enfoncera jusqu'à ce qu'il n'y ait que huit ou neuf pouces au-dessus de la fassine ; on en placera un autre rang au-devant du second lien ou har, du troisième et du quatrième, les dits rangs étant parallèles ; on faira tourner autour des dits piquets, dans chaque rangée, plusieurs brins ou branches de clayons entrelassées, en les faisant passer alternativement du derrière d'un piquet au devant de l'autre, bien garnis jusqu'au 6 ou 7 pouces de hauteur ; ensuite, l'on battra bien les dits clayons, ainsi que les fassines, pour les mieux serrer, et ensuite les piquets jusqu'à un pouce près de l'arrazement du clayonnage ; et, le tout étant bien assuré, l'on garnira et l'on arrazera bien les espaces du clayonnage avec une couche du gros gravier et cailloutage, observant de l'élever d'un pied plus sur le derrière que sur le devant, pour lui donner un pied de pente sur le courant de l'eau. Ensuite, l'on faira une seconde couche de fassines parallèlement à la première, et faisent parement par leur tête à 7 pieds et demi de la tête de la première couche ; et de façon que le milieu de leur longueur réponde à la jonction de celles de la couche de dessous, que l'on serrera, piquetera et clayonnera comme la première, avec quatre rangs de piquets ; et le surplus sera fait comme il est dit pour la première couche, et arrazée de même avec du gros gravier et du cailloutage.

Il en sera fait une troisième couche, faisant aussi parement par la tête du côté de la rivière à neuf pieds de la tête de la seconde, et ainsi de suite jusqu'à six couches l'une sur l'autre ; les fassines de celle de dessus répondant toujours à la jonction de celles de la couche du dessous ; elles seront couche par couche, bien serrées et tunnées, comme la première, et recouvertes de gravier ; chaucune des dites couches aura 16 toises de longueur de parement ; et la tête des trois autres épis à construire sera aussi faite comme il est dit pour celle de l'épi ci-dessus, après que leur emplacement aura été marqué à l'entrepreneur.

Au côté à mont l'eau de la levée qui joindra l'épi à la Digue qui doit contenir les débordemens, au bas du glacis, il sera fait trois rangs de clayonnage d'un pied et demi de hauteur l'un sur l'autre en amphitéatre, à 2 pieds et demi l'un de l'autre. Les piquets seront posés à 13 ou 14 pouces l'un de l'autre, et fichés au moins de 4 à 5 pieds de profondeur dans le terrain ; et, au long du dit clayonnage, il sera planté du bois blanc, venant de bouteure propre à faire du tailli, pour mieux conserver le glacis des dits épis ; observant de bien garnir les espaces clayonnés avec des cailloux posés à la main, et par pointe en forme de pavé, et batus avec une demoiselle.

A la suite des dits épis, il sera également fait des semblables clayonnages jusqu'à 12 ou 15 toises de longueur, de même qu'en travers sur 12 toises de longueur, en suivant la pente du glacis de la Digue, et de 3 en 3 pieds de distance. Lesquels clayons, étant bien battus et serrés, n'auront tout au plus que neuf à dix pouces de hauteur, et formeront des petits encaissemens que l'on remplira des plus gros cailloux de la rivière, en forme de pavé comme ceux dits ci-desssus, et battus avec la demoiselle, afin de mieux conserver les dits glacis, qui, par le peu de pente, adouciront l'inflexion du courant, lors des inondations. Les espaces entre les dits épis qu'on n'aura pu entièrement élever aussi haut que la dite Digue Orry, faute de remblais, seront plantés de bois blanc, tant en arbres que taillis, afin que les endroits puissent s'élever par les dépôts que les inondations y fairont.

Tous les bois seront pris et coupés le long de la Digue Orry, tant d'un côté que de l'autre, dans les Eaux Vives, que l'entrepreneur faira couper à ses frais et dépens. Il faira choisir les meilleurs et les plus convenables pour faire les fasines, piquets et brins de clayons, des proportions et dimentions énoncées ci-devant. Il les faira porter et mettre en œuvre, comme il est dit au dit devis, et à ses frais et depens. Et le surplus des dits bois, s'il s'en trouve, et celui qui pourra être de rebut, sera employé aux dits clayonnages des côtés et à la suite des dits épis, comme il est dit cis-dessus ; lesquels, ainsi que tous les autres ouvrages à faire, comme excavations et transports de terrain, gabions, jettées et pavés de cailloux, et autres que l'on sera obligé de faire pour soutenir la dite rivière dans le nouveau canal, et pour élever ses rives à la hauteur de la Digue Orry, seront faits par le secours de la corvée. A l'effet de quoi, l'adjudicataire sera tenu de payer les salaires des conducteurs, piqueurs et autres employés nécessaires et commis pour la bonne conduite et exécution des dits travaux, pendant l'espace de cinq mois que les corvées pourront être en plein travail, tant cette automne que l'été prochain, dans le temps que les eaux seront les plus basses. Il sera aussi tenu de leur fournir les outils dont ils ne sont pas ordinairement pourvus, de même que des bayars et des brouëtes pour le transport des graviers et cailloux. Il veillera à ce que tous les dits ouvrages soient faits et conduits en bonne et due forme, suivant les alignemens, hauteurs et profondeurs qui lui seront marquées sur les lieux. Et il se

conformera entièrement à tout ce qui lui sera prescrit de
faire par l'Ingénieur de la Province, conformément au présent
devis, tant pour la bonne et sûre construction des dits ouvrages que pour leur avancement.

Fait par nous, Ingénieur du Roi commis par Sa Majesté
pour les Ponts et Chaussées de cette Province, à Perpignan,
le cinq septembre 1755.[1]

Lescure.

[1] Joint au dit devis, se trouve dans le même dossier, le « Détail de
la dépense à faire pour la construction de quatre épis sur la rivière
de la Tet. et du nouveau canal pour diriger et fixer la dite rivière en
droite ligne sous le Pont du faux-bourg de Perpignan ». Ponts et
Chaussées. Exercice 1754. Article 6. Et le procès-verbal d'adjudication des dits ouvrages que l'on retrouvera ci-après.

Archives des Pyrénées-Orientales, C 1212.

7

CHAPITRE IV

L'Intendant Louis de Bon (1754-1773). — Les Syndics de la rive Nord de la Tet. — L'Intendant Louis de Bon. — Actes d'inféodation.

Réunion des Syndics. — Adjudication des travaux à faire pour la construction d'un canal. — Réunion des syndics de la rive Nord de la Tet et homologation de la délibération des dits tenanciers.

Ordonnance de police de Louis Bon, Intendant de Roussillon. — Minute de cette ordonnance.

Documents relatifs aux actes d'inféodation

Arrêt du Conseil d'Etat annulant ces actes.

Adjudication des travaux à faire dans la rivière, d'après le devis dressé par M. de Lescure, en vue de la construction d'un nouveau canal dont l'entreprise a été adjugée à François Colson, au prix de 2.723 livres seize sols, aux charges clauses et conditions énoncées audit devis.

Roussillon. — Ponts et Chaussées.   Exercice 1754. — Article 6.

21 mars 1756

Aujourd'hui vingt unième du mois de mars mil sept cens cinquante six, par devant nous, Louis-Guillaume Bon, Chevalier, Conseiller du Roi en ses Conseils, Premier Président au Conseil Souverain de Roussillon, Intendant de la dite Province et de la Comté de Foix.

En conséquence des affiches et publications faites tant en cette ville qu'autres lieux où besoin a été, portant que ce jour d'hui, vingt-un du mois de mars, heure de relevée, il seroit par-devant nous, en notre Hôtel, procédé à l'adjudication des ouvrages à faire pour diriger le cours de la rivière de la Tet par un nouveau canal en droite ligne sous le milieu du Pont de Pierre du faux-bourg de cette ville ; pour le soutien duquel

canal il doit être construit quatre épis de fassinage, pendant
l'espace de cinq mois que la corvée sera mise en plein travail;
pendant lequel temps l'adjudicataire sera tenu de donner ses
peines et ses soins à ce que les travaux soient bien conduits
et bien exécutés ; comme aussi de payer les salaires dont il
aura convenu avec les commissaires, conducteurs et autres
employés nécessaires pour veiller à la discipline des corvéables et à la bonne construction des ouvrages : et qu'il sera
aussi tenu de la fourniture et entretien des outils et équipages
nécessaires pendant le dit temps, dont les corvéables ne sont
pas ordinairement munis ; et le tout conformément aux
clauses, charges et conditions mentionnées au devis qui en a
été dressé par le S. de L'Escure, Ingénieur du Roi commis
par Sa Majesté pour les Ponts et Chaussées de cette Province,
le cinq septembre 1755 ; du montant de laquelle adjudication
l'entrepreneur sera payé des fonds faits à cet effet en vertu de
nos ordonnances, à fur et à mesure de l'avancement des
ouvrages.

Se sont présentés le dit jour et heure devant nous en notre
Hôtel plusieurs entrepreneurs, auxquels nous avons fait faire
lecture du dit devis, qui est demeuré attaché à la minute de
la présente adjudication. Et après la lecture faite du dit devis
nous avons déclaré aux dits entrepreneurs que nous allions
procéder à la dite adjudication. Et ayant fait allumer successivement plusieurs feux :

Au premier feu

Les susdits ouvrages auroient été mis à prix.
Par Joseph Fabre, à................ .... 3.200 l.
Par Pierre Pradal, à........................ 3.000
Par Claude Territ, à........................ 2.900

Au secon feu

Par Pierre Pradal, à........................ 2.850
Par Joseph Fabre, à.......... .... 2 800
Par François Larivière, maître charpentier, à.. 2.780
Par Claude Territ, à......................... 2.750

Au troisième feu

Par Guillaume Plancade, à 2.740
Par François Larrivière, à... .... 2.730
Par François Colson, à .... 2.723 l. 16

Et, après plusieurs publications, ne s'étant trouvé personne qui ait voulu mettre les dits ouvrages à plus bas prix.

Nous, Intendant susdit, en présence et de l'avis du dit Ingénieur, les avons adjugés au dit François Colson, habitant en sa maison, rue et parroisse de cette ville, à la dite somme de deux mille sept cens vingt trois livres seize sols, aux charges, clauses et conditions énoncées au dit devis et présente adjudication : du prix desquels ouvrages le dit François Colson sera payé, sur les certificats du dit Ingénieur, et en vertu de nos ordonnances, à fur et à mesure de l'avancement d'iceux, des fonds destinés à cet effet.

Fait à Perpignan, en notre Hôtel, le dit jour et an que dessus.

BON.

F. COLLESON.

Et à l'instant s'est présenté par-devant nous, Intendant susdit, en notre dit Hôtel, Joseph Fabre, habitant en sa maison, près le Marché du Bled, parroisse de Saint-Jean de cette ville, lequel s'est volontairement rendu caution et obligé solidairement avec le dit François Colson, pour l'entière et parfaite exécution des ouvrages mentionnés ci-dessus. Et, à cet effet, le dit François Colson, entrepreneur, et le dit Joseph Fabre, sa caution, ont élu leur domicile en leurs dites maisons et parroisses dites ci-dessus, et ont signé avec nous.

Fait à Perpignan, le dit jour et an que dessus.

BON.

F. COLLESON, FABRE.[1]

---

[1] Archives des Pyrénées-Orientales, C 1211.

Réunion de l'Assemblée des Syndics. Homologation de la délibération des tenanciers de la rive septentrionale qui procèdent à la nomination de nouveaux syndics.

25 octobre 1758

Le vingt-cinquième jour d'octobre mil sept cens cinquante-huit, à Perpignan, dans la salle de l'auditoire, à deux heures après midy.

Présent Me Joseph Noguer-Pagès, citoyen noble de Perpignan, Conseiller du Roy, Juge de la Viguerie du Roussillon et Vallespir, Commissaire nommé en cette partie par ordonnance de Monseigneur l'Intendant de cette Province du onze octobre courant, et en conséquence de l'Ordonnance de Mon dit sieur Commissaire du dix-neuf, le tout au bas de requette de différens tenanciers des terres de la partie septentrionale de la rivière de la Tet depuis le lieu de Villenove jusques au Pont de Pierre, le long de la confrontation du Vernet, ont été assemblés Me Thomas Lassalle, sindic de Saint Jean, Me Pierre Brutus, Commissaire pour la Communauté des prêtres de Saint Mathieu, Me Joseph Bonnet, avocat, Me Xavier de Gazanyola, aussy avocat, Me Jean Simon, Docteur en Médecine, le S. François Oriola, bourgeois noble, Me Pierre Perico, prêtre, commissaire pour la Communauté de Saint Jacques, Me Jacques Costa, procureur en la Cour, Me Marigo, procureur fondé de M. le Marquis d'Aguilar, Me Joseph Savi, procureur fondé de dame Marie-Thérèse Peyrottes, Me Joseph Bou Pellisser, Me François Blay, avocats en la Cour, le S. Raymond Carles Comptart, le sieur Raymond, bourgeois noble, Me Palanca, prêtre, sindic de l'Hôpital des Pauvres Malades de Saint-Jean, Me Gardeill, prêtre de la Réal, Me Pons, curé de Baho, commissaire pour la marguillerie du dit lieu, Me Llaro, avocat, par commission du S. Llaro, son père, Mr Martir, curé de Villenove, pour la marguillerie du dit lieu, Me Joseph Ceillès, avocat, Joseph Gally, Paul Call, Bonaventure Belloc, Joseph Barrasse, baille de Villenova, Pierre Guilleu, de Baho, Louis Durand, de Villenova, Joseph Morat, du dit lieu, Vincens Sagau, de Saint-Estève, Joseph Delclos, du dit lieu, Antoine Galté, du dit lieu, Joseph Arman, de Baho, Michel Maury, du dit lieu, Jean Loche, de Villenove, Joseph Maurell et François Pagès, Mᵉ Raphaël Espart, le S. Sauveur Masvesy, Sauveur Ferrussolle, le S. Vernet, Mᵉ de Canclaux, don Jean Matheu Bou, de Perpignan, tous tenanciers de la dite partie septentrionale de la rivière de la Tet.

Tous assemblés aux fins de la dite requette et ordonnance, dans laquelle assemblée les dits Mᵉ Thomas Lassalle, Pierre Perico, Pierre Brutus, ont exposé que, dans les vues portées dans la requette présentée à Monseigneur l'Intendant par eux et autres intéressés, ils ont fait les diligences nécessaires en exécution de l'ordonnance mise au bas de la dite requette du onze du courant, pour convoquer la présente assemblée aux fins de délibérer sur le contenu en icelle, et ont suplié mon dit S. Noguer d'ordonner qu'il soit fait lecture de la dite requette et ordonnance, pour ensuite être procédé aux avis. Et, lecture faite de la dite requette, a été délibéré ce qui s'en suit.

Le S. François Oriola et Mᵉ François Blay ont représenté à l'assemblée qu'ils sont sindics depuis longtems, et qu'il paroit juste qu'ils soint déchargés, et prient en conséquence l'assemblée d'accepter leur démition et d'en nommer d'autres en leur place. Sur ce chef, il a été délibéré qu'on consent à la démission de Mᵉ Blay, priant le S. Oriola de continuer sa charge de sindic, et le dit Mᵉ Blay de continuer à donner et assister de ses lumières les nouveaux sindics qui seront nommés.

Et tout de suite, l'assemblée a procédé à la nomination de nouveaux sindics en la personne du sieur sindic majeur, bénéficier de la très révérend Communauté de Saint-Jean, du sieur sindic majeur de la communauté de Saint-Jacques, et après eux leurs successeurs au sindicat des dites communautés, de Mᵉ Brutus, commissaire pour la Communauté de Saint-Mathieu, et du S. Raymond, bourgeois noble de cette ville, pour agir conjointement avec les anciens sindics qui restent encore, qui sont M. le Marquis d'Aguilar, don Jean de Terrene, et le S. François Oriola.

Et après, considérant l'utilité qu'il y a à nommer des sindics forains pour veiller à l'alignement et réparations qui devront être faites le long de la rivière, il conviendroit d'en nommer pour que ceux-ci donnent connoissance aux sindics cy-dessus dénommés, et agissent ainsy qu'ils aviseront, ce qui, ayant été mis en délibération, la pluralité a été qu'on nommât à cet effet Jean Loche, du lieu de Villenove, Bonnaventure Betlloch, de Baho, et Joseph Delcos, de Saint-Estienne.

En procédant à la nomination d'un nouveau caissier, il a été délibéré de nommer M. Don Jean Mathieu Bou, auquel seront remis les fonds à l'instant qu'ils seront recouvrés par les collecteurs, pour en compter sur les mandements signés de trois sindics au moins.

Et sur ce qui est porté dans la dite ordonnance qu'on prendra les mesures convenables pour pourvoir au payement de M. le Marquis d'Aguilar, l'assemblée prie très instamment les SS. Sindics cy-dessus nommés de faire incessament leurs diligences pour pourvoir au payement, en faisant rendre compte au S. Vassières, receveur, des taxes et des recouvrements qu'il a fait jusques à ajourdhuy et de l'employ légitime qu'il a fait de l'argent recouvré, et procurer le payement des taxes anciennes dues par différents particuliers, qui seront employés au payement des sommes dues à mon dit Sieur le Marquis d'Aguilar, et au cas ces taxes ne suffisent pas, on fera la levée des taxes nouvellement imposées ; et la même assemblée a donné pouvoir à MM. les sindics de faire donner compte à Joseph Morat, de Baho, de l'argent provenu de la vente des bois de l'alignement de la dite rivière, auquel effet et pour tout le susdit, la dite assemblée donne tous les pouvoirs qu'elle peut avoir, même pour les procès, s'il est besoin.

Je, Antoine Jaubert, notaire soussigné, approuve les présents renvoys de ma propre main.

A. J.

Et ensuite ayant été mis en délibération si les sindics cy-dessus poursuivoient l'affaire du S. L'Escure, pour l'obliger à replanter de bois son jardin et autres terres qu'il peut avoir dans l'alignement de la rivière, la pluralité des voix a été qu'on donne commission aux dits Sieurs sindics d'agir incessamment à cet effet contre le dit S. L'Escure, pour que les ordonnances de Monseigueur l'Intendant à ce sujet soint exécutées et de ses prédécesseurs, et que le susdit s'observera contre tous autres qui se trouveront dans le cas.

De tout ce que dessus a été dressé le présent, et supliant Monseigneur l'Intendant de vouloir omologuer la présente délibération qui a été signée par tous les soussignés, Noguer, Pagès, Lassalle, prêtre, Marigo, Masvesy, Brutus, prêtre, Pagès, Perico, prêtre, Gardell, prêtre, Betlloch, Maury, Loche, Bonet, le Dr Pons, curé, Delcos, Martin, curé, Fr. Simon, Canclaux, Sagau, Morat, Calt, Mathieu Bou, J.-B. Llaro, Ferrussole, J. Palanca, prêtre, J. Costa, Vernet, Maurell, Gally, Gazanyola, Carles, J. Savi, Oriola, Cellès, Blay, J. Bou-Pellicer, Raymond, Crozat, notaire, pour Me Jaubert, notaire ainsy signés à la minute.

Vu et omologué par nous, Premier Président au Conseil Souverain du Roussillon, Intendant de la même Province et du Pays de Foix, la délibération des autres parties (?) pour être exécutée selon la forme et teneur, enjoint aux sindics d'en remettre une expédition au bureau de notre Intendence.

Fait à Perpignan, le vingt-sept octobre mil sept cents cinquante huit. [1]

Signé : Bon.

Ordonnance de police de Louis-Guillaume Bon, Intendant de Roussillon, relative à l'enlèvement des déblais, décombres et autres terres hors de la ville, suivant les ordres de l'Ingénieur des Ponts et Chaussées de la Province, qui en désignera l'emplacement soit pour les terrasses, soit pour les autres ouvrages des fortifications de la Place. (Imprimé).

2 mai 1761

DE PAR LE ROY.

Louis-Guillaume Bon, Chevalier, Conseiller du Roy en ses Conseils, Premier Président au Conseil Souverain de Roussil-

---

[1] Archives des Pyrénées-Orientales. C 1217.

lon, Intendant de Justice, Police, Finances et Fortifications de la dite Province et du Comté de Foix.

Sur ce qui nous a été représenté qu'il résulte divers inconvéniens de la liberté que les habitans de Perpignan se sont arrogés de faire porter les déblais, décombres et autres terres provenant des ouvrages ou réparations de leurs maisons hors des portes de la ville, dans des endroits où elles nuisent soit aux fortifications, soit aux plantations ou aux avenues, ce qui, dans les suites, occasionneroit un travail immense, qui ne feroit qu'ajouter considérablement aux charges que les mêmes habitants sont tenus de suporter ; nous avons cru devoir réprimer un pareil abus, en établissant pour l'avenir une règle dont l'observation est d'autant plus désirable qu'elle concourt au soulagement des corvéables, obligez à la construction des chemins de Perpignan.

A Ces Causes, nous avons ordonné et ordonnons ce qui suit.

I

Toutes personnes de quelque qualité et condition qu'elles soient, qui voudront faire transporter des déblais, décombres et autres terres hors des portes de la ville, seront tenus de demander ou faire demander auparavant au S. Fabre, chargé du soin des Digues, que nous avons commis et commettons à cet effet, les instructions convenables sur les endroits du dehors de chacune des portes, où ils pourront faire décharger les dites terres, afin que non seulement elles ne nuisent pas, mais qu'au contraire elles servent à l'entretien et à la confection des avenues.

II

Le dit Sieur Fabre prendra de son côté les ordres de l'Ingénieur des Ponts et Chaussées de cette Province pour savoir dans quelle partie du dehors de chaque porte les dits déblais devront être emplacez.

III

Avons fait et faisons très expresses inhibitions et défenses de transporter les dits déblais, décombres ou autres terres, ailleurs que dans les endroits qui seront indiquez par le dit

Sieur Fabre, à peine de vingt livres pour chaque contravention, tant contre les particuliers propriétaires que contre les
charretier ou conducteurs des bêtes de somme, vulgairement
appellez *bourricayres*, exécutable sur les procez-verbaux du
dit Sieur Fabre, sur lesquels il sera par nous statué ; le
produit desquelles amendes qui ne pourront être réputées
comminatoires, sera employé par nos ordres à l'enlèvement
des mêmes terres, et à leur emplacement dans les lieux où
elles pourront être utiles.

IV

En cas que les déblais dont il s'agit fussent nécessaires pour
des terrasses ou autres ouvrages des Fortifications, le dit
Sieur Fabre les fera porter de préférence dans les endroits
qui lui seront désignez par l'Ingénieur en chef de la Place, et
ce, pendant tout le tems que le service l'exigera.

Enjoignons au dit Sieur Fabre de veiller soigneusement à
l'exécution de la présente ordonnance, laquelle sera publiée
et affichée dans les lieux ordinaires et accoutumez, afin que
personne n'en prétende cause d'ignorance.

Fait à Perpignan, le deux may mil sept cens soixante un. [1]

Signé : Bon.
Et plus bas, Par Monseigneur POYEDAVANT.
Collationné : POEYDAVANT.

**Minute de l'Ordonnance de Police du 2 mai 1761, rela-
tive au transport des déblais hors de la ville pour
l'amélioration des promenades et des chemins, suivant un endroit fixé et désigné par l'Ingénieur en
chef des Ponts et Chaussées qui fera exécuter la
présente ordonnance.**

2 mai 1761

Il seroit très intéressant, pour le soulagement de la corvée
que les habitans de la ville sont tenus de faire pour mettre
en bon état le commencement des chemins qui partent de

---

[1] Archives des Pyrénées-Orientales, C 1212.

cette ville, de profiter des déblais, de décombres et enlèvement de terrain que les habitans sont obligés de faire transporter hors de la ville, lorsqu'il font faire quelques réparations, en les faisant porter dans les endroits où il convient
d'établir ces chemins ; avec lesquels déblais on les formeroit.
L'on observe même qu'il n'est pas possible de faire le chemin
à côté du Cours Jalais, si l'on ne fait pas usage de ce moyen,
dont on s'est si utilement servi dans presque toutes les villes
du royaume, tant pour les chemins que pour de belles promenades, et combler des cloaques. Au lieu que l'on a fait icy
des monticules au sortir de chaque porte, et enterré les arbres
d'une partie du Cours Jalais, ce qui deviendra une charge
pour la corvée.

Pour prévenir tout inconvénient, il s'agiroit d'ordonner
que les dits déblais seroient transportés hors de la dite ville,
sur les chemins des environs, aux endroits qui leur seroient
marqués et indiqués par le S. Fabre, chargé de veiller aux
plantations faites pour le soutien de la Digue Orry, que nous
commettons à cet effet, suivant les instructions qu'il prendra
de l'Ingénieur en chef des Ponts et Chaussées de la Province ;
que chaque habitant, de quelle qualité et condition qu'il soit,
qui aura des dits déblais à faire transporter hors de la ville,
ou celuy des chartiers, bourricaires ou autres qui en seroient
chargés, ira, avant faire le dit transport, prendre du dit
Fabre la marque de l'endroit où il sera tenu de faire le dit
transport hors de la porte de la ville, à portée de l'endroit
d'où seront tirés les dits déblais, et imposer une ammande
contre les habitans qui auront fait faire le dit transport avec
leurs charettes et bêtes de somme, de même que les chare-
tiers et bouricaires qui s'en seront chargés, sans préalablement s'être fait marquer et indiquer par le dit Fabre l'endroit
où ils les devoient déposer. Enjoignons au dit Fabre de veiller exactement à l'exécution de la présente ordonnance, et
faire son rapport des contrevenants, et les contraindre au
payement de l'amende prononcée dans l'ordonnance, qui
sera affichée, etc.

Et en cas que les dits déblais deviennent nécessaires pour
quelques terrasses des fortifications, enjoindre au dit Fabre

de les faire porter aux endroits où l'Ingénieur en chef des
fortifications de cette ville luy ordonnera, pendant tout le
temps que la chose sera nécessaire, et par préférence à tout
autre endroit hors la dite ville [1].

Projet relatif aux actes d'inféodation, faits au profit du Sr Bertrand et M. de Cascastel, de terrains qui faisaient partie de l'ancien lit de la rivière de la Tet, le long de la Digue des Capucins de Perpignan. On verra plus loin, d'après les documents qui suivent, que l'autorité du Conseil dut intervenir dans cette affaire qui intéressait considérablement « le service du Roy et la Province de Roussillon ».

Janvier 1763

Sur la requête présentée au Roy en son Conseil par le
S. François Bertrand, receveur des Fermes de Sa Majesté à
Perpignan, contenant que le long de la Digue des Capucins
de la dite ville, anciennement construite pour renfermer
dans son lit la rivière de la Tet, il se trouve un terrain
vacant que le supliant désireroit inféoder pour y planter des
arbres et autres bois, offrant à cet effet de payer au Domaine
du Roy une censive ou redevance annuelle de un sol par
chaque ayminade de terre, et de réserver en faveur de Sa
Majesté la directe, lods et vente, et le droit appellé « alienetur », au sixième du prix ou de l'estimation, toutes et quantes fois la dite pièce, en tout ou en partie, se vendra ou
autrement s'aliénera, et à la charge encore par le dit S. Bertrand de se conformer, tant pour l'allignement de la rivière
que pour les plantations à faire sur les bords, à ce qui sera
prescrit.

Et Sa Majesté, étant informée que l'offre du dit S. Bertrand
n'est susceptible d'aucunes difficultés : que même il résultera
de l'exécution de son projet un avantage marqué puisqu'il
arrêtera les inondations de la rivière de la Tet et contribuera
à la maintenir dans son lit, Elle s'est déterminée à l'accueillir favorablement.

[1] Archives des Pyrénées-Orientales, C 1212.

Sur quoi, oui le rapport, etc. le Roy, étant en son Conseil, a inféodé et fait concession au dit S. Bertrand des terrains incultes et graviers qui se trouvent le long de la Digue des Capucins de Perpignan, depuis l'angle du jardin du Séminaire jusqu'aux terres inféodées aux auteurs du S. Grosset, en longueur de 95 perches, et en largeur de 12 perches, fesant en tout environ 10 ayminates, les arbres et le terrain dans lesquels se trouvent les éperons de la Digue des Capucins demeurant formellement exceptés.

Veut et ordonne Sa Majesté que le dit S. Bertrand, ses héritiers ou aiant cause, jouisse des terres et graviers ci-dessus désignés et confrontés, à titre d'inféodation et de concession, à commencer du premier novembre prochain, à la charge par lui de payer annuellement, suivant ses offres, une censive ou redevance d'un sol par ayminade au Domaine du Roy, et de réserver en faveur de Sa Majesté la directe, lods et ventes, et le droit d'alienetur, comme aussi à la charge par le dit Bertrand de planter en bois la dite partie de terrain, et de se conformer aux règles prescrites pour l'alignement et les plantations de la rivière de la Tet. [1]

Fait...

Lettre de l'Intendant au Contrôleur Général, au sujet de l'inféodation faite par la Chambre du Domaine de Roussillon à M. Bertrand et à M. de Cascastel, de terrains contigus à la Digue des Capucins, et à la Digue Orry et au Cours Jallais, et relative à la conservation jugée indispensable des bois taillis de la rivière suivant les différentes ordonnances des Intendants de la Province.

17 février 1763

Monsieur le Controlleur Général,
Monsieur,

Il est nécessaire que l'autorité du Conseil intervienne dans une affaire qui intéresse véritablement le service du Roy et la Province de Roussillon.

[1] Archives des Pyrénées-Orientales, C 1212.

Dans tous les tems, la rivière de la Tet qui passe près Perpignan a causé par ses inondations beaucoup de dommages aux terres voisines ; et, particulièrement depuis la réunion de cette Province à la Couronne, on s'est occupé des moyens de fixer son cours, et de la contenir dans un lit stable et permanent, autant que la nature du terrain peut le permettre.

C'est principalement aux aproches et au-dessous de Perpignan que ce torrent fesoit le plus de ravages. Pour y remédier, on a été obligé de faire des travaux immenses : des allignemens, des épis, des digues, des plantations. A la fin du dernier siècle et au commencent de celui-ci, les Intendants de cette Province étoient sans cesse dans le cas d'avoir un œil attentif à cet objet. Les ordonnances de M. d'Andrezel, dont je joins ici des exemplaires sous le n° 1er en contiennent la preuve.

Ses successeurs, autorisés par le Conseil, aiant reconnu l'insufisance des moyens qui avoient d'abord été employés, songèrent à de nouveaux ouvrages plus solides que les précédens. M. Orry fit construire une Digue sur le bord septentrional de la rivière, venant joindre le grand Pont de Perpignan, et M. de Jallais en fit construire une autre vis à vis, et sur le bord méridional. Elles furent soutenues par des épis et des plantations, et depuis lors ont préservé les terres voisines des incursions de la rivière.

Il étoit important de la diriger sous le grand Pont de Perpignan. La Digue Orry l'empêche de se porter à ce qu'on appelle le Pont des Eaux Vives, et d'inonder le territoire de la Salanque, ainsi qu'elle l'avoit fait autrefois. La Digue des Capucins, autrement appelée Cours Jallais garantit les fortifications et le faux bourg Notre Dame, attaqué à différentes reprises.

L'entretien de ces Digues est donc essentiel. Celle d'Orry a exigé successivement des réparations considérables. Je trouve qu'en 1737, elle occasionna une dépense de 20.000 l. ; en 1740 et 1741, de 32.000 l. Enfin, depuis que je suis dans cette Province, il a falu l'armer de nouveaux épis et la fortifier par des plantations entre les jettées, sans quoi la rivière menaçoit de s'ouvrir un cours dans cette partie.

M. Orry et les Intendants qui lui ont succédé ont senti la nécessité de se ménager le moïen de pourvoir aux réparations de cette Digue à moins de frais qu'il seroit possible. C'est dans cette vue qu'ils ont fait planter de bois blanc un terrain attenant, et que la rivière avoit abandonné. Les arbres sont bien venus, et ils ont fourni, lorsque les circonstances l'ont exigé, des ressources assurées pour les ouvrages de la rivière. En 1755 et 1756, on en tira pour les épis qui furent construits tout le long de la Digue, environ 50.000 fascines, et plus de 6.000 piquets.

On a toujours regardé comme fort intéressante la conservation de ces bois et leur aménagement. Leur destination privilégiée a occasionné divers règlemens, soit pour empêcher les coupes, soit pour prévenir les dommages occasionnés par les bestiaux, soit enfin pour arrêter toutes autres espèces de dégradations. Vous trouverés ci-joints, Monsieur, sous le n° 2, quelques exemplaires des différentes ordonnances rendues à cet effet depuis M. Orry jusqu'à moi.

Je n'imagine point qu'on puisse contester aux Intendans la jurisdiction qui leur est acquise sur le terrain dont il s'agit. On dira peut-être qu'ils n'ont aucun titre formel ; mais ils ont eu des attributions pour connoître de tout ce qui concerne le cours, l'allignement et les plantations des rivières de la Tet, de l'Agly et du Tech. M. de Jalais a même été expressément autorisé par arrêt du 11 octobre 1736, à faire exécuter les ouvrages nécessaires pour contenir dans son lit la rivière de la Tet. Des copies de cet arrêt et de celui qui a prorogé la dite commission jusqu'à ce jour, seront annexées à ma lettre sous le n° 3.

Tous les règlemens introduits sur cette partie ont été respectés ; et, en différens tems on a prononcé contre les contrevenans les amendes qu'ils avoient encourues ; notamment, en coupant ou dégradant des arbres de la Digue Orry ou du Cours Jallais. Les pièces cottées n° 4 justiffient ce fait.

Ainsi, Monsieur, il résulte de ce que j'ai eu l'honneur de vous exposer jusqu'ici, et des preuves que j'en ai mises sous vos yeux, que les Intendans de cette Province ont été chargés du soin de remédier aux désordres causés par les débordemens de la rivière de la Tet.

Qu'à cet effet on a fait construire deux Digues aux avenues du grand Pont de Perpignan pour la resserrer et la contenir dans son lit.

Que, pour se préparer des ressources pour pourvoir à l'entretien successif de ces Digues, on a fait faire des plantations aux environs, particulièrement derrière la Digue Orry, dans un terrain qui avoit été anciennement lit de rivière, lorsque la Tet avoit coupé les terres pour se diriger vers le pont des Eaux Vives, d'où elle se repandoit dans une partie de la Salanque.

Que ces plantations ont constamment servi à l'objet auquel elles étoient destinées, et qu'on n'a rien négligé de ce qui pouvoit les conserver et les rendre de plus en plus utiles.

Qu'à cet effet, les Intendans de cette Province ont rendu des ordonnances exécutées de tous tems sans la moindre réclamation.

J'ajoute que ces plantations ont été faites aux dépens de la Province ou de la ville de Perpignan, depuis que le droit d'Impariage qui subvenoit lui a été abandonné par le Roy.

Aussi avoit-on toujours regardé ces terrains comme sacrés, et personne n'avoit entrepris de les soustraire à une destination aussi utile pour le public.

Cependant, Monsieur, vous verrés par les deux actes dont je joins ici des expéditions sous le n° 5, que la Chambre du Domaine de cette Province a inféodé au S. Bertrand tout le terrain qui se trouve depuis le Pont de Pierre, en remontant la rivière le long de la Digue de Capucins, et à M. de Cascastel, Conseiller au Conseil Souverain, à titre de survivancier de M. de Serva, le terrain qui est derrière la Digue Orry, le seul Champ de Mars excepté.

La publicité de ces sortes d'inféodations n'étant qu'apparente, je n'en ai été instruit positivement qu'après qu'elles ont été consommées. J'en ai parlé aux parties intéressées et aux officiers de la Chambre du Domaine : ceux-ci m'ont répondu qu'ils n'avoient pas cru pouvoir refuser de faire l'avantage du Roy, surtout n'y aïant eu aucune opposition aux criées qui avoient été faites de l'autorité du Tribunal.

Le S. Bertrand m'a dit qu'il ne prétendoit jouir que du gra-

vier, et qu'il n'entreprendroit rien sur les arbres plantés le
long de la Digue des Capucins, ni même dans tout le terrain
qui se trouve entre les éperons ou épis qui y servent de soutien : au moyen de quoi, les plantations qu'il se propose de
faire dans les bas-fonds, par gravier, loin de porter atteinte à
cette Digue, lui serviront au contraire de rempart.

M. de Cascastel est dans d'autres dispositions. Le terrain
par lui inféodé se trouve planté dans toute son étendue. Il y
a des arbres de haute futaye ; il y en a qui sont en taillis, et
qui forment une espèce de pépinière. La valeur en est d'un
objet qu'on peut dire considérable, puisqu'on les estime plus
de cent louis. M. de Cascastel croit avoir un bon titre, et il
m'a paru déterminé à le soutenir. Tout ce que je lui ai représenté à ce sujet a été inutile, et je suis obligé de vous déférer
la contestation.

Je doute qu'en rigueur la Chambre du Domaine ait pu
investir M. de Cascastel du terrain dont il s'agit. Elle a le
droit d'inféoder les vacans ; mais les derrières de la Digue ne
sont point dans cette catégorie : la jouissance en est en quelque sorte acquise au public ; ils ne sont ni vagues ni incultes ;
ils ont été plantés aux frais de la Province, et elle fait encore
la dépense de leur entretien. Il y a un commis spécialement
chargé d'y veiller depuis la construction des Digues, et ses
appointemens, fixés à 350 l. par an, sont pris sur la ferme de
l'Impariage. On a même établi au pied de la Digue Orry
deux maisonnettes servant à renfermer les outils nécessaires
aux ouvriers. Il y avoit donc, avant l'inféodation accordée à
M. de Cascastel, un propriétaire ou du moins un possesseur
de fait, dont les intérêts ont été blessés par cet acte.

Mais quand bien même le défaut de propriétaire réel et
avec titre auroit laissé à la Chambre du Domaine la liberté
de faire la concession, n'auroit-elle pas dû s'arrêter par la
considération de l'usage auquel sont destinés les bois qui se
trouvent sur le terrain inféodé. L'emploi qu'on en fait depuis
près de 40 ans, les soins qu'on a pris pour les conserver, les
ordonnances tendant à en empêcher les dégradations, les
peines décernées contre ceux qui s'en sont rendus coupables,
tout anonçoit un objet d'administration privilégiée, et qu'on

ne pouvoit attaquer, sans porter atteinte à l'autorité confiée aux Intendans dans cette partie, et sans préjudicier au bien public.

Ces réflexions trouvent un noúvel apui dans les besoins toujours subsistans des bois plantés derrière la Digue Orry pour la réparer et la tenir constamment en état de résister à la violence des eaux. Actuellement même, il est nécessaire de renforcer les épis construits depuis quelques années, et d'en augmenter le nombre. Ce n'est que par des ouvrages suivis qu'on peut perpétuer les avantages qu'on a retirés de la construction de cette Digue.

Si l'inféodation qui a été faite à M. de Cascastel pouvoit subsister, il disposeroit en maître des bois qui se trouvent plantés dans les environs ; et quoiqu'il y ait eu en divers tems des défenses générales d'en couper le long des rivières, il prétendoit qu'elles ne peuvent s'entendre que des bois situés dans l'allignement, et que les siens en sont séparés par la Digue Orry. D'ailleurs, quelle justice y auroit-il que la Province, qui a fait les frais des ces plantations et qui les a entretenues, s'en vît frustrées tout d'un coup, et qu'elles ces-sâssent d'être employées à l'objet véritablement important auquel elles étoient destinées.

Je ne pense pas, Monsieur, que le Conseil souffre un chan-gement aussi nuisible à l'intérêt public, et je suis persuadé que vous jugerés convenable de rétablir les choses dans l'état où elles ont été jusqu'ici, en annullant les actes d'inféodation accordés tant à M. de Cascastel qu'au S. Bertrand.

Le premier comprend le terrain situé derrière la Digue Orry, à l'exception du Champ de Mars ; l'attention qu'on a eu de faire cette réserve auroit dû porter à sentir que la totalité de l'objet méritoit au moins le même égard. Le Champ de Mars n'a certainement pas une destination plus privilégiée que le reste, et ce local pourroit au besoin être aisément rem-placé.

Quant à l'inféodation du S. Bertrand, vous avés déjà vu qu'elle est moins intéressante, et il n'y auroit aucun inconvé-nient à la laisser subsister pour les graviers, le long de la rivière, en remontant à côté de la Digue des Capucins, bien entendu que les éperons et les terrains entre-deux qui sont plantés d'arbres en demeureront exceptés.

Un arrêt du Conseil, rendu de propre mouvement, pourroit anoncer les intentions du Roy, et réprimer l'espèce d'entreprise de la Chambre du Domaine, en lui défendant d'accorder à l'avenir l'inféodation du tout ou d'aucune partie des terrains dont il est question; à moins qu'ils ne devinssent réellement vacants, et que les circonstances permissent d'en changer la destination.

Quel que soit le parti que vous prendrés sur cette affaire, je crois, Monsieur, devoir vous observer qu'il est instant que les ordres du Conseil me parviennent le plus tôt possible. Je n'ai point voulu rendre d'ordonnance pour arrêter l'exécution des jugemens du Domaine en vertu desquels les inféodations ont été faites, dans la vue d'éviter un conflit de jurisdiction avec ce tribunal. Je me suis borné à recommander à l'Inspecteur des Digues de veiller à ce qu'il ne soit rien entrepris sur les plantations qui sont derrière la Digue Orry, mon dessein étant de garder le silence, à moins qu'on n'en vînt à des coupes qui, une fois faites, seroient irréparables. Peut-être que, sur tout ce que j'ai témoigné à M. de Cascastel, il s'abstiendra de toute innovation jusqu'à ce qu'il ait réponse de vous, Monsieur, à qui il prétend avoir déjà écrit ; et j'en serai fort aise pour un bien de paix, et pour ne pas donner lieu à des discussions d'autorité, toujours indécentes.

J'espère que vous voudrés bien donner votre attention à cette affaire. Quoique le local qui en est l'objet vous soit parfaitement connu, j'en ai fait dresser un bout de plan que je joindrai à ma lettre, et d'après l'examen duquel et des autres pièces que j'ai pareillement l'honneur de vous envoyer, je présume que vous serés en état de porter un jugement que les circonstances me font désirer que vous puissiés accélérer.

Je suis, etc. [1]

---

[1] Archives des Pyrénées-Orientales, C 1212.

Lettres de M. Bertin et de Beaumont, à M. Bon, Intendant et Premier Président du Conseil Supérieur de Roussillon, au sujet des actes d'inféodation faits par la Chambre du Domaine et qu'un arrêt du Conseil déclare nuls et de nul effet.

A Versailles le 5 mars 1763

Monsieur Bon, Intendant et Premier Président du Conseil Supérieur de Roussillon, à Perpignan.

Monsieur,

J'ai reçeu, avec votre lettre du 17 du mois dernier, les actes d'inféodation passés par la Chambre du Domaine au proffit du nommé Bertrand et de M. de Cascastel, le plan des terrains mentionnés dans ces actes et les autres pièces qui y étoient jointes. Il a été rendu un arrêt du propre mouvement, qui déclare ces actes nuls et de nul effet, et fait deffenses aux parties de s'immiscer dans la jouissance des terrains qui leur ont été inféodés. Dès que cet arrêt aura été expédié, je vous le ferai passer, affin que vous teniés la main à son exécution. Vous pouvés toujours en prévenir les parties intéressées,

Je suis, Monsieur, votre très humble et très affectionné serviteur. [1]

BERTIN.

M. de Beaumont à l'Intendant Bon, au sujet de l'arrêt rendu le 6 mars au Conseil Souverain, annulant les actes d'inféodation faits par la Chambre du Domaine au profit du Sr Bertrand et de M. de Cascastel. (Suit l'arrêt du Conseil d'Etat).

A Paris, le 22 mars 1763,

Monsieur Bon.
Monsieur,

J'ai l'honneur de vous envoyer l'expédition de l'arrêt rendu au Conseil le 6 de ce mois, qui déclare nuls les actes d'inféo-

[1] Archives des Pyrénées-Orientales. C 1212.

dation faits par la Chambre du Domaine au profit du S. Bertrand et de M. de Cascastel, les 23 décembre et 5 février derniers.

Si vous le désirés, je vous ferai repasser le plan et les pièces qui étoient joints à M. le Controlleur Général.

Je suis avec respect, Monsieur, votre très humble et très obéissant serviteur [1].

De BEAUMONT.

Arrêt du Conseil d'Etat, qui annule les inféodations faites par la Chambre du Domaine du Roussillon aux SS. Bertrand et de Cascastel, « à titre d'emphitéose perpétuelle ». Signification du présent arrêt par M. Bon, premier Président au Conseil Souverain, en date du 5e avril 1763 ; copie du jugement remise aux intéressés, le 9 avril 1763.

6 mars 1763

Extrait des Registres du Conseil d'Etat.

Le Roy, s'étant fait représenter en son Conseil, Sa Majesté y étant, deux actes passés devant le notaire greffier du Domaine en Roussillon, et les témoins y dénommés, les 23 décembre et 5 février derniers par le premier desquels un Commissaire de la Chambre du Domaine de Sa Majesté, en exécution de l'Ordonnance de la dite Chambre du deux du même mois de décembre, auroit accordé, à titre d'emphitéose perpétuel, à François Bertrand, demeurant en la ville de Perpignan, un espace de terre, gravier ou ancien lit de la rivière de la Tet, situé au terroir de Saint Jean, dans lequel se trouvent quelques arbres, de contenance d'environ trente ayminattes, ou telle autre quantité qui pourroit se trouver à prendre le long de la dite rivière de la Tet, depuis le Pont de Pierre, en remontant d'un côté l'alignement de la dite rivière et de l'autre côté l'allée des Capucins ou le grand chemin de Conflent, jusqu'aux terres inféodées aux auteurs de S. Grosset ; et ce, moyenant un sou de redevance

<hr>

[1] Archives des Pyrénées-Orientales. C 1212.

annuelle par chaque ayminatte de terre ; et par le second des dits actes, en exécution d'une autre ordonnance de la dite Chambre du Domaine, du 4 du même mois de février, auroit accordé pareillement, à titre d'emphithéose perpétuel, au S. Joseph-Gaspard de Pailhous de Cascastel, Conseiller au Conseil Supérieur de Roussillon, un espace de terre, ci-devant lit ou gravier de la rivière de la Tet, terroir de Saint-Jean, de contenance de dix ayminattes, dans lequel terrein il y a quelques arbres plantés, confrontant d'Orient avec le Pont des Eaux-Vives, du Midi la Chaussée d'Orry, du Couchant et Septentrion avec les Eaux Vives ; au milieu duquel terrein passe le grand chemin de Perpignan au lieu de Baixas ; et ce, moyennant cinq sols de censive annuelle pour chaque ayminatte de terre.

Et Sa Majesté étant informée que les dits terreins, et surtout celui qui a été inféodé au dit S. de Cascastel, sont plantés en bois, qu'il y a des arbres de haute futaie, et une partie de taillis qui forme une espèce de pépinière ; que l'on peut d'autant moins regarder les dits terreins comme des vaccans incultes et inutiles qu'ils ont été plantés aux frais de la Province, qui fait encore la dépense de leur entretien ; et, comme il est important de conserver les dits terreins dans l'état où ils sont, et surtout les bois qui s'y trouvent et qui ont toujours été destinés pour l'entretien des épis et des digues qui ont été construits à grands frais pour contenir dans son lit la rivière de la Tet, dont les inondations causoient les dommages les plus considérables aux terres et possessions voisines ; qu'enfin, la seule destination de ces terreins, empêchant qu'on ne pût les envisager comme des terreins ordinaires dépendans du Domaine, devoit faire connoître aux officiers du Domaine qu'il ne leur apartenoit pas de les inféoder, Sa Majesté n'a pas cru devoir laisser subsister des actes aussi contraires aux vues d'une administration, et désirant faire connoître ses intentions à ce sujet :

Ouy le raport du Sieur Bertin, Conseiller ordinaire au Conseil Royal, Contrôleur Général des Finances.

Le Roy, étant en son Conseil, a déclaré et déclare nuls et de nul effet les actes d'inféodation des terreins y désignés,

passés devant le notaire greffier du Domaine én Roussillon.
et les témoins y dénommés, les vingt trois décembre et
cinq février derniers, par le Commissaire de la Chambre du
Domaine de Sa Majesté, au profit du nommé Bertrand et du
S. de Cascastel, en exécution des ordonnances de la dite
Chambre des deux et quatre des mêmes mois de décembre et
février.

Fait Sa Majésté très expresses inhibitions et défenses au
dit Bertrand et au dit S. de Cascastel de s'immiscer directement ou indirectement dans la jouissance des dits terreins.
Enjoint Sa Majesté au Sieur Intendant et Commissaire
départi en la Province de Roussillon de tenir exactement la
main à l'exécution du présent arrêt qui sera exécuté, nonobstant oposition ou autres empêchemens généralement quelconques, pour lesquels il ne sera diféré, et dont, si aucun
intervient, Sa Majesté s'en est, et à son Conseil, réservé la
connoissance, et icelle interdit à toutes ses Cours et autres
Juges.

Fait au Conseil d'Etat du Roy, Sa Majesté y étant, tenu à
Versailles, le six mars mil sept cent soixante trois.

Le Duc de CHOISEUL.

Louis-Guillaume Bon, chevalier, Conseiller du Roy en ses
Conseils, Premier Président au Conseil Souverain de Roussillon, Intendant de Justice, Police, Finances et Fortiffications de la même Province et du Pays de Foix.

Vu l'arrêt du Conseil d'Etat du Roy ci-dessus et les ordres
particuliers de la Cour à nous adressés.

Nous ordonnons que le dit arrêt sera exécuté selon sa
forme et teneur, et signiffié tant au greffe de la Chambre du
Domaine de cette Province en la personne du greffier, qu'aux
parties intéressées.

Fait a Perpignan, le deux avril mil sept cens soixante trois.

BON.

Par Monseigneur : POEYDAVANT.

L'an mil sept cents soixante trois, et le neufvième jour du mois d'avril, je Claude Haumières, huissier en l'Hôtel de l'Intendance de la présente Province du Roussillon, domicilié en la présente ville de Perpignan, parroisse Saint-Jacques, rue dite de l'Exavarre, soussigné, ay signiffié et donné coppie du présent arrêt du Conseil d'Etat du Roy en datte du sixième mars dernier, ensemble de l'ordonnance mise au bas d'icelluy par Monseigneur l'Intendant de cette Province, aussy en datte du deuxième aussy du courant mois d'avril, joint mon présent exploit, à Mᵉ Joseph-Gaspar de Paillous de Cascastell, Conseiller au Conseil Supérieur de la présente Province du Roussillon, au sieur François Bertrand, Receveur des Fermes du Roy en la présente ville de Perpignan, et au Sieur Joseph-François Bosch, greffier de la Chambre du Domaine du Roy en la dite présente Province, y dénommés, tous domiciliés en cette dite ville de Perpignan ; auxquels, en conséquence, leur ay à chacun d'eux fait commendement et les inhibitions et deffences portées par le susdit arrêt ; et, pour qu'ils ayent à s'y conformer chacun en droit soy et pour ce qui les conserne, parlant savoir à Mᵉ de Cascastell, à un de ses domestiques dans son hôtel ; au Sieur Bertrand, à sa servante, et au Sieur Joseph-François Bosch, à sa personne, tous trouvés dans leurs domiciles [1].

En foy de ce,

HAUMIÉRES.

Controllé à Perpignan, le 9 avril 1763.

(*Illisible*).

---

[1] Archives des Pyrénées-Orientales, C 1212.

Lettre de M. de Beaumont à l'Intendant Bon. au sujet de la requête adressée par le Sr Bertrand au Contrôleur général, dans laquelle il demande la révocation de cet arrêt et l'exécution de son bail.

A Paris, le 27 septembre 1763.

Monsieur Bon,
Monsieur,

J'ai eu l'honneur de vous adresser le 22 mars dernier l'expédition de l'arrêt du Conseil du 6 du même mois qui déclare nuls les actes d'inféodation faits par la Chambre du Domaine de Roussillon, au profit du S. Bertrand et de M. de Cascastel, de différens terrains faisant partie de l'ancien lit de la rivière de la Tet.

Le S. Bertrand vient d'adresser à M. le Controlleur Général une requête par laquelle il demande la révocation de cet arrêt et l'exécution du bail fait à son profit. J'ay l'honneur de vous adresser cette requête, avec les pièces qui y sont jointes, et sur laquelle je n'ai rien voulu proposer à M. le Controlleur Général, avant que vous ayés bien voulu me faire part des observations dont vous la trouverrés susceptible.

Je suis avec respect, Monsieur, votre très humble et très obéissant serviteur [1].

· De BEAUMONT.

Lettre de M. de Beaumont à l'Intendant Bon, au sujet d'un nouveau projet d'inféodation à faire au Sr Bertrand qui détient le terrain qui peut être d'une façon précise soumis à cette inféodation.

A Paris, le 25 octobre 1763.

Monsieur Bon,
Monsieur,

J'ai mis sous les yeux de M. le Controlleur Général les éclaircissemens que vous avés bien voulu me procurer par

[1] Archives des Pyrénées-Orientales, C 1212.

votre réponse du 7 de ce mois sur le mémoire du S. Bertrand.
M. le Controlleur Général s'étoit parfaitement rapellé ce que
vous lui aviés proposé par votre lettre du 17 février dernier
au sujet de l'inféodation faite au S. Bertrand ; mais il a cru
devoir comprendre cette inféodation dans la disposition de
l'arrêt du 6 mars, attendu la nature et la destination des
terrains qui en faisoient l'objet, sauf au Conseil à avoir aux
représentations qui lui seroient faites les égards qu'il jugeroit convenables. Il ne s'agit point par conséquent, Monsieur,
de confirmer l'inféodation faite au S. Bertrand, mais, en
laissant subsister l'arrêt du 6 mars, de lui en faire une
nouvelle, restrainte aux objets que vous rapellés. Et afin de
prévenir tout inconvénient et toute méprise dans cette
concession, je vous supplie de m'envoyer un projet qui détermine d'une manière claire et précise le terrain qui peut être
inféodé, et fixe les bornes dans lesquelles cette inféodation
doit être renfermée.

Je suis avec respect, Monsieur, votre très humble et très
obéissant serviteur [1].

De BEAUMONT.

---

[1] Archives des Pyrénées-Orientales, C 1212.

DEUXIÈME PARTIE

CHAPITRE PREMIER

MM. de Lescure, Ingénieur des Ponts ; De Gendrier, Inspecteur général des Ponts. — Création de syndicats des deux rives. — Arrêt du Conseil d'Etat. (Du 11 juillet 1765 à 1766).

Rapport de M. de Lescure, Ingénieur des Ponts et Chaussées relatif à l'inondation de 1765. — Mémoire des riverains de la Tet. — Rapport de M. de Gendrier, Inspecteur général des Ponts. (De 1765 à 1788).

Mémoire de François Lescure, Ingénieur des Ponts et Chaussées sur l'inondation du 20 juin 1765. Lettre de M. Trudaine à l'Intendant Bon relative aux mémoires que les syndics et M. Bertrand lui ont adressés contre M. Lescure.

Requête de M. Bertrand et Mémoire de M. Lescure. Mémoire des riverains de la Tet relatif aux travaux de la rivière.

Mémoire du Sr François Lescure, Ingénieur des Ponts et Chaussées du Roussillon, sur l'inondation du 19 au 20 juin 1765, et sur les travaux des syndics de la rive gauche depuis le Pont de Pierre jusqu'au Soler, qui en ont été cause, ordonnant de ne faire d'autre ouvrage sur les rivières que sur les places et devis dressés par l'Ingénieur des Ponts et Chaussées.

12 juillet 1765

Monseigneur le Premier Président du Conseil Souverain de Roussillon, et Intendant de la Province et Comté de Foix.

François Lescure, Ingénieur du Roy commis par Sa Majesté à la conduite des Ponts et Chaussées de la dite Province, a l'honneur de vous représenter (que les ouvrages) que les sindics de la rive gauche ou du côté du Nord de la rivière de la Tet depuis le Pont de Pierre jusqu'au Soler ont fait faire quelques ouvrages depuis la grande innondation nommée de Saint Galdéric, arrivée la nuit du 16 au 17 octobre 1673, consistant en deux batardeau d'environ 80 ou 100 toises de longueur vis à vis le dessous du mas Générès, appuyant au bois de Saint-Estève, pour détourner la dite rivière de la grande sinuosité qu'elle fait sur la dite rive jusques vers le centre du terrain de M⁰ Roudil, Conseiller au Conseil Souvrain de Roussillon, sur environ 300 toises de distance de la direction de son cours ou corde de la circonférence qu'elle décrit, pour la dirriger sans doute en ligne droite suivant cette corde jusqu'au devant du tuf du moulin de la Pou, dont la longueur peut être d'environ 800 toises, et de là continuer son cours sous le dit Pont de Pierre dans environ 700 toises. Mais comme l'on a veu que l'innondation survenue la nuit du 19 au 20 juin dernier, qui étoit fort grande, avoit débordé les rives, innondé une partie de la plaine où elle a causé beaucoup de dommage, et formé plusieurs atterrissemens dans les susdites longueurs et jusqu'à plus de 200 toises au-dessous du dit Pont, qui, en élevant le lit de la rivière, ont occasionné beaucoup de dégradations dans les susdites longueurs, et par exprès sur la Digue Orry, à la partie joignant la culée du dit Pont de Pierre du côté du Nord, jusqu'à environ 100 toises en remontant la dite rivière, et cela par la disparition du plan incliné de l'atterrissement formé entre les deux rives d'environ 35 à 40 toises de largeur ; et le radier de l'arche joignant la dite culée a aussy été beaucoup dégradé, ce qu'on ne peut encore reconnoître.

Ces memes eaux qui se sont jettées par l'endroit de la susdite sinuosité dans la plaine, jointes à celles même que la plaine et les garrigues fournissoient, se sont jettées sur les deux ponts, vieux et neuf, des Eaux Vives, qui sont à la suite du dit Pont de Pierre, où elles sont montées jusqu'à la hauteur de la Chaussée du Vernet, Grande Routte d'Espagne, aussy à la suite des dits ponts, où elles ont passé par-dessus, au droit du champ de la dame veuve Peyrotis et par la grille de son jardin, d'environ 7 à 9 pouces de hauteur.

La grande élévatiou des eaux au-devant des dits ponts des Eaux-Vives, dont partie a passé sur la dite Digue, étoient encore retenues par celles de la rivière qui se jettoient aval eau du Pont de Pierre sur la rive gauche, où elles ont renversé une partie d'un bout de chaussée cy-devant fait pour le chemin du (sic) plage de Torreille et Saint Laurens, à cause du grand atterisement qui s'est fait à la suite du dit Pont de Pierre, par où les eaux se sont jettées et répendues au loing du côté de Bompas, de Villelongue et Sainte-Marie la Mer, et du côté du Midy ou de Perpignan, dans les champs et jardinages de Saint Jacques, et plus loing jusqu'à la mer.

Ces deux ponts des Eaux-Vives sont chacun de trois arches, faits en différens tems, à mesure que la rivière s'éloignoit de son lit direct qui la conduisoit sous le Pont de Pierre, composé de sept arches ; et comme ce sisthème de faire des ponts à mesure que la rivière se jettoit sur sa rive du Nord ou du côté du Vernet, devenoit un objet très dispendieux et même dangereux, M. Orry, lors Intendant, voyant que la dite rivière avoit fait des affouillemens considérables sous les piles et culées des dits ponts des Eaux Vives, au lieu de les faire réparer, fit faire la Digue appellée de son nom, d'environ 500 toises de longueur pour souttenir le lit de la rivière sous le dit Pont de Pierre, ouvrage qu'il faut soutenir à tous égards.

La Chaussée du Vernet, d'environ 800 toises de longueur souttenues de deux murs, où il se trouve deux ponts de 18 pieds, et 7 ou 8 de 3, de 6 et de 9 pieds d'ouverture, dont plusieurs sont sans canneaux pour le passage des eaux, et, à d'autres, les canneaux qui conduisent l'eau n'ont que 6 ou 8 pieds de largeur tant à l'entrée qu'à la sortie des ponts ; ce qui fait que les eaux, lors des innondations, étant retenues par cette chaussée qui leur sert de digue, elles s'élèvent et passent par-dessus, comme il est arrivé lors de l'innondation du 10 may 1754, 15 octobre 1763 et 19 juin dernier, et presque toutes les fois que la pluye sera abondante dans les garrigues de Saint Mamet et de Saint Estève.

Pour observer et reconnoitre la disposition surprenante de cette innondation qui ne nous a pas paru de la hauteur de celle du 16 octobre 1763, à deux pieds près, les eaux ayant baissé et s'étant réduites dans un lit fixe, nous avons parcouru les deux rives de la dite rivière, et nous avons observé que depuis la grande innondation de 1763 les dits Sieurs Sindics avoient fait faire un espèce de batardeau par encaissement, d'environ 80 toises de longueur, de trois à trois pieds, et demy de largeur, entre deux rangs de fassines ou saucissons, élevées les unes sur les autres dans chaque rang, traversées de piquets fichés à coups de maillets, et l'entre-deux garny de cailloux ; et que la partie qui traversoit en écharpe le courant de l'eau pour détourner la dite rivière pouvoit avoir 6 à 7 pieds de hauteur dans environ 40 toises de longueur, et moins dans le surplus ; et qu'au-dessous de ce premier, il en avoit été fait un second à 30 ou 35 toises de distance, parallèle au premier ; ces deux batardeau faits pour détourner ou dériver la rivière du cours de la courbe ou sinuosité qu'elle parcouroit, dont la corde est d'environ 800 toises de longueur, qui est l'étendue de la direction du cours que l'on se proposoit sans doute de lui faire prendre jusqu'au pied du tuf ou terrein ferme du moulin de la Pou. pour se diriger ensuite sous le Pont de Pierre qui se trouve environ 700 toises plus bas, suivant son cours direct.

Cette déffence ou batardeau a produit des effets contraires à ceux que les sieurs Sindics, s'étoient sans doute proposé, étant intéressés dans ce fait, pour n'avoir pas pris les précautions qui sembloient devoir être prises en semblable cas, comme de jauger et de connoître le profil des plus hautes innondations dans l'étendue des vives et des mortes eaux, connoître la pente qu'il y a du fond du canal au-devant des ouvrages qu'il convient de faire, jusqu'au point que l'on se propose de rejoindre l'ancien lit, même plus loing si la disposition de cette partie de lit l'exige, ou un pont qu'il pourroit y avoir plus bas, affin d'éviter les inconvéniants qui en pourroient résulter ; et, tout bien considéré et prévu, l'on détermine la largeur, profondeur et la forme que le canal de dérivation doit avoir relativement à la hauteur à laquelle l'on veut que les eaux des innondations s'élèvent, pour parcourir le dit canal d'une vitesse uniforme, et avec une quantité de mouvement capable d'entraîner et de porter au-delà de son étendue tout ce que les eaux peuvent charrier.

Il n'est pas permis de détourner le lit d'une rivière sans prendre les précautions nécessaires, pour ne pas causer aucun dommage aux riverins ; et il n'est pas possible de n'en causer de très grands, lorsque l'on commance par barrer le cours d'une rivière, et la forcer de prendre et de s'ouvrir un nouveau lit, sans que les déblays considérables qu'elle est obligée d'entraîner pour se donner un lit suffisant n'en cau-,sent de très grands, comme il est arrivé dans le cas présent, soit par les dépôts et atterrissemens considérables qui se forment et qui ruinent les rives, soit parce que le lit, en s'élevant, font (sic) déborder les eaux, elles se jettent dans les plaines et causent beaucoup de dommage.

Mais, dira-t-on, dans le cas présent, qu'avant de faire les batardeau en question, l'on avoit commancé par ouvrir un canal pour introduire et donner cours aux eaux, par l'endroit où l'on se proposoit de les derriver contre le tuf du côté du Midy. Il est vray qu'à différentes reprises l'on avoit ouvert un petit canal d'environ 50 à 60 toises de longueur de 18 à 20 pieds de largeur, sur 2 à 3 pieds de profondeur. Ce commancement de canal qui se trouvoit 3 à 4 pieds plus élevé que le niveau des eaux de la riviere, il ne s'y en introduisait que lors d'une inondation ; et lors de la grande innondation du 16 au 17 octobre 1763, deux ou trois pieds plus haute que toutes les précédantes, il s'y en jeta une plus grande quantité, qui commença sans doute de leur donner de grandes espérances pour y établir le nouveau lit. Mais il restoit toujours à prévoir le dommage que causeroient les atterrisse-mens et encombremens qui se feroient à la suite de ce nouveau lit, provenants des affouillemens qu'elle feroit pour s'en donner un suffisant, et les nouvelles sinuosités que la rivière décriroit en se jettant contre le dit tuf de la rivière du Midy, qui décrit luy-même une ligne courbe, et où il se trouve plusieurs avances de façon que tout ce que l'on pouvoit craindre est arrivé, et le mal ne peut qu'augmenter à chaque innondation, si l'on n'y fait remédier d'une façon bien entendue et solide.

Effets que le batardeau a produit.

Le susdit batardeau étant fait, et l'ouverture du nouveau canal commencée seulement pour introduire l'eau contre la berge du tuf cy-dessus dite, à la faveur de la hauteur du batardeau qui élevoit les eaux d'environ 6 à 7 pieds au-devant d'iceluy, et beaucoup plus au-dessus du batardeau dans le fort de l'innondation, et les eaux étant chargées des matières du terrein qu'elles corrodoient dans la partie supérieure au-devant du mas Générès, ont si considérablement élevé le lit que les eaux ont dégradé 25 ou 30 toises de la tête du batardeau, ont débordé dans les bois et bien avant dans la plaine de Saint-Estève, et qu'elles se sont écoulées par le ravin appelé *la Boule*, contre les héritages de M⁰ Roudil, et joindre celles contenues dans la grande sinuosité dite cy-devant, où se rendoient celles qui passoient sur le batardeau, et encore une partie de celles qui se jettoient contre la berge du tuf du côté du Midy : toutes ces eaux, aux termes indiqués cy-dessus, occupoient au mas Génères une largeur d'environ 450 toises, et au droit du milieu du susdit tuf, depuis iceluy jusqu'à la berge de la grande sinuosité, sur les héritages de M⁰ Roudil, occupoient aussy environ 400 toises, et sur la fin de la même sinuosité, au devant du tuf du moulin de la Pou, les dites eaux occupoient aussy environ 400 toises de largeur, jusqu'au bout du jardin de M⁰ Noguer, Conseiller au Conseil Souverain de la Province. Et ces eaux étoient de niveau sur la largeur de la dite innondation, suivant la pente naturelle de 12 à 14 pieds dans l'étendue de la corde de la grande sinuosité qui est d'environ 800 toises, du dit batardeau jusqu'au tuf du dit moulin de la Pou.

Il est certain et démontré par l'inspection des lieux que la rivière, ayant élevé son lit autant qu'elle l'a fait, à commancer au susdit batardeau et plus loin au-dessus, pour se faire un nouveau lit à la hauteur du terrain où l'on se propose de la faire passer, il falloit qu'elle opérât comme elle l'a fait et qu'elle occasionnât tout le mal et toutes les dégradations qu'elle a faites : elle a formé dans la longueur de 800 toises, comme on l'a vu après que les eaux ont été réduites, six sinuosités ; la première s'est portée sur la rive du Nord au-dessus de la tête du batardeau, qu'elle a d'ailleurs atterry de toute sa hauteur, et éloigné le courant pour se porter sur l'escarpement renfoncé du tuf de la rive du Midy ; ensuite, sur la rive du Nord dans le grand atterrissement, et revenant encore sur le dit escarpement au droit du moulin de la Porte ; ensuite repoussée sur la rive du Nord, elle a porté une nouvelle sinuosité sur le terrain du Sr Auriola, citoyen noble, et sur un terrain à nous appartenant, jusqu'à 80 toises de distance, perpendiculaire sur le tuf du moulin de la Pou ; et de là contournant l'atterrissement qui s'est formé au devant du dit tuf, elle se porte sur la rive du Midy, au champ du S. Bertaud ; ensuite se retournant sur la rive du Nord, elle se porte fort près de la tête de la Digue Orry ; et plus bas, la plus grande partie des eaux se jettent sur le faubourg de Perpignan, du côté du Midy, et l'autre sur la Digue Orry, où elle a dégradé, comme il a été dit cy-devant, environ 100 toises de longueur jusques sur la culée du Pont de Pierre et le radier de la première arche, où il ne passe plus d'eau à présent. Et comme la dite rivière a corrodé beaucoup de terrein pour étendre toutes ces sinuosités, forcée par le plan incliné des grands atterrissemens qui se sont formés ; qui, resserrant les vives eaux contre la berge corrodée, augmentent toujours ces mêmes atterrissemens formés du déblay particulier du nouveau canal et des affouillemens des nouvelles sinuosités, qu'on a forcé la dite rivière de faire, et qui augmenteront à chaque crue d'eau par la facilité que la nature du terrein donne à la dite rivière, et que le lit inférieur, depuis le dit tuf du moulin de la Pou, d'environ 700 toises de longueur, jusqu'au Pont de Pierre, et plus loin au-dessous ne s'élève suffisamment à cause de sa grande largeur, pour combler les arches du dit Pont, et que la rivière ne se jette hors de son lit et ne s'étande dans la campagne.

Comme au devant du tuf du moulin de la Pou, le lit de la dite rivière, dans environ 60 toises de longueur, la plus grande partie des vives eaux lors des innondations ont toujours été contenues contre le dit tuf dans une largeur de 18, 20 et 25 toises, et le surplus, compris les mortes eaux, s'élargissoient jusqu'au bois du S. Auriola, jusqu'à 60 ou 65 toises,

sur un terrein en pente, vers la susdite largeur des plus vives
eaux se réduisoient toujours au-dessous du bord du canal de
réduction, qui avoit 6 et 7 pieds de profondeur, au fond
duquel les basses eaux se réduisoient à deux ou deux pieds
et demy de profondeur ; et les fortes innondations que nous
avons remarquées depuis 1750 que nous sommes dans cette
Province sétant toujours soutenues contre le dit tuf sur 11 à
12 pieds de hauteur, ne se sont jamais jettées sur les héritages. Aussy étoit-ce l'endroit qui devoit servir de jauge pour
la détermination d'un nouveau canal que l'on devoit faire.

Il s'est fait et formé dans cet endroit et dans toute la
longueur du dit tuf de la Pou, un atterrissement très élevé
provenant du déblay du nouveau lit que la rivière s'est fait,
et qui a comblé cette partie de canal qui devoit servir de
règle pour tous les ouvrages à faire au-dessus et au-dessous ;
lequel atterrissement a poussé le courant des vives eaux
réduites jusqu'à plus de 60 toises ; et le lit, dans cette partie,
s'étant beaucoup plus élevé qu'ailleurs par la grande profondeur qu'il avoit, a fait rèpomper les eaux jusqu'à la hauteur
du jardin de M. d'Ortaffa, à environ 400 toises, en remontant
le bord du cours de la partie inférieure de la dite grande
sinuosité, où se trouve le chemin de Saint-Estève et des
carrières de pierre de taille de La Fons, où les eaux se sont
élevées d'environ 3 pieds lors du fort de l'innondation, et,
passant sur les héritages, elles se sont rendues et partagées à
la tête de la Digue Orry, où une partie rejoignoit la rivière,
et l'autre se jettoit en suivant les bas-fonds des héritages, sur
la chaussée du Vernet et sous les ponts des Eeaux-Vives,
comme il a été dit cy-devant ; et s'il étoit tombé une aussy
grande quantité de pluye dans les garrigues du Vernet, de
S.-Mamet et de S.-Estève, que dans le Haut Roussillon et le
Conflant, la chaussée du Vernet auroit beaucoup souffert.

L'on voit par le détail cy-dessus les mauvais effets qu'a
produit l'innondation de la rivière de la Tet du 19 juin
dernier, dans la partie depuis le mas Générès, en dessendant
jusqu'au Pont de Pierre du faubourg de cette ville, sur environ 1600 toises de longueur. Ce que l'on auroit évité en prépa-
rant un canal de droit alignement d'environ 750 toises depuis

l'emplacement du batardeau jusqu'au dit tuf de la Pou, au moins des deux tiers de la largeur qu'il devoit avoir, et suivant la pente qu'il se trouve y avoir, porter les déblays à distance requise de droit et de gauche, pour former un grand glacy, affin de soutenir l'uniformité du courant dans le milieu du canal, dont la dépense pouvoit être d'environ quatre à cinq mille livres, au lieu que, pour remédier aux dégradations détaillées cy-dessus, éviter l'innondation des héritages, souttenir la Digue Orry, le Pont de Pierre et la Chaussée du Vernet, il en coûtera beaucoup plus.

Comme il faut souttenir la dite rivière de la Tet sous le dit Pont de Pierre, il faut de toute nécessité conserver et deffendre la Digue Orry des atterrissements qui se sont formés dans la grande largeur du lit qui se trouve au-devant de cette Digue ; et comme la nouvelle disposition où se trouve la rivière, dans la partie au-dessus du moulin de la Pou, peut par les affouillemens qu'elle faira encore pour se donner un lit suffisant, et ceux qu'elle fera contre la berge des six sinuosités qu'elle vient de former, augmenteront toujours à chaque innondation les susdits atterrissemens et élèveront de plus en plus son lit, et encombreront les arches du dit Pont ; et les innondations passeront toujours sur les mêmes héritages où elles sont passées, et, se joignant avec les eaux qui descendront de la garrigue, causeront de grands domages à la chaussée du Vernet en passant par-dessus, et détruiront infailliblement quelques arches des Eaux-Vives, qui ont essuyé des grands affouillemens sous différentes culées et piles, avant la construction de la Digue Orry ; laquelle Digue peut aussy être percée ou ouverte de toute son épaisseur, comme elle l'a été cy-devant trois fois en différens endroits et en différens tems ; elle peut aussy être surmontée de l'innondation par l'encombrement de plusieurs arches du Pont de Pierre.

Tous ces ouvrages méritent d'autant plus d'être maintenus et conservés, sans risque apparent d'en perdre quelqu'un, tant pour le grand besoin que la ville en a, que les Ponts et Chaussées pour la grande route d'Espagne, et parce qu'ils ont coûté des sommes très considérables, que nous raportôns icy dessous :

Sçavoir :

Les trois arches du Pont de Pierre faites à
neuf de 1742 à 1749 ont coûté suivant les
registres de dépenses, la somme de........   254.000 l. 00
Les deux ponts des Eaux Vives, il y a environ
80 et 100 ans ont peu coûter.. ....   150.000 l. 00
La chaussée du Vernet, de 800 toises de longueur, contenant plusieurs ponts a coûté...   70.000 l. 00
La Digue Orry, de 500 toises de longueur
environ..   30.000 l. 00
Les trois ouvertures que les inondatious y ont
faites en différens tems, dont une fut pilo-
tée, coûtent environ... ....   10 000 l. 00
Les autres réparations que l'on a faites sur
cette rivière depuis le Pont en remontant
jusqu'au tuf du moulin de la Pou, pour la
conservation de cette Digue, y compris celle
qui fut faite en 1750, et dont il ne subsiste
rien, ont peu coûter environ .. ..   15.000 l. 00
Et celles qui ont été faites en 1755, avec le
secours de la corvée, dont le grand épy subsiste en son entier, a coûté ....   2.400 l. 00
Celles faites en 1764 sans corvée, dont le grand
épy subsiste, monte environ.............   4.000 l. 00
Dépenses faites des fonds de la province....   535.400 l. 00

Non compris dans cette somme celles que les S. Sindics
ont faites imposer sur les contribuables, vente de bois et
amandes, et tout perçu par un procureur chargé du recouvrement, que l'on peut évaluer à cent mille livres, employées,
dit-on, à des ouvrages qu'ils ont fait faire dans l'étendue
d'environ une lieue au-dessus du mas Générès, depuis 1741.

Mais comme les ouvrages à faire sur la rivière de la Tet,
depuis un peu au-dessus du dit Pont de Pierre jusqu'au tuf
du moulin de la Pou, sur environ 800 toises de longueur
amont l'eau du dit Pont, longueur de la Digue Orry et de la
partie qui en deffend la tête depuis 1754, ont été faits sur nos
devis, et comme le mal présent a été occasionné par les

ouvrages que les S. Sindics ont fait faire pour détourner la
rivière, sans luy avoir auparavant préparé le nouveau lit qui
la devoit contenir en tems d'innondation ; comme il est
prouvé par le détail cy-dessus, avec les principales circonstances de cette entreprise, et des risques où se trouvent exposés les ouvrages des Ponts et Chaussées cy-dessus déclarés, il
soit ordonné qu'il ne sera plus fait aucun ouvrage sur la
rivière de la Tet, depuis le mas Générès jusqu'aux ponts de
Perpignan et environ deux cents toises au-dessous d'iceux,
comprenant toute la partie qui paroît intéresser les dits ouvrages, que sur les projets, plans et devis de l'Ingénieur des
Ponts et Chaussées de la Province, vus et approuvés à la
Direction Générale des Ponts et Chaussées ; le surplus du
cours de la rivière ne paroissant pas jusqu'à présent intéresser les dits ponts.

Un ancien usage a introduit dans ce païs la forme d'avoir
plusieurs sindics sur les rives de chaque rivière, dans la plaine du Roussillon et Valespir, nommés par les intéressés à
chaque rive pour veiller et contenir la rivière dans son lit, et
faire faire les ouvrages nécessaires ; mais comme les rivières
du Tech et de Saint-André ne laissent point que de déborder
dans la plaine d'Elne et de Taxo, comme elles ont fait cy-
devant, et la grande rivière du Tech n'ayant pris dans aucune
partie la forme de l'encaissement qui luy convient, au contraire les eaux ont par différentes sinuosités successivement
survenues à chaque inondation, formé différents atterrissements qui ont élevé le lit et l'ont presque mis de niveau aux
rives, et d'autres au-dessus : ce qui fait que les eaux, lors des
inondations passent au travers des plantations qui sont au
long des rives, qu'elles détruisent souvent par quelques
endroits pour se répendre de tous côtés dans les parties
basses, se jeter contre la chaussée du chemin de Perpignan
à Collioure dans environ une lieue d'étendue, la dégradent en
différents endroits, et l'ont percée en quatre ou cinq, de manière qu'il n'est pas possible de rétablir et élever cette chaussée, ny de la souttenir dans les parties basses, que l'on n'aye
fait auparavant certains ouvrages sur les dites rivières, qui
assureront la dite chaussée, et plusieurs ponts de bois cy-

devant faits. Lesquels ouvrages, relatifs à ceux qu'il conviendra faire pour établir un lit encaissé et fixe, qui assurera aussy l'établissement d'un grand pont sur la rivière du Tech.

Car, lorsque l'on travaille pour de grands projets et surtout pour le public, il ne faut jamais s'écarter du projet général qui en a été arrêté ; et comme l'intérêt des Ponts et Chaussées exige qu'en semblable cas, il ne soit rien fait qui puisse tendre au dépérissement des ouvrages, nous croyons qu'il convient d'ordonner qu'il ne sera fait aucun espèce d'ouvrage sur les dites rivières dans toute la longueur au-dessus et au-dessous des ponts faits et à faire sur la chaussée traversant les dites rivières, que sur les plans et devis qui en auront été dressés par l'Ingénieur des Ponts et Chaussées de la Province, veus, vérifiés et arrêtés [1].

A Perpignan, le douze juillet 1765.

LESCURE.

M. Trudaine à l'Intendant M. Bon, au sujet des mémoires qui lui ont été adressés de la part des syndics de la rivière de la Tet, et de M Bertrand, contre le Sr Lescure, Ingénieur en chef des Ponts et Chaussées de la Province, qui a mis en culture une portion de terrain, dans la rivière de la Tet, qu'il s'est approprié, acte que le public a jugé fort sévèrement.

Le 29 octobre 1765

Monsieur Bon,
Monsieur,

J'ay l'honneur de vous envoyer deux mémoires qui m'ont été adressés, l'un par les sindics de la rivière de Tet, et l'autre par le S. Bernard, habitant de Perpignan, par lesquels ils exposent que le S. de Lescure, ayant contre les ordonnances défriché et fortifié un terrein qu'il a acquis près cette rivière et qu'il a mis en culture en s'apropriant une partie de son lit,

<hr>

[1] Archives des Pyrénées-Orientales, C 1212.

il en résulte que ce lit fixé cy-devant à 70 toises de largeur
pour contenir la Tet dans les grandes inondations, n'en a
aujourdhuy que 30 ou 35 ; et que, par ce moyen, les eaux
rejettées sur les tenanciers supérieurs et inférieurs du terrein
dont il s'agit, leur causent des dommages considérables.

M. Gendrier a connoissance d'une partie de cette affaire,
et m'a assuré que la fixation du lit de la rivière à 70 toises
n'avoit pas été bien réglée dans son principe, en ce que cette
largeur est de beaucoup trop considérable, pour donner aux
grandes eaux la force de diviser et entraîner les amas de gravier qui s'y forment. Mais, comme il n'a pas connoissance
des autres faits énoncés dans les mémoires, je vous prie de
vouloir bien les examiner et les communiquer au S. de l'Escure, afin qu'il y fournisse réponses. Et vous voudrez bien me
renvoyer le tout avec votre avis.

Je vous prie aussi de vouloir bien me marquer s'il est vray
que les sindics de la rivière de Tet ordonnent des ouvrages
dans le lit et sur les bords de cette rivière pour la contenir et
détruire les amas de gravier qui s'y forment, sans avoir été
projetés, jugés nécessaires et autorisés. On m'assure que,
depuis l'époque de la grande inondation du 16 octobre 1763,
ces sindics ont fait construire deux batardeaux pour détourner et rédresser le cours de la rivière, qui ont fait un effet
tout contraire à celui qu'ils en attendoient sans doute ; et que
c'est une dépense en pure perte. On m'a aussi ajouté que,
depuis 1743 jusqu'à présent, il avoit été imposé environ cent
mille livres pour ces ouvrages sur les propriétaires de fonds
riverains de la rivière, sans que les sindics ayent jamais
rendu aucun compte de leur dépense, non plus que des
ouvrages qu'ils ont fait faire. Si ces deux abus subsistent, je
vous prie de vouloir bien m'envoyer un projet d'arrêt pour
les réformer ; sçavoir le premier, en chargeant l'Ingénieur des
Ponts et Chaussées de projetter seul et de faire exécuter tous
les ouvrages nécessaires pour contenir toutes les rivières du
Roussillon dans leur lit ; et le deuxième, en faisant compter
les sindics par-devant vous de toutes les dépenses qu'ils ont
cy-devant faites pour raison des ouvrages par eux ordonnés,
depuis l'époque jusqu'à laquelle vous jugerez à propos de

faire remonter ce compte. Vous avez l'attribution de tout ce qui concerne cette administration intéressante et je suis persuadé que vous y donnez toute l'attention et les soins qu'elle mérite.

Je suis avec respect, Monsieur, votre très humble et très obéissant serviteur.

TRUDAINE

Je ne puis cependant vous dissimuler que j'ay vu avec peinne que les intérêts personnels du S. l'Escure se trouvent compromis avec celui du publique. Je désirerois que l'impartialité et le désintéressement de nos Ingénieurs fussent toujours reconnues de tout le monde. [1]

Lettre de M. Trudaine à l'Intendant au sujet de la gratification accordée à M. de Lescure, pour ses frais de déplacement, et d'un nouveau plan à lever depuis le Pont de Pierre jusqu'à la digue Orry pour pouvoir exécuter les travaux.

4 novembre 1765

Monsieur Bon,
Monsieur,

J'ay l'honneur de vous envoyer la lettre qui contient mes observations sur la situation des ouvrages faits l'année dernière dans la province du Roussillon sur les fonds de l'exercice 1763. Je vous prie de la lire et de vouloir bien ensuite la faire remettre au Sieur de Lescure, avec vos ordres pour l'exécution des choses qu'elle contient.

Cet ingénieur m'a effectivement demandé une gratiffication que M. le Controlleur Général luy a accordé d'autant plus volontiers et fixé à 800 livres que vous trouvez juste de l'indemniser de ses frais de voyages dans la Province où les vivres et les fourrages sont fort chers. Il consent même que

---

[1] (Ce P.-S. est de la main même de M. de Trudaine).
Archives des Pyrénées-Orientales, C. 1212

vous l'en fassiez payer sur les fonds courants, sauf à en imputer la dépense dans le projet d'état du Roy de l'exercice 1764 par chapitre séparé, comme cela s'observe dans les autres Généralités.

M. Gendrier ne peut pas cette année faire de tournée dans le Roussillon, et je désirerois néanmoins, comme vous, qu'il fît lui-même, la vérification, non seulement de l'épi construit depuis quelques années à la tête de la Digue Orry, mais de tous les autres ouvrages faits aux bords et dans le lit de la rivière de la Tet depuis l'exécution de cette Digue, dont on m'a assuré que quelques-uns, surtout les derniers, ont été fort mal projettés. On a dépensé des sommes considérables à ces ouvrages qui n'ont été exécutés qu'à mesure que cette rivierre a causé des dommages aux fonds riverains, sans faire partie d'un projet général bien réfléchi qu'on auroit dû proposer, et sur lequel le Conseil auroit pris un parti pour pourvoir à son exécution dans un certain nombre d'années.

Dans cette circonstance, s'il n'y a pas de plan levé du cours de cette rivierre depuis le Pont de Pierre de Perpignan jusqu'au point au dessus de la Digue Orry où il n'est pas intéressant de la contenir, il faut qu'avant tout le plan soit levé avec la plus grande exactitude, et qu'il comprenne, outre tous les ouvrages de deffense construits dans son lit et sur ses bords le détail des fonds riverains, avec les noms de leurs possesseurs, et qu'un mémoire relatif explique clairement tout ce qu'il est indispensable de sçavoir pour pouvoir juger de l'état des choses et prendre un parti deffinitif sur cet objet important. En conséquence, je voue prie de vouloir bien m'envoyer ce plan, s'il existe, ou de charger le Sieur de l'Escure, de le faire lever sans aucun délay sur une échelle un peu grande, afin de vous le remettre pour me le faire passer. Et si, en me faisant cet envoy, vous persistés à croire qu'il est très pressant que les lieux soient visités par un ingénieur, je vous en enverrai un sur les lumières duquel vous pourrez compter. Mais je ne vous dissimule pas que si cette visite pouvoit se différer jusqu'à l'année prochaine, M. Gendrier, arrangeant sa tournée pour se trouver de bonne heure dans le Roussillon, j'aimerois beaucoup mieux encore qu'il la fît lui-

même. Cette visite d'ailleurs se feroit sans frais, et je le chargerois de dresser sur les lieux le projet général des Digues et
autres ouvrages qu'il est indispensable de former pour contenir invariablement la rivierre de Tet depuis le Pont de Pierre
de Perpignan jusqu'au-dessus de la Digue Orry. J'attendray
votre réponse sur cela.

Je suis avec respect, Monsieur, votre très humble et très
obéissant serviteur [1].

TRUDAINE.

Supplique du procureur Cambon à M. de Lescure, Intendant, au sujet de l'empiétement des francs-bords de la rivière par les Syndics, au dessus du Pont de Pierre, et des préjudices causés de ce fait aux riverains de la partie méridionale de la Tet, par la construction de ces épis plantés au milieu de la dite rivière.

A Monseigneur l'Intendant de la Province de Roussillon et du Païs de Foix.

Supplie humblement le S. François l'Escure, Ingénieur des
Ponts et Chaussées en Roussillon, domicilié à Perpignan, et
a l'honneur de vous représenter, Monseigneur, qu'amateur
de la paix et de la tranquillité, il a étouffé pendant plusieurs
années les justes sujets de plainte qu'il étoit fondé à porter
par-devant votre Grandeur, sur les entreprises des Sieurs
Sindics de la rivierre de la Tet au-dessus du Pont de Pierre :
mais les dommages qu'il souffre par leur fait sont trop considérables pour qu'il puisse plus longtemps garder le silence.
Ces sindics qui prennent pour boussole dans toutes leurs
opérations le procès-verbal du S. Laurens, Ingénieur, du
27 aoust, 1740, par lequel l'étendue du lit de la dite rivière
est fixée à soixante-dix toises, n'ont pas hésité de faire former
deux épis dans l'étendue des soixante et dix toises de largeur de lit de la dite rivière, pour rejetter l'eau sur la partie

----

[1] Archives des Pyrénées-Orientales, C 1212

méridionale. Mais en faisant former les épis, ils n'ont pas pris la précaution de former un lit à la rivière, en sorte que les eaux, à la moindre crue, se trouvant gênées, elles ont formé des excavations dans la partie méridionale, dans toutes les parties où le tuf ne formoit point de résistance, et, par les angles de reffraction qu'elles ont été forcées de pratiquer en-dessous de cette réparation, elles ont causé de droit et de gauche des dommages considérables.

Le S. Porte, possesseur de quelques fonds dans la partie méridionale du lit de la dite rivierre, et au-dessous des épis ou batardeaux, a été le premier frappé : tous les bois qui s'y trouvoient plantés en défense ont été emportés, et de là, toutes les eaux, en formant l'angle de réfraction, ont été fondre sur le terrain, du S. Oriola, citoyen noble, confrontant immédiat du suppliant du côté du septentrion de la dite rivierre, et de là sur le fonds du suppliant, dont la plus grande partie a été emportée dans cette partie ; et enfin par l'angle opposé que la rivière a formé, elle s'est jettée sur les fonds nouvellement acquis par le S. François Bertrand, intéressé aux affaires du Roy, situés au Midi de la dite rivière, qui ont été également endomagés. On pourroit encore, en descendant plus bas, parler du dégât que la rivière a causé à la Digue Orry, qui n'est provenu que de l'angle de réfraction formé par la dite rivière, après qu'elle a quitté le fonds du S. Bertrand. Et comme l'origine de tous ces circuits sont provenus des épis dont il a été parlé cy-dessus, tous les dommages qui ont été soufferts à droite et à gauche devroient retomber sur les sindics riverains.

Mais le suppliant ne s'occupera point icy du soin de défendre les droits de tous ceux qui ont souffert des dommages. Le S. Porte s'est déjà pourvu ; les autres se pourvoiront sans doute. Mais, en attendant, comme il se trouve un des plus touchés, et qu'il est de son grand intérêt de prévenir les dommages qu'il pourroit souffrir dans la suite et qui sero'nt encore plus considérables que ceux qu'il a déjà soufferts.

Ce considéré, plaise, Monseigneur, de vos grâces, attendu la contravention évidente qui résulte des opérations des Sieurs Sindics avec l'allignement de la rivière tracé par le verbal

du dit S. Laurens, ordonner aux dits Sieurs Sindics de faire
enlever incessamment les épis qu'ils ont fait former depuis
1764 dans le milieu du lit de la rivière de la Tet qui en gênant
le coulant, à quelques toises en dessous du mas Générès, où
se trouve le premier piquet planté ; et cependant les condamner à payer au suppliant le montant des dommages
qu'ils luy ont occasionnés jusqu'à présent par la construction
de ces ouvrages, suivant la liquidation qui en sera faite, avec
dépends ; protestant par exprès des dommages que leur refus
pourra luy occasionner à l'avenir ; vous suppliant, Monseigneur, d'expédier à ses fins les ordonnances convenables, et
ferés bien [1].

CAMBON, procureur.

Mémoire contre les Syndics de la rivière de la Tet. (Critique sévère contre leurs agissements). — Mémoire de ce que Messieurs les syndics de la rivière font et ont fait.

Primo quand il leur plait, font une taxe ou font faire, et
un comandement de payer dans trois jours, faute de quoy,
une sesie par ordre de M. l'Intendent ; d'autant plus, ils ven-
dent tout le bois de l'alignement, et beaucoup d'autre qui ne
si trove pas, mais ils font en sorte d'en y faire trouver quand
il leur plait, c'est à dire quand il y en a quelque mourceau
qui vaut d'arjent ; d'autant plus, quand ils veulent faire un
amas d'argent, permetent d'aller tous les troupeaux, beuf,
jumentes, pour paître au riveral ou dans les forêts qui appartiennent à nous ; encore et puis après, ils font courir tous les
sous-bailes des environs et faire dénuncer les bans ; et puis
après, font aller devant un prêtre pour juger comme sindic,
et fait de qu'il luy plait ; il est maître de pendre et de dépendre, et si cela n'est pas vray, on n'a que faire avertir le
monde des environs, et pour lors, on verra s'ils s'approche-
ront ou non. Car il est certain qui apparetront plus de deux
cens persones pour vérifier la chose. Tellement qu'ils tien-

[1] Archives des Pyrenées-Orientales, C 1212.

nent un home nommé Carbonell, que celuy-là est le maître
pour mener l'ouvraje, et ce qu'il fait est pour bien fait, parce
qu'il est projeté de Monsieur d'Oms, le Viguier ; il leur done
comprendre le blanc noir, et le laissent faire de la fasson
qu'il veut. Et les terres pourtant ne sont pas bien régalées,
quand ils font un canal que tout le lit de la rivière se comble
d'aut en bas. Et sependent on done le tort à Monsieur l'Escure après qu'il a arrivé un traquas. Pourtant M. L'Escure
n'est pas la cause du domaje que l'eau ocasione le long du
riveral, comme Millas, Nafiac, Ille, Corneilla, Pezilla, les
Saints Felius, Vilaneuve de la Rivière, Saint Estève du
Monestir, et d'autres [1].

Signé : Sagaut, de Baho.

**Requête et Mémoire relatifs au procès intenté par le
Sr Bertrand à M. de Lescure, Ingénieur des Ponts et
Chaussées.**

**Mémoire ; Requête du Sr Bertrand, relative aux dom-
mages occasionnés au requérant par suite des plantations faites dans le lit même de la rivière par le
Sr Lescure, Ingénieur, en dehors de l'alignement de
la Tet. L'intéressé demande une expertise judiciaire
sur les lieux.**

9 avril 1766.

A Monseigneur l'Intendant du Roussilton et Pays de Foix.

Suplie humblement le S. François Bertrand, intéressé dans
les affaires du Roi, domicilié à Perpignan, dizant qu'il insta
un commandement par exploit du 23 juillet 1765, d'authorité
de M. le Juge au Siège du bailliage de la même ville, au
S. François Lescure, Ingénieur des Ponts et Chaussées du
Roussillon, domicilié à Perpignan, de lui payer dans trois
jours la somme de 500 l., pour le montant de l'estime faite à
la requête du suppliant par le baille des terroirs de S. Jean
de Mailloles, des dommages occasionnés à un champ que le
suppliant possède aux dits terroirs par l'eau de la rivière de

---

[1] **Archives des Pyrénées-Orientales, C 1212.**

la Tet, lors de l'inondation des 20 et 21 juin 1765, le dit dommage étant provenu de la plantation considérable que le S. Lescure a fait faire dans l'alignement de la rivière de la Tet attenant à son jardin, de qui a arrêté le cours de l'eau et l'a jetée dans la propriété du suppliant.

Le Sieur Lescure déclina la jurisdiction du siège du bailliage de cette ville, et prétendit que la contestation sur le payement de la dite estime ne pouvoit être portée que pardevant votre Grandeur, à qui la connoissance des contestations sur les plantations, ouvrages et alignement de la rivière de la Tet est donnée privativement à tous autres juges par des arrêts d'atribution rendus au Conseil d'Etat du Roi. Le supliant soutint au contraire que la jurisdiction du Baillage de cette ville etoit seule compétente, sauf l'appel en la Cour du Conseil Souverain, sur la contestation de la dite estime, parce qu'il ne s'agissoit point de déterminer quelle étendue devoit avoir la rivière de la Tet, ny l'alignement d'icelle, puisque tous ces objets se trouvent déjà déterminés irrévocablement par un procès verbal d'alignement dressé le 27 août 1740 par M. de Laurens, Ingénieur ordinaire du Roi, commis à cet effet par feu M. le Comte d'Albaret, alors Intendant de cette Province ; que par consequent la question se réduisoit, à un simple fait, savoir si le supliant avoit souffert des dommages par la faûte du S. L'Escure, en rétrécissant le lit de la rivière, et en faisant des plantations dans des endroits qui devroint rester libres pour le cours de l'eau conformément à l'alignement et à l'étendue du lit de la dite rivière déterminé par le dit S. Laurens.

Les parties plaidèrent sur le déclinatoire au Siège du Baillage ; le Juge de ce Siège crut devoir accueillir les fins de non procéder opposées par le dit S. Lescure, et en conséquence renvoya la cause par sa sentence du 26 août 1765, rendu en vuidant le délibéré ordonné en l'audience du 17 mars du même mois (sic).

Le supliant se pourvut contre ce jugement, par appel devant le Conseil Souverain du Roussillon, et, par arrest rendu en l'audience du 10 janvier dernier, la Cour réforma la dite sentence du Juge du Baillage, et, émendant, ordonna qu'à l'effet de statuer si les plantations et réparations faites par le dit S. Lescure sont dans l'alignement de la rivière de la Tet fixé par le verbal du S. Laurens, Ingénieur, du 27 août 1740, les parties se pourvoiroint préalablement par-devant qui il appartiendra, et que, ce fait, elles se retireroint au Siège du Baillage de cette ville, pour leur être fait droit sur les dits dommages, sauf l'appel à la Cour.

C'est donc par-devant vous, Monseigneur qu'en conformité du susdit arrest on doit vérifier et faire statuer si les plantations et réparations faites par le dit S. L'Escure sont dans l'alignement de la rivière de la Tet fixé par le verbal du S. Laurens du 27 août 1740, pour que, cette vérification faite, les parties puissent revenir au Siège du Baillage pour leur être fait droit sur la dite estime, sauf l'appel en la Cour.

Pour vérifier si les plantations et réparations faites par le dit S. Lescure sont dans le dit alignement, l'inspection des lieux est indispensable. Elle doit être faite en présence des parties, ou icelles deuement appellées, en descente judiciaire en présence de votre Grandeur ou d'un gradué qu'il vous plairra commetre, Monseigneur, si vos occupations ne vous permetent pas de le faire par vous-même. C'est dans cette descente qu'on fera les observations convenables, qu'on vérifiera l'alignement fixé par le dit S. Laurens, les réparations et plantations faites par le S. Lescure, les lieux où elles sont faites, et si elles sont ou non dans l'alignement. On y fera aussi judiciairement les expertages et les arpentages qu'on croira convenables. Il y a donc lieu à ordonner cette descente.

A ces causes, plaise, Monseigneur, de vos grâces, vu le procès pendent entre le supliant et le dit S. Lescure, et le susdit arrest de la Cour rendu sur celui en l'audience du 10 janvier dernier, le tout cy joint, ordonner que le dit S. Lescure, présent ou deuement appellé, il sera procédé par votre Grandeur ou par le commissaire gradué qu'il lui plairra de commetre, à la descente judiciaire sur les lieux contentieux, les jour et heure qui seront marqués par verbal sur l'assignation qui, à cet effet, sera donnée au dit S. Lescure, pour être fait en descente telles observations, opérations, arpentages, expertages, arpentages et vérifications, qu'il conviendra, pour après être statué ce que de raison, avec dépens, déclarant le supliant qu'il fait élection de domicile chez Me Marie, procureur en la Cour, demeurant à Perpignan, parroisse St Jean, rue des Cazes Cremades, et ferez bien.

Signé : A. JAUBERT.

Soit communiqué à partie pour y répondre dans le délai de l'ordonnance. A Perpignan, le 9 avril 1766.

Signé : BON.

L'an mil sept cens soixante six, et le dixième jour du mois d'avril, je, huissier en la Cour soussigné, ay signiffié et donné copie de la présente requette et ordonnance, joint mon exploit, au S. Tixa, procureur de partie, parlant à sa servante dans son domicile.

En foy de ce [1].

CARRIÈRE.

Réponse du Sr Lescure, Ingénieur, à la requête adressée par le Sr Bertrand, relative à la descente judiciaire faite aux environs de la digue Orry, à l'effet de constater les dégats causés par l'empiétement fait par le Sr Lescure dans le lit de la rivière au jardin de l'intéressé, les 20 et 21 juin 1765. Le Sr de Lescure demande que l'on attende, pour juger la chose, la décision du Conseil d'Etat, et que l'on déboute le Sr Bertrand « des conclusions par lui prises avec sa requêtte. »

19 avril 1766.

A Monseigneur l'Intendant de la Province de Rouslon et du Pays de Foix,

Supplie humblement le S. François Lescure, Ingénieur des Ponts et Chaussées en Roussillon, disant que le S. François Bertrand, intéressé aux affaires du Roy, domicilié à la même

---

[1] **Archives des Pyrénées-Orientales, C 1212.**

ville, par sa requête du 10 du courant, a demandé par-devant
votre Grandeur que descente judiciaire fût faite sur les lieux
auxquels il a plu au S. Bertrand d'attribuer un dommage
dont il se plaint, c'est-à-dire aux environs de la tête de la
Digue Orry, où le suppliant possède un jardin, à l'effet de
constater si le suppliant a retraissi dans cette partie le lit de
la rivière de la Tet, et rejetté par ce moyen l'eau de la dite
rivière sur les fonds du dit S. Bertrand, qu'on allègue avoir
été dégradés par l'innondation des 20 et 21 juin 1765.

. Les motifs principeaux qu'on employe pour provoquer cette
descente sont pris de ce que, par arrêt du Conseil Souverain
du Roussillon, du 10 janvier dernier, sur la contestation qui
s'étoit élevée entre parties pour déterminer la compétance, il
a été ordonné qu'à l'effet de statuer si les plantations et réparations faites par le suppliant (qu'on suppose avoir retraissi
l'allignement de la rivière) sont dans cet allignement fixé par
un verbal du S. Laurens, Ingénieur, du 27 aoust 1740.

La disposition de cet arrêt a paru au suppliant trop contraire
à celles des arrêts du Conseil d'Etat des 29 mars 1740 et
18 janvier 1752, arrêts et réglemens des Ponts et Chaussées
dont la cause est purement et simplement du ressort, et,
comme telle, du ressort de Messieurs les Commissaires
départis dans les provinces, privativement à toute Cour, pour
qu'il ait cru pouvoir se dispenser de se pourvoir en cassation,
et il ne doute point que la refformation n'en soit déjà ordonnée.
Or, dans cet état, bien loin que le suppliant puisse consentir
à la descente demandée, il doit au contraire faire ses derniers
efforts pour l'empêcher, de peur qu'il ne se formât un conflit
entre ce Tribunal Suprême et celuy de votre Grandeur, par
les procédures qui seroient rendues en même tems dans l'un
et dans l'autre.

Ce n'est pas au reste que le suppliant ait absolument rien à
craindre des vérifications qu'on sollicite. Il a fait en 1755, par
vos ordres et en vertu de sa commission, les plans et projets
des réparations et ouvrages nécessaires au-dessous du moulin
de la Pou, pour prévenir la dégradation de la tête de la Digue
Orry, contenus et joints à l'état du Roy des Ponts et Chaussées de l'exercice 1754, à l'article six, et le tout, par vous

envoyé à M. de Trudaine, fut renvoyé approuvé, arrêté au Conseil d'Etat, et l'exécution s'en est suivie en sa qualité d'Ingénieur, et non comme personne privée, n'ayant pas encore à cette époque fait l'acquisition de son jardin : d'où il résulteroit toujours que, quand bien même ces réparations prendroient dans l'allignement de la rivière, le suppliant, qui agit en cette partie *ex officio*, ne pourroit être tenu à aucune prestation de dommages, s'il en eût été occazionné.

Par le fait qu'on allègue, ce ne seroit jamais du verbal du S. Laurens dont on devroit partir pour déterminer l'allignement de la rivière en cette partie, ce verbal ayant été clôturé et fini plus haut, c'est à dire au-dessus du tuf du moulin de la Pou, ainsy qu'on peut s'en convaincre par l'inspection de ce verbal ; d'où il suit que, quelque fût l'effet de la vérification qu'on prétend faire, il n'en résulteroit jamais rien qui peut déterminer à un jugement solide, ce qui a été arrêté au Conseil d'Etat sur le projet du suppliant et postérieurement au verbal du S. Laurens étant la boussole qui doit fixer toutes les opérations subséquentes, principalement dans cette partie sur laquelle le verbal du S. Laurens n'a rien statué.

Il paroît donc indispensable d'attendre la décision du Conseil d'Etat avant d'en venir à aucune opération judiciaire ; et quoyqu'il soit généralement vray en pratique et conforme même à la disposition des ordonnances que les arrêts des Cours Souvraines doivent toujours être exécutés pendant l'instruction des procédures en cassation par-devant le Conseil d'Etat, le suppliant soutient que, dans l'espèce de la cause, s'agissant d'un fait concernant les Ponts et Chaussées dont toutes les fonctions sont dirrigées par des arrêts du Conseil d'Etat, il doit être surcis à toute opération consé-quente au dit arrêt du Conseil Souvrain de Roussillon.

Ce considéré, plaise, Monseigneur, de vos grâces, débouter quant à présent le S. Bertrand des conclusions par luy prises avec sa requête du 10 du courant, sauf à être fait droit dans la suite ainsy qu'il appartiendra, dans le cas que le fonds des contestations dont il s'agit sera porté au Conseil d'Etat du Roy, ou par-devant vous, Monseigneur, seul juge compétant

dans cette Province pour connoître de la matière dont il
s'agit, le tout avec dépens, ou autrement, pertinament, et
ferés bien.

LESCURE.

L'an mil sept cens soixante-six, et le dix-neufvième jour
du mois d'avril, je, huissier en la Cour soussigné, ay signiflié
et donné copie de la présente requette et ordonnance, joint
mon exploit, au dit Marie, procureur de partie, parlant à sa
servante dans son domicile.

En foy de ce. [1]

CARRIÈRE.

**Mémoire des Propriétaires riverains de la Tet aux
abords du Pont de Perpignan, au sujet du préjudice
que leur cause le canal dressé entre les digues Orry
et le cours Jallais, par le S. Lescure, ingénieur des
Ponts et Chaussées de la Province ; ce canal est,
disent-ils, onéreux et inutile, superflu et préjudiciable aux intérêts des riverains et intéressés de la Tet,
et peut causer des dommages irréparables, aux
terroirs dit du Pont Neuf aux jardins des Tanneries
et aux moulins dits des Quatre-Cazals [2].**

Août 1766

A Monseigneur l'Intendant de cette Province
et Comité de Foix,

Supplient humblement les soussignés en la présente, domiciliés en cette ville de Perpignan, disant que ce n'est pas de
cé moment qu'ils ont reconnu l'inutilité et le préjudice du
canal dressé entre les chaussées Orry et les Cours Jallais,
concéquemment au sistème du S. Lescure, Ingénieur des

[1] Archives des Pyrénées-Orientales. C. 1212.

[2] Les intéressés prient le roi d'ordonner 1° la reconstitution du bois
dans le terrain indûment occupé, 2° d'abattre à ses propres frais et
dépends la digue construite dans le lit même de la rivière. Suit la
liste des intéressés qui ont signé la pétition.

Ponts et Chaussées de cette Province. L'empressement sincère et le zèle respectueux pour tout ce qui est ordonné sur le bon plaisir de Sa Majesté, retenoient les supliants dans le silence. Mais sans cesser d'être inviolablement portés à ce sincère et profond dévouement, qu'il leur soit néanmoins permis de représenter à Votre Grandeur, combien le sistème du dit S. Lescure est erroné.

L'erreur s'en démontre en ce que le canal indiqué est superflu, onéreux, inutile, et en même temps préjudiciable aux intérêts de Sa Majesté, et à ceux des supliants, riverins intéressés. Le canal indiqué est superflu en ce qu'une plantation en bois taillis, soutenue par des éperons, telle qu'existe en partie est le seul préservatif pour la conservation du Pont de la Pierre, Cours Jallais et Chaussée Orry. Car, à cet effet. la chaussée Orry et Cours Jallais, ont été ainsi successivement dressés par les Srs Ingénieurs de la Province, suivant les règles de la science pratique qui, en tout temps rendra témoignage de la judicieuse direction des dites Cours et Chaussée. L'élévation de leur existence, les sousbaissements de leurs francbords, plantés en bois taillis et soutenus par des éperons de distence en distence, formèrent et forment encore un canal des plus parfaits et très judicieusement dressés. Le vuide tranversal offre de son extrême à l'autre une largeur assés suffisante au plus puissant acroissement de la dite rivière ; les sousbaissements des francs-bords ainsy plantés et soutenus présentent une forte résistence pour garantir le dit Cours Jallais et Chaussée Orry contre la violence du dit accroissement.

La même science pratique détermina le S. Laurens, Ingénieur en cette Capitale, à fixer par son alignement le lit de la ditte rivière de la Tet à soixante-dix toises de large, indiquant en tous les endroits où lés plantations seroient praticables, de soutenir la rive de la ditte rivière par des plantations en ligne parallèle, affin que, dans le cas d'un débordement, l'eau eût perdu sa violence au sortir des dittes plantations.

Or donc, le canal indiqué suivant le cistème du S. Lescure est inutile, et en même temps onéreux à un nombre infiny d'indigents, comendez par tour de rolle pour la construction du dit canal. De ces hommes comendez, les uns sont réduits par la faim à affranchir la honte de mandier un peu de pain à ces femmes qui lavent la lécive ; d'autres, pour pourvoir à la subsistence de leurs familles, se voyoient constreints dans les premières années de remettre au dit S. Lescure ou à des commis, cinq et puis six sols pour chacun d'iceux, qui, au moyen de ce, alloient gagner ailleurs leur journée. Une taxe aussy industrieuse doit avoir infailliblement produit des sommes considérables : il est à présumer que ces sommes immenses ont été employées, sans pourtant qu'elles ayent servi au moindre soulagement ; d'autres enfin que la honte retient et le besoin appelé ailleurs, gémissent sans aucun adoucissement sous le joug de la *constreinte*, peine des deffaillants, à raison de vingt-cinq sols par jour, dans le temps que la constreinte pour le(s) deniers royaux n'est décernée qu'à raison de seize sols par jour. Telle est cependant l'affligeante situation de ces peubles que Sa Majesté tient confiés aux soins, de votre Grandeur, pour favoriser et protéger dans leurs besoins. Mais ces peubles se rassurent sur l'équité de votre Grandeur.

Le canal indiqué par le dit S. Lescure est encore inutile. En vain le dit S. Lescure s'entetera-t-il à creuser un lit à la ditte rivière de la Tet. Le moindre acroissement d'eau le rendra toujours inutille. Ainsy vient-il d'arriver le troisième avril 1759. Les ouvrages de plusieurs années ont été comblés dans l'intervale d'un instant ; le travail d'un nombre sans fin de journées enseveli dans les remuements de mêmes sables. Les sables remués, précieux dépôt de la douleur et misère de tant d'infortunés, ont été dans le moment submergés, sans qu'à peine il en aparoisse aucune trace, et ont, en même temps occasioné des grands préjudices aux ruisseaux de la Salanque, et aux intéressés de ces terroirs.

Les cours Jallais, la chaussée Ory forment déjà un canal. Il est donc inutile d'en creuser un autre. Feu Monseigneur d'Orry en avoit préveu l'inutilité par ses lettres à Monsieur le Commissaire de Sa Majesté en cette Province, en ordonant *de veiller à la conservation des dits bois taillis*, démontrant par là que les plantations en bois taillis sont les seuls et uniques préservatifs pour conserver les dittes Cours et Chaussée, et par concéquent qu'il n'est rien de plus inutile que de creuser un canal, là même où il s'en trouve un de plus judicieusement dressé.

Tout ce détail circonstencié vous démontre, Monseigneur, combien le dit canal indiqué par le dit S. Lescure est superflu, onéreux et inutille, sans cesser en même temps d'être préjudiciable aux intérêts de Sa Majesté et à ceux des riveirins et intéressés. En effet, le dit S. Lescure, par les excavations du dit canal indiqué, prépare des domages considérables au Pont de la Pierre, plus tost que de travailler à sa conservation : le cours de l'eau resserré dans le dit canal crusera infailliblement les avant-pointes des piliers ; les sousbaissements des dits cours et Chausée, dépourvus de bois taillis, succomberont sans résistence à la violence d'un acroissement d'eau. Tels sont néantmoins les domages inouis que le dit canal indiqué oppose aux intérêts de Sa Majesté.

Le dit canal indiqué par le dit S. Lescure devient encore préjudiciable aux intérêts des riveirins et intéressés, en ce que le dit S. Lescure a prolongé le dit canal *cent toises et plus* au-delà des bornes de sa comission, et n'a peu ce faire lors de l'adjudication octroyée qu'en surprenant la religion de votre Grandeur, pour s'en voir autorisé de la Cour.

Sa comission d'Ingénieur des Ponts et Chausées finit là même où les dits reçoivent son extrémité respective. Par conséquent le dit S. Lescure n'a peu prolonger le dit canal indiqué *au-delà de quatre toises après le dernier murié de la ditte chausée Orry,* en remontant sur la gauche, point fixe *où se termine* ditte chausée. Le dit canal indiqué par le dit S. Lescure, prolongé *à cent toises de plus* au-delà de sa comission, prépare aux riveireins et intéressés des domages irréparables. Car si, dans l'acroisement du troisième du dit, l'eau eût monté d'un demy-pied de plus, elle se seroit frayé un canal à travers la proprietté du dit S. Lescure, et dans le cours de son débordement, auroit ravagé grande partie des terroirs S. Jean, Vernet, S. Genis, Bompas, etc. ; ou bien elle auroit entrêné par la violence de son impétuosité partie du bancal du ruisseau dit des Quatre Casals, d'où s'en suivroit des domages des plus considérables par la dégra-

dation et perte du terroir del dit [1] *Pont Neuf*, étant le plus
prétieux terroir, de contenance de cent cinquante ayminattes
le moins, et celuy qui fournit plus en toute sorte à cette
capitale ; et de là même de grands préjudices pour tout ce
qui concerne les teneries. Elle auroit aussy entrêné une partie
du grand chemin de Conflent, ainsy que déjà elle s'est
portée en partie vers le cours Jalais, par l'infraction qu'elle
s'est faite dans son dit acroissement.

Tels sont, sans exagérer, les domages irréparables qui s'en
seroint ensuivis, et qui peuvent s'en suivre aisément pour
tous les biens-tenants, en les terroirs désignés et nettement en
celuy appellé *le Pont Neuf*, propriétaires des moulins et intéressés en ce dit ruisseau, comme sont les teneries, le Jardin
de Monsieur le Comte de Mailli. Car, en effet, le dit bancal du
ruisseau emporté, les teneries devroint cesser, et infecteroient
en même temps ; le jardin de Monsieur le Comte de Mailli
souffriroit de sécheresse, ainsi que tous les autres jardins des
teneries. Et enfin les quatre moulins des dits Quatre-Casals
et autres devroient chaumer, ce qui seroit en même temps
très préjudiciable aux habitants de cette ville. Et cella, parce
que le dit S. Lescure, en prolongeant le dit canal indiqué à
cent toises et plus au-delà de sa commission, a dressé et fait
construire une digue en la ditte étendue au milieu du lit de
la ditte rivière de la Tet.

Cependant, à l'alarme du dit débordement arrivé le troisième avril mil sept cents cinquante neuf, le dit S. Lescure se
rend sur les lieux, et aprend par expérience ce qu'il n'avoit
pas peu concevoir dans son cistème. Il n'est pas moins éto-
nant pour le dit S. Lescure qu'au moyen d'une fort petite
plantation, en remontant la propriétté du S. Auriolle, la ditte
rivière de la Tet, en son dit acroissement, aye assis son cours
là même où le dit S. Lescure le croyoit impraticable. Mais
encore il n'est pas moins constant que depuis le tuff entre
St Ciscle et le moulin en ligne transversale, le lit de la ditte
rivière doit contenir et est fixé par le dit S. Laurens à soixante-
dix toises du poin de son extrême à l'autre ; dans le temps

---

[1] Sans doute, pour : dit *del*.

que, depuis le dit tuff à la pointe de dite digue, il ne s'y trouve que vingt-cinq toises, et non au-delà. Par concéquent, ditte digue, depuis le poin fixé, où la dite Chaussée Orry reçoit sa fin, jusques où elle se termine, doit être sans retardement et entièrement abattue, pour prévenir les préjudices infaillibles qu'en autre rencontre elle pourroit occasioner.

Ces principes établis et hors d'atteinte de toute réplique raisonable de la part du dit S. Lescure, dissipent tout à fait le voile aparant sous lequel le dit S. Lescure a établi son cistème pour la conservation des dits ponts, Cours et Chaussées ; dans le temps que tout prouve le contraire, en manifestant le seul intérets propre et personnel du dit S. Lescure. Et cela est si vray que le fait est réel, et n'a besoin d'autre preuve que de l'exposer en tout son jour aux yeux de votre Grandeur, pour en demeurer convaincue.

En effet, le dit S. Lescure, suivant les actes d'acquisition, a acquis et non au delà de quatorze ayminates, dont partie confronte avec la ditte rivière, et le surplus est bien limité et borné par de chemins publics et la ditte Chausée Orry. Cependant, ces mêmes possessions exactement toisées se portent jusques au délà de dix-sept ayminates : un accroissement de trois ayminates et plus ne sçauroit provenir que de ce que le dit S. Lescure a usurpé quarante-cinq toises en la largeur de sa confrontation sur le lit de la ditte rivière de la Tet, au moyen de la digue qu'il a prolongée de cent toises et plus au-delà des bornes de sa commission. Et par là même, le dit S. Lescure a cru, mais mal à propos, pouvoir arracher tous le bois de la rive de la ditte rivière, malgré les deffences et amendes décernées contre le possesseur du même terrein, dont le dit S. Lescure porte droit, suivant les actes de ditte acquisition.

Ce considéré, plaise, Monseigneur, de vos bonnes grâces, ordonner que toutes corvées cesseront pour la construction du dit canal indiqué, comme superflu, onéreux, inutile, contraire aux intérêts de Sa Majesté, du public, et à ceux des suppliants, et très préjudiciable aux ruisseaux et terroirs de la Salanque, en ce que les sables remués sont entrênés par la violence de l'eau vers iceux ; ordonner concéquemment au

dit S. Lescure de se conformer à sa comission, sans en tran-
gresser les limites, sous de grièves peines, non comminatoires mais exécutoires ; ce faisant, condanner le dit S. Lescure
d'abattre incessamment et entièrement à ses propres fraix et
dépends de la ditte digue, pour être construite dans le lit de
la ditte rivière de la Tet, et pour les préjudices qu'elle pourroit occasionner aux dits biens tenants dans les dits terroirs
désignés, et nottemment aux intéressés au dit terroir, dit
Pont-Neuf ; ordonner en outre au dit S. Lescure de rétablir
en bois tout ce même terrein cy-dessus indiqué, et ce sous
des mêmes peines, avec dépens, dommages et intérêts ; déclarant en tant que de besoin élection de domicile chez M⁰ Joseph
Savi, procureur collégié, paroisse St-Jean, rue après celle de
l'Ange ; et, à ces fins, vous supliant, Monseigneur, d'expédier
les ordonances convenables et nécessaires, attendu l'exigence
du cas, et ferés bien.

Langlade de Çagarriga, senyeure de St-Genis de Tinères.

Lassalle, Receveur-syndic de la Communauté de St-Jean,
intéressée dans les terroirs de St-Génis, Bonpas, la Grange de
Canomals, et à la Salanca.

Gazanyola de Faventine, comme intéressée au terroir de
Bonpas.

Don Jean d'Oms, comme intéressé au terroir du Pont-Neuf
Vernet et St-Genis.

Vaquer, orfèvre et mercadier, comme intéressé au Pont-
Neuf.

Vernet, comme intéressé aux Tanneries, et au terroir de
S. Genis.

Raymond Casals, intéressé au dit terroir de S. Genis,

L. Moynier, comme intéressé aux Tanneries.

Saleta Puig, comme intéressé aux terroirs de S. Genis de
Tayneras et de Bonpas.

Vernet, avocat, propriétaire du moulin dit d'En Vinyals.

Carles (?), procureur fondé de Madame la Marquise du
Bourg, dame Villelongue de la Salanque, intéressée à la conservation du terroir et au ruisseau du moulin du même lieu.

Pour hospitalier, l'Hôpital de S. Jean, étant intéressé possédant des fonds de terre au Pont-Neuf, S. Genis et Bonpas,
et à la Salanca.

Le Dr Just, pour ma mère, comme intéressé aux terroirs de St Genis et Bonpas.

Delacroix, avocat, pour mon épouse, intéressé pour des champs scis aux terroirs de S. Genis et Bonpas.

Rigaud, négotiant, propriétaire d'un moulin dit d'En Fagau, et intéressé au terroir du Pont Neuf.

D. Romanya, comme intéressé au terroir de S. Genis.

Bonet, comme propriétaire du moulin dit de Na Pou, scitué au terroir de S. Jean et Mailloles.

Gre Gironne, comme intéressé pour un jardin à la Ville Neuve.

Selve, comme intéressé au terroir de S. Genis et Vernet.

Bellaserra Costa, tant en mon propre qu'en qualité **de** procureur fondé du Sieur Don Joseph de **Réart** et d'Oms, intéressé au terroir de S. Genis et **Bonpas.**

Ignace Jordy, comme intéressé aux terroirs de S. Genis et Bonpas.

Cappot, intéressé comme propriétaire du moulin dit de La porte.

Maurell, intéressé au terroir de Bonpas, la Grange, et autres terroirs circonvoisins.

Comme intéressé au terroir du Pont Neuf, Vernet, et St Genis : Campredon.

Ceilles, comme intéressé au terroir de S. Genis.

Coma Jordy, comme intéressé aux Taneries.

Rovira, Conseiller, propriétaire d'un moulin à Farine et à huile aux Quatre Cazals.

Masvezy, intéressé au Pont Neuf.

Donat, intéressé à S. Genis et au Vernet.

Bourdeau de Bruch, Directeur de la Monnoye de cette ville, comme intéressé à deux moulins à farine, et au travail journalier de la fonderie royale.

Després, intéressé pour une pièce de terre au terroir dit Pont Neuf, arrosable du ruisseau des 4 Cazals.

De Vilar, comme intéressé au terroir de S. Genis et Vernet.

Marigo, sindich de l'Hôpital Général des Pauvres de Notre Dame de la Miséricorde, pour ce qui concerne uniquement l'intérest du dit Hôpital.

Grosset, comme intéressé pour une pièce de terre, champ et bois, au terroir du Pont Neuf.

Bou Pellicer, intéressé aux terroirs S. Jean et S. Genis des Teynères. [1]

Lettre de M. De l'Arens (?) à l'Intendant Bon, au sujet des contestations provoquées par le Sr Lescure, Ingénieur, au sujet de l'empiètement par celui-ci du lit de la rivière dont une partie a été plantée.

A Compiègne le 6 septembre 1766

Monsieur Bon,
Monsieur,

J'ai vu avec peine les contestations qui se sont élevés entre les sindics de la navigation de la rivière de Tet, et le S. Lescure, Ingénieur du Roussillon.

Les Ingénieurs envoyés dans les provinces uniquement pour en procurer l'avantage par les projets utiles d'ouvrages publics, ne doivent point y porter d'intérêts particuliers. J'ai chargé M. Gendrier, Inspecteur Général, de bien examiner et la position des lieux et les raisons alléguées de part et d'autre, pour me mettre en état de faire terminer cette affaire. Je vous prie de donner à cet Inspecteur Général tous les secours qui pourront dépendre de vous, pour le mettre en état de remplir cet objet de sa mission. Après quoy, je vous prierai de m'en donner avis.

Je suis, Monsieur, votre très humble et très affectionné serviteur. [2]

De l'ARENS.

----

[1] Archives des Pyrénées-Orientales, C 1212. — [2] *Ibid.*

CHAPITRE II

L'Intendant de la Porte (1775-1778). — L'Inspecteur Général des Ponts ; le S. Lescure, Ingénieur en chef des Ponts. — Rapports divers.

Rapport de M. Gendrier, Inspecteur Général des Ponts et Chaussées, relatif aux ouvrages faits dans la rivière par le S. Lescure, dans les terrains mêmes acquis par l'Ingénieur en chef. — Mémoire sur les inondations et sur les travaux dont l'Intendant de la Porte a demandé l'exécution aux ingénieurs militaires. — Lettres de M. Trudaine à l'Intendant Bon, au sujet de M. Lescure. — Inondations de 1777. — Résumé des Mémoires de M. de Poeydavant.

Rapport du S. Gendrier, Inspecteur Général des Ponts et Chaussées, commis par le Contrôleur Général des Finances pour examiner le cours de la Tet au-dessus du Pont de Pierre de Perpignan, les ouvrages faits par le S. Lescure, Ingénieur en chef des Ponts et Chaussées du Roussillon, dans le terrain par lui acquis près la dite rivière, et les raisons alléguées contre ces ouvrages par les syndics de cette rivière.

8 octobre 1766

Nous, Inspecteur Général des Ponts et Chaussées de France, soussigné, en exécution des ordres du Conseil adressés à Monsieur Bon, Premier Président du Conseil Souverain et Intendant de la Province de Roussillon par Mgr de Laverdy, Ministre d'Etat et Controlleur Général des Finances, en datte du six septembre dernier, qui nous comet pour examiner le cours de la rivière de Tet au-dessus du Pont de Pierre de la ville de Perpignan, les ouvrages faits par le S. Lescure, Ingénieur des Ponts et Chaussées du Roussillon, dans le terrein qu'il a acquis près la ditte rivière, et les raisons alléguées pour ou contre ces ouvrages, tant par les sindics

de cette rivière et les propriétaires riverains que par
le dit S. Lescure, pour mettre mon dit Seigneur de
Laverdy en état de faire terminer les contestations
d'entre les parties; nous étant rendus de la ville de
Perpignan pour procéder à cet examen auquel M. l'Intendant a fait inviter toutes les parties d'assister, nous
nous sommes transportés sur les lieux les trente septembre
et premier octobre de la présente année avec les dites
parties, excepté le S. Lescure qui, s'étant trouvé malade,
s'est fait représenter par le S. Cambon, son avocat,
pour vérifier avec le plan du cours de la rivière de la Tet,
les faits qui ont excité leurs contestations respectives; lesquels
se réduisent à savoir :

1° Si les ouvrages faits au bord de cette rivière vis à vis le
terrain du dit S. Lescure, en rétrécissent le lit au point de
causer tous les effets nuisibles rapportés dans les mémoires
des sindics.

2° Si de ces mêmes ouvrages a résulté la perte d'une partie
du terrein du S. Bertrand, située vis à vis, par le changement
du lit de la dite rivière qui s'est porté dessus.

3° Si les deux batardeaux construits dans le dit lit, de
l'ordre des sindics, entre le mas Générès et le tuf avancé du
champ du même nom, sont dans la direction de son cours
déterminé par le procès-verbal du S. Laurens, du 27 août 1740,
et ont causé du dommage au terrein du S. L'Escure.

Ce qu'ayant attentivement examiné, et nous servant des
lettres et numéros du plan pour l'intelligence de nos observations, nous avons reconnu :

Savoir :

Sur le premier fait, concernant la deffense ou épi, vis-à-vis
le terrein du Sieur Lescure, cotté H L.

Qu'ayant fait mesurer la largeur du lit de la rivière vis-à-vis
le point H perpendiculairement sur la ligne H L, entre les
deux points actuellement les plus élevés du terrein à chaque
bord, nous l'avons trouvée de quarante trois toises quatre
pieds neuf pouces, en sorte que, suivant la fixation de ce lit

à soixante-dix toises, faite par le S. Laurens et réglant le
bord de la rivière du côté du Nord, à cette distance parrallèle
du bord du côté du Midi, marqué par la ligne jaune, à la
suite du 8ᵉ et dernier piquet de l'opération de cet Ingénieur,
où est le point X, laquelle se termine au flanc de la culée du
Pont de Pierre du côté de la ville, l'excédent de sa largeur
doit être pris sur le terrein au delà de l'épi du dit S. Lescure,
qui nous a dit s'y être toujours attendu, mais seulement sur
une fixation de soixante toises de lit, conformément au projet
contenu dans son devis du 5ᵉ septembre 1755, dont l'exécution
s'est commencée sans réclamation de la part des sindics et
propriétaires riverains, qui n'ont procédé contre lui que
longtemps après, attendu que le débouché des eaux au passage du Pont de Pierre est moindre que celui donné par cette
fixation ; lequel débouché, à la plus grande élévation de
l'inondation du 17 octobre 1763, n'a produit que 2.853 pieds
quarrés, suivant le profil de la rivière à cette époque, qui
donnoit 12 pieds de hauteur d'eau à la grande arche, tandis
que le profil, sur une largeur de soixante toises (ne réglant
le fond de la rivière, comme au dit devis, qu'à trente toises,
et chacun de ses glacis à quinze) produit 3.240 pieds quarrés
de passage d'eau, et excède encore de 387 pieds celui du Pont
de Pierre. Nous avons vérifié que ces deux calculs sont justes. Le S. Lescure nous a ajouté que le défaut de fonds et de
secours de la corvée qui devoit être employée à l'exécution
des ouvrages énoncés dans son devis, est une seconde raison
pour laquelle ces ouvrages n'ont été qu'ébauchés, et que
la rivière n'a pas vis-à-vis son terrein cette largeur de
soixante toises. Au surplus, nous avons en même tems
reconnu que le rétrécissement occasionné par la défense H L,
qui n'est effectivement qu'ébauchée, et dont l'inondation,
malheureusement arrivée la nuit du 4 au 5 de ce mois, vient
d'emporter la plus grande partie, n'est pas la cause principale
et essentielle des ravages de la rivière de la Tet ; qu'à la vérité
il ne se débouche pas autant d'eau vis-à-vis cette défense
qu'il en passera lorsque le lit de la rivière aura été
réglé à soixante-dix toises de largeur ; mais que, si ce défaut
de débouché qui est de 561 pieds quarrés et comparé

avec les 9.352 pieds quarrés d'eau que nous avons toisé et
vérifié avoir passé par le faux-bourg de Notre-Dame, sous
les ponts de Pierre et des Eaux-Vives, sous les cinq premières petites arches de la chaussée du Vernet et sur la dite
chaussée, à la plus grande élévation de cette dernière inondation ; il est clairement démontré qu'il ne fait pas la seizième
partie de la cause qui l'a produite ; et que c'est à la seule
immensité du volume d'eaux qu'elle a fourni que l'on doit
l'attribuer ; que cette vérité acquera encore plus de force, si
l'on considère qu'au-dessus de la deffense du S. Lescure, la
rivière s'est frayé trois passages à l'inondation du 4 au 5 de ce
mois, et qu'il a passé sur la chaussée du Vernet, et par les cinq
premières petites arches dont elle est percée 439 pieds quarrés
d'eau de plus que par le Pont de Pierre : que la deffence du
S. Lescure n'a pu causer les effets nuisibles dont se plaignent
les sindics, en ce que le reflux des eaux sur les terreins supérieurs, lors des innondations de 1763 et de 1765, n'est pas
possible, puisque non seulement les eaux passoient librement
à droite et à gauche de la dite défense, mais encore l'ont
surmontée de plusieurs pieds (et à l'inondation du 4 au 5 de
ce mois, de 4 pieds), et qu'elles ont couvert tout le terrein de
cet ingénieur, suivant le rapport de ses parties même qui nous
l'ont observé sur les lieux ; qu'elle n'a pas plus préjudicié aux
terreins inférieurs, en ce que sa direction, étant perpendiculaire sur le Pont de Pierre, n'est point offensive et n'a pu
rejetter les eaux sur ces terreins ; qu'au contraire, les ayants
divisées, lors des deux inondations ci-dessus, elle a empêché
la rupture de la Digue Orry, qui n'auroit pas même eu lieu à
la dernière, sans le rejet violent des eaux du coude de la
rivière vis a vis le terrein du S. Bertrand, et si le Pont de
Pierre eût fourni plus de débouché. D'où il résulte que le
rétrécissement dont il s'agit, a présenté plus d'aparence de
mal qu'il n'en a causé en effet.

Sur le second fait, pour constater si la défense ou épi,
vis à vis le terrain du S. Lescure, a causé la perte d'une
partie de terrein du S. Bertrand, situé vis à vis.

Il suffit de voir la position et direction de cet ouvrage, qui
n'est point offensif comme on vient de l'observer, pour juger

qu'il ne peut être la cause du dommage arrivé au terrein du
S. Bertrand que c'est au seul changement du lit de la rivière,
qui se porte dessus, du n° 35 au n° 36, et non pas à l'ouvrage du
S. Lescure, qu'on doit l'attribuer ; que la circonstance de ce
changement dont cet ingénieur a éprouvé lui-même des effets
aussi nuisibles que le S. Bertrand, et l'indifférence du
S. Auriole à deffendre son terrein qui le joint des irruptions
de la rivière font seules le malheur du S. Bertrand ; et la
preuve la plus claire que si les terreins des SS. Auriole et
Lescure n'avoient pas été emportés par la nouvelle direction
de la rivière, cet effet ne seroit pas arrivé, c'est qu'avant de
s'être formée, la défense du S. Lescure ne nuisoit pas au
terrein du S. Bertrand, qui ne s'en est plaint et n'a attaqué le
dit S. Lescure qu'après ce changement de direction.

Sur le troisième fait, concernant les batardeaux construits, de l'ordre des sindics, dans le lit de la rivière,
entre le mas Générès et le champ de ce nom, cottés n° 30, 31,
32 et 33.

Nous avons reconnu qu'ils ont été placés entre les deux
lignes qui déterminent l'emplacement du lit de la rivière,
suivant le procès-verbal du S. Laurens rapporté ci-dessus ;
qu'ainsi leur position et direction, d'ailleurs fort irrégulières,
sont une contrevention au projet de cet ingénieur, dont
les sindics et propriétaires riverains réclament l'exécution ; que ces batardeaux ont néanmoins occasionné un atterrissement au-dessous sur la gauche ; mais que, par la résistance de celui n° 30, 31, la rivière s'étant détournée sur la
droite vers le poteau de limite d'où elle a successivement
réfléchi sur des tufs ou terreins solides, qui l'ont renvoyée
et ont donné lieu à la formation de son cours actuel, il est
très vraisemblable que c'est par ces différents chocs qu'elle
est entrée dans les possessions des SS. Auriole et Lescure.
Au surplus les sindics nous ont assuré que cet ouvrage n'étant
que provisionnel, ils se sont toujours attendu à le détruire,
lorsque la rive gauche de la rivière auroit été plantée.

AVIS

Après l'examen de ces faits, ayant mûrement réfléchi sur les moyens les plus propres à contenir la rivière de Tet dans un lit fixe, par des ouvrages utiles et arrêter les contestations pendantes entre les sindics de cette rivière et les propriétaires riverains d'une part, et le S. Lescure, nous sommes d'avis :

1° Que la fixation du bord de la rivière de Tet du côté du Midi, faite par le S. Laurens, depuis le mas Générès jusqu'au 8e piquet où a fini son opération, vis à vis le tuf de la Pou, marqué par une ligne rouge sur le plan, ayant été réglée convenablement à la disposition du local, elle doit être suivie dans l'exécution des ouvrages à faire pour borner de cette part la dite rivière. Et de ce piquet, nous estimons que l'on doit suivre la ligne droite marquée en jaune sur le plan, qui se termine à la culée du Pont de Pierre de Perpignan, du côté de la ville.

2° Que la fixation de la largeur de la rivière à soixante-dix toises parallèlement au bord du côté du Midi déterminé par l'article précédent doit être observée sur le côté du Nord, suivant la ligne marquée en jaune sur le plan depuis le point a, jusqu'au point d'où il retournera sur la gauche, comme il sera expliqué par l'article suivant.

3° Que l'insufisance du débouché des eaux du Pont de Pierre, ayant été malheureusement trop démontrée par l'inondation du 4 au 5 de ce mois, on doit singulièrement s'attacher à y supléer ; et le transport de la Digue Orry à l'extrémité vers le Vernet du second pont des Eaux-Vives, s'est d'abord présenté à nous pour faire servir ce pont et celui qui le précède à l'écoulement des eaux ; mais l'objet de la dépense, et la considération de la perte des terreins prétieux qu'il faudroit sacrifier pour ce projet, nous détournent de le proposer, pour lui substituer celui de couper et aplanir au niveau du fond de la rivière la partie de cette Digue, depuis son attache à la grande route d'Espagne près le Pont de Pierre, au point C., d'où partiroit une levée des mêmes dimensions, revêtue

11

d'un mur du côté de la rivière, qui iroit en circulant se réunir à cette route a l'extrémité du second pont des Eaux-Vives.

Et comme la communication directe avec la Digue Orry se trouve interrompue par cette disposition, lorsque la ville de Perpignan seroit en état de se la rendre, elle construiroit dans l'alignement de cette Digue le pont de cinq arches cotté C. e., qui débouche autant d'eau que les deux ponts des Eaux-Vives ; les eaux de la plaine qui s'écoulent actuellement par ces ponts en très petite quantité auroient leur passage par le pont que l'on construiroit au point f., et seroient réunies dans le canal g., h., f., l., où aboutiroit celui m., h. ; dans la suite, le débouché des eaux de la rivière s'augmenteroit encore par la reconstruction des vieilles arches de ces trois ponts.

Les grandes inondations de cette rivière, avant l'année 1763, n'avoient pas été fréquentes ; et ce projet ne les empêcheroit pas : mais il diminueroit les effets de toutes celles d'une élévation inférieure, qui, sans être aussi nuisibles, causent des ravages considérables aux terrains riverains.

4° Que les deux brèches de la Digue Orry faites par la dernière inondation doivent être incessament réparées, et la dite Digue surélevée dans ses parties basses au niveau de celles que cette inondation n'a point surmontées ; comme aussi que, sous chacun des deux ponts des Eaux-Vives, il soit fait un radier au même niveau que celui des trois arches du Pont de Pierre.

5° Qu'ayant examiné le devis du S. Lescure du cinq septembre 1755, et les moïens qu'il propose pour contenir la rivière de Tet dans un lit fixe, depuis le tuf de la Pou jusqu'à trente toises au-dessous du Pont de Pierre, ainsi que le détail des ouvrages que ce devis contient, et les conditions de leur construction, nous estimons qu'il sera très avantageux d'en continuer l'exécution, non seulement dans cet intervalle, mais encore en remontant la rivière du côté du Nord, au moins en cent cinquante toises de longueur, du point H. vers le point 38, à l'effet de la remettre dans le lit qui vient de lui être fixé, et l'empêcher de se frayer par le derrière les mêmes

passages qu'aux trois dernières inondations, comme aussi
pour lui assurer une direction qui la détourne de se porter
avec force sur les terreins opposés au petit coude arrondi que
forme son lit au point H. ; et que, depuis le moulin de la Pou
jusqu'à la hauteur du mas Générès, on prépare et on conserve
le cours de la rivière dans le milieu de son lit, en ouvrant les
graviers élevés pour y introduire les eaux, et par de légers
ouvrages de fascinages et de batardeaux, que les effets de
chaque crue et l'expérience indiqueront naturellement ;
attendu que c'est une erreur de croire qu'en limitant les bords
de cette rivière par des plantations avec un fascinage au-
devant, on la contiendra, sans rien faire de plus. Le point
capital est de fixer son cours lors des plus basses eaux au
milieu de son lit ; parce qu'étant tortueux dans l'emplacement de ce lit, et les coudes qu'elle forme recevant le plus
grand effort de l'eau, ils s'augmentent lors de ses crues, et
elle franchit bientôt ses barrières. En sorte que les plantations toutes seules n'ont que l'avantage d'amortir la rapidité
de l'eau, et de favoriser les atterrissements, sans contenir la
rivière dans un lit fixe, qui se trouve dirigé de même après
les débordemens.

Nous estimons surtout que le règlement du fond de la
rivière sur une pente uniforme, inclinée d'un pied vers le
milieu de son lit, et celui de ses glacis à quinze toises fait par
le S. Lescure, doit être suivi avec soin, à mesure qu'il
deviendra praticable ; à la seule différence que ce fond, réglé
à trente toises seulement par le dit S. Lescure, en aura quarante. Au moïen de quoy, le terrein à prendre sur lui, pour
donner à la rivière la largeur de soixante-dix toises, sera
coupé conformément à ce profil ; et que si le dit S. Lescure,
ainsi que tous autres propriétaires riverains, désire couvrir
son terrein jusqu'à la hauteur de douze pieds qu'il propose de
donner aux glacis de la rivière, il en ait la liberté, au moyen
d'une levée de douze pieds de largeur en couronne, qu'il
pourra faire sur son fond, avec un petit empattement au-delà
de la fixation du bord de la dite rivière du côté du Nord à
soixante-dix toises ; au moyen de quoi le dit S. Lescure ni
tous autres propriétaires riverains, qui par la suite voudront

ainsi défendre leurs fonds, ne pourra être assujetti à aucune plantation au derrière de sa levée, et sera maître d'exploiter son terrein comme bon lui semblera ; vu qu'à cette élévation qui égale celle des parties de la Digue Orry, que les plus fortes crues n'ont point encore surmontées, et au moïen du nouveau débouché que nous proposons de donner aux eaux de là rivière, les inondations ne pourront avoir lieu que dans les événemens semblables à celui du 4 au 5 de mois, dont les plantations n'empêcheroient pas l'effet, n'étant d'ailleurs indiquées que pour les parties basses de la rivière qui n'ont point ou que très peu de bord.

6° Que le premier et le plus pressant des ouvrages à faire dans l'état actuel du cours sinueux de la rivière de Tet, est la tranchée n. o., au milieu des graviers de son lit, de douze pieds de largeur dans le fond, et de dix-huit pieds par le haut, sur quatre pieds de profondeur ; après l'ouverture de laquelle seront construits les batardeaux p., q., et r, s. pour barrer la dite rivière, la faire entrer dans cette tranchée, et rompre le coude qu'elle forme au n° 35, qui s'enfonce de près de trente toises dans le terrein du S. Auriole, au-delà de l'alignement de son bord du côté du Nord, fixé par le procès-verbal du S. Laurens, aussi bien que celui vis à vis le n° 36, qui détruit le terrein du S. Bertrand ; après quoi, il convient d'aprofondir et de régler son lit vis à vis le terrein du S. Lescure, en même tems qu'on le comblera au-dessous et près le n° 35 ; parce qu'en laissant subsister ces deux coudes, en vain lui donneroit-on la largeur prescrite de soixante dix toises vis à vis le dit S. Lescure pour augmenter son débouché : elle se porteroit toujours sur les terreins du S. Auriole et de cet ingénieur, et, en leur causant gratuitement un dommage qu'il est très aisé de leur éviter, elle se frayeroit insensiblement un passage dans la plaine au-dessus de l'extrémité de la Digue Orry. Nous ne disons rien des ouvrages qui doivent suivre immédiatement l'exécution de ceux-cy, parce que les inondations, les variations ultérieures de la rivière et la quotité des fonds qui pourront être employés à ces ouvrages, en détermineront l'emploi le plus convenable et le plus pressant.

Nous ne parlons pas non plus de ceux qu'il sera intéressant de faire au-dessous des ponts de Perpignan pour bien diriger le cours de cette rivière du côté de la mer, et l'empêcher de se répandre sur les terreins appelés Salanque, les plus prétieux du Roussillon. Ce seroit embrasser trop d'objets auxquels il ne pas possible de pourvoir en même tems.

7° Que la corvée n'est point du tout propre pour ces ouvrages ; que d'ailleurs, ne suffisant pas pour procurer aux routes de la province, l'avancement qui conviendroit, ce seroit encore retarder leur exécution que de l'employer aux travaux de rivière ; et qu'on ne parviendra à empêcher les ravages de celle de Tet qu'avec un fonds annuel au moins de dix mille livres, jusqu'à la perfection des ouvrages nécessaires depuis le mas Générès jusqu'à trente toises au-dessous du Pont de Pierre de Perpignan, sauf à diminuer ensuite cette somme, lorsqu'il ne sera plus question que de l'entretenir.

8° Que l'arrêt du Conseil qui interviendra, tant pour régler la fixation de la largeur de la rivière, les ouvrages que nous venons d'indiquer, et les fonds à y employer annuellement, que tous les autres objets relatifs que le Conseil jugera à propos d'y énoncer, doit singulièrement ordonner que depuis le mas Générès jusqu'à trente toises au-dessous du Pont de Pierre de la ville de Perpignan, les projets, conduite et exécution des ouvrages à faire ne seront confiés qu'au seul Ingénieur des Ponts et Chaussées de la Province sous les ordres de M. l'Intendant, sans que, sous aucun prétexte, les sindics de la rivière, propriétaires des fonds riverains, ou toute autre personne quelconque puisse s'en mêler ; les deux batardeaux dont nous avons parlé ci-dessus démontrant le danger de laisser projetter ces sortes d'ouvrages à d'autres personnes qu'à celles de l'art.

9° Enfin que le même arrêt prononce sur les contestations d'entre les parties et les procédures qu'elles se sont mutuellement faites jusques ici, pour les terminer sans retour.

Tel est notre avis sur tous les objets contenus au présent procès-verbal, que nous avons fait, clos à Perpignan, le huit octobre mil sept cent soixante six [1].

Signé : GENDRIER.

[1] Archives des Pyrénées-Orientales. C 1212.

Lettre de M. Trudaine à l'Intendant, M. Bon, relative aux difficultés qui existent entre les divers riverains de la Tet et M. de Lescure, Ingénieur, à qui le Contrôleur Général propose une retraite de 1.000 livres pour qu'il se retire.

Paris, le 3 février 1767

Monsieur Bon,
Monsieur,

Devant recevoir au premier jour une réponse détaillée de M. le Controlleur Général aux lettres que vous lui avez écrites tant au sujet des contestations qui se sont élevées entre les sindics des tenanciers riverains de la rivierre de Tet et le S. l'Escure, que des ouvrages proposés par M. Gendrier pour contenir cette rivierre dans son lit, je n'entrerai sur cela dans aucun détail particulier avec vous. Vous verrez par cette réponse que, pour éviter de noùvelles contestations entre les parties, M. le Controlleur Général prend le party de procurer une retraite au S. L'Escure au moyen d'une pension de mille livres ; mais, comme j'ay appris par M. Gendrier que cet Ingénieur qui n'est pas riche, a employé au terrain qu'il a acquis toutes les épargnes qu'il a pu faire, et que, dans le cas d'en perdre une partie pour donner à la rivière la largeur de 70 toises, le reste, dans les circonstances de sa retraite, seroit presque perdu pour lui, je vous prie de vouloir bien vous preter à lui en faciliter la vente par conciliation avec quelque tenancier riverain. Je m'intéresse à lui, le connoissant depuis très longtems, et je vous sçauray un gré infini de tout ce que vous voudrez bien faire en sa faveur dans cette occasion.

Je suis avec respect, Monsieur, votre très humble et très obéissant serviteur.

TRUDAINE.

Mémoire sur les inondations, leurs causes et les moyens de les rendre moins préjudiciables, ainsi que sur les ouvrages que MM. le Comte de Mailly, Gouverneur, et de la Porte, Intendant du Roussillon, ont chargé les Ingénieurs militaires et ceux des Ponts et Chaussées d'exécuter sur les deux rives de la Tet aux abords du Pont de Perpignan.

Le Roussillon a, dans tous les tems, été exposé aux ravages des inondations. Ces malheurs sont produits par des causes que tous les efforts humains ne peuvent détruire. On peut seulement, à force d'art et de dépenses, en rendre les effets moins sensibles. Cette Province est en effet composée, en grande partie, de hautes montagnes qui sont couvertes de neige pendant dix mois de l'année. Il y pleut rarement, à la vérité, mais quand il pleut, c'est avec une abondance et une continuité que l'on n'éprouve pas ailleurs ; et si, dans ce moment, la chaleur du vent du midy, que l'on appelle à Perpignan le vent d'Espagne, facilite et augmente la fonte des neiges, il se forme alors, de tous les côtés, des torrens qui détruisent tout ce qui se rencontre sur leur passage. Les ravages sont peut-être moins considérables dans les montagnes que dans la plaine, parce que, dans les montagnes, les torrens se trouvent resserrés dans des gorges très étroites, au lieu qu'ils trouvent dans la plaine plus de facilités pour s'étendre.

A ces causes résultantes de la situation des lieux et de la nature du climat, il faut encore en ajouter une autre : c'est celle des déffrichemens qui ont été entrepris dans les parties montagneuses, depuis les encouragements donnés aux cultivateurs par l'édit de 1766. Il est aisé de sentir que les arbres ou les arbustes dont les montagnes étoient couvertes autrefois, garantissoient la neige de l'action subite de la chaleur ; elle ne fondoit que par degrés ; les eaux, retenues par les différens obstacles qu'elles rencontroient, n'étoient pas si tôt réunies ; roulant sur la pelouse, elles portoient moins de

corps etrangers dans les rivières qui les reçoivent. On éprouve
le contraire, depuis que les montagnes sont deffrichées : la
neige fond plus subitement ; les eaux descendent des montagnes avec plus de rapidité ; elles entraînent facilement les
terres nouvellement remuées et préparées pour la culture ;
et ces terres, déposées dans les rivières, à mesure que le torrent perd de sa force et de sa rapidité, comblent les lits des
rivières ou forment des aterrissements considérables qui en
dérangent le cours ; les eaux, n'étant plus retenues par les
barrières que la nature leur avoit donné, se répandent de tous
les côtés et produisent les accidens que l'on a éprouvé dans
les mois de novembre et de décembre derniers.

Il seroit peut-être, à cet égard, très difficile de rétablir les
choses dans leur premier état. Le Roussillon n'a aucune ressource du côté du commerce et de l'industrie. La richesse du
pays consiste donc uniquement dans le produit des terres.
Seroit-il juste d'interdire aux propriétaires l'usage des moyens
qu'ils croient les plus propres à se procurer une plus grande
aisance ? M. de la Porte auroit voulu trouver un moyen de
concilier l'intérêt particulier de ces propriétaires avec le bien
général de la Province, en restreignant les permissions de
deffricher et en les bornant aux cantons les moins élevés et
les plus éloignés des rivières : il a consulté à cet égard ses
subdélégués ; mais il n'a pas pu, avant son départ du Roussillon, se procurer tous les renseignements qu'il auroit désiré
sur cette matière.

On a donc raison de dire que l'on sera toujours exposé en
Roussillon à craindre des inondations. Tout ce que l'on peut
faire, c'est de rechercher les moyens de les rendre les moins
préjudiciables qu'il sera possible.

Un de ceux que les habitans du pays employent avec plus
de succès, consiste dans des plantations faites sur les bords
des rivières ou des torrens. Ces plantations ont du moins
l'avantage d'en amortir l'action et de faciliter le dépôt des
matières qu'ils roulent. Mais on sent bien que de pareilles
digues n'ont point une grande solidité, ce qui met les habitans
dans une nécessité presque continuelle de les rétablir en tout
ou en partie.

Avant la construction de la Digue Orry, les abords de Perpignan étoient continuellement exposés à être inondés, ce qui pouvoit interrompre souvent la communication avec le Languedoc. Cette Digue fut construite vers l'année 1730. M. Orry y employa environ 40.000 l. Elle n'étoit formée que des sables, des graviers pris dans le lit de la Tet, de manière que ces différens corps n'étant pas susceptibles d'une liaison intime, cette Digue, trop faible pour résister au frottement des eaux dans les tems de crues considérables, a été souvent attaquée, dégradée, réparée, et enfin emportée dans une longueur de plus de 250 toises, à l'époque des dernières inondations.

Les dangers auxquels les terres de ce canton se sont trouvées exposées dans ce moment, ainsi que les fortiffications de la Place, ont déterminé M. le Comte de Mailly et M. de La Porte à charger les Ingénieurs Militaires et ceux des Ponts et Chaussées de dresser un plan d'ouvrages à exécuter sur les deux rives de la Tet, capables de prévenir les nouveaux malheurs qui pourroient arriver dans de pareils cas. Il est résulté des conférences tenues entre ces Messieurs un projet qui consistoit à construire sur les deux bords de la Tet deux Digues parallèles d'environ 2.000 toises de longueur chacune.

La dépense dé ce projet montoit à plus de 700.000 l.. Ces deux Digues, semblables à celle construite vers 1730, ne devoient être formées que des sables et graviers pris dans l'endroit de la rivière où l'on auroit désiré de contenir les eaux. On leur donnoit seulement un taluds très prolongé dont l'objet étoit de forcer les eaux de se rassembler dans le milieu du canal projetté.

Ce projet, communiqué à l'assemblée des Ponts et Chaussées, ces Messieurs ont parut élever des doutes sur la solidité de ces digues, et ont avancé que le meilleur et le plus sûr moyen de les défendre des affouillemens, étoit d'en revêtir les taluds de peyrés solidement fondés sur de bons pilotis.

L'Ingénieur en chef du Roussillon à qui les observations de l'assemblée des Ponts et Chaussées ont été communiquées, en a proffité pour réformer le premier projet concerté entre lui et les Ingénieurs militaires, et a formé celui-cy. La dépense monte à 806.900 l.

C'est aux yeux de l'art à juger de la bonté de ce projet.

M. de La Porte observe seulement que la dépense lui en paroît énorme.

Il est vray qu'il est possible d'en retrancher, au moins dans ce moment, tous les ouvrages proposés pour éloigner du Pont de Perpignan le point où les rivières de la Tet et de la Basse se réunissent, ce qui opéreroit sur la dépense du projet une réduction de plus de 100.000 l.

M. de La Porte pense qu'on pourroit encore se dispenser dans ce moment d'exécuter les deux Digues projettées au-dessous du Pont de Perpignan, et qui doivent avoir ensemble 410 toises de longueur, ce qui diminueroit encore la dépense du projet d'environ 150.000 l.

On pourroit peut-être encore donner un peu moins d'épaisseur aux Digues qu'il est absolument indispensable de faire au-dessus du Pont, en les réduisant à 4 ou à 6 toises, au lieu de 8 qu'elles doivent avoir d'après le projet, ce qui produiroit une autre diminution d'environ 50.000 l.

Au moyen de ces réductions, la dépense du projet ne se trouveroit plus monter qu'à environ 500.000 l.

Le danger qui, dans l'état des choses, menace les fortiffications de la Place, donne un intérêt très sensible dans les ouvrages que l'on propose au-dessus du Pont ; ce qui fait croire à M. de la Porte que la caisse des Fortiffications de l'Extraordinaire des Guerres, ou telle autre seroient bien dans le cas d'y contribuer pour 100.000 l.

La Province pourroit à la rigueur, en faisant de très grands sacrifices, y contribuer pour une pareille somme, qui seroit imposée sur elle à raison de 10.000 l, par an.

Le surplus montant à 300.000 l. ne peut être fourni que par le Trésor Royal, à raison de 100.000 l. par an de remise sur la Capitation et les vingtièmes de la Province. [1]

[1] Archives des Pyrénées-Orientales, C 1214.

**Résumé du mémoire présenté par M. Pierre Poeyda-
vant, sur la Province de Roussillon et le pays de Foix,
dans lequel il est question de l'inondation de 1777
qui détruisit le Cours Jallais (ou allées des Capucins) ;
en 1732, ce cours avait été également emporté.**

Devant un pareil désastre, on chercha à conjurer un semblable fléau ; on proposa de détourner les eaux, au moyen de
battardeaux, d'*épis* et de plantations dans les terrains ravinés
par la rivière et ensablés. La digue *Orry* avait été renversée,
le Champs de Mars et le Vernet complètement submergés. La
route était coupée ; il n'y avait plus, dit le rapport « de communication avec le Languedoc [1] ». On émit plusieurs propositions [2] devant l'impossibilité d'entreprendre le creusement
du lit de la rivière dont le fond « se trouvait au dessus du
niveau des terres de droite et de gauche », on proposa de
recurer le lit de la Tet, à partir d'un point fixe au dessus du
Pont de Pierre de Perpignan, et au moyen de digues parral-
lèles en talus, de contenir les eaux par ces ouvrages successifs. Un canal pratiqué dans le milieu du lit de la Tet pourrait en rassembler les eaux et permettrait avec ces terres de
former des digues naturelles « qui seraient deffendues par
des épis et par des petites plantations ».

[1] Il s'agit, dans le rapport, de conserver les terrains précieux :
de mettre la « grande route de *Roussillon* à *Narbonne* à l'abry des
accidents auxquels elle est exposée ; d'assurer également celle qui
communique avec le Conflent et la Cerdagne, afin de prévenir les
dommages irréparables que les fortifications de la ville de Perpignan
et ses propres habitants ne manqueraient pas d'éprouver quelque
jour si la Teth, par un de ces caprices qui lui sont ordinaires, en
continuant de corroder sa rive droite, parvenait jusques aux fossés des
Blanqueries, ou même si, en coupant au-dessus des Capucins, elle
allait confondre ses eaux avec celle de la Basse.

[2] On avait formé des projets de tous les ouvrages qu'on devait
exécuter ; l'estimation montait, y compris l'état particulier qui concerne le lit de la Basse, à plus de 800.000 livres.

Débordements des rivières, police des francs-bords[1].

« Jusqu'ici on est heureusement parvenu à préserver le Roussillon des atteintes d'un fléau terrible que la facilité des communications par la mer qui baigne ses côtes doit toujours faire appréhender, mais cette province trouve, dans sa position et dans la nature du climat, des ennemis d'une autre espèce dont les ravages sont toujours prochains et qui portent la désolation et l'effroi parmi les habitants.

Nous entendons parler des débordemens auxquels ils sont fréquemment exposés par l'effet des torrens nombreux qui descendent des montagnes dans les plaines.

Le Roussillon est presque entouré de hautes montagnes plus ou moins couvertes de neige pendant 8 ou 10 mois de l'année. Trois rivières principales, qui traversent la province dans sa longueur, y prennent leur source, et autant la faculté qu'elles procurent d'arroser les terres dans le tems de sécheresse est-elle avantageuse, autant et plus encore sont-elles redoutables lors des pluyes et des fontes de neiges par les dégâts horribles qu'elles causent.

C'est bien mal à propos que l'on prétend que les inondations n'étaient pas autrefois aussi fréquentes et aussi considérables qu'elles le sont de nos jours ; les annales historiques et les monumens qui subsistent sous nos yeux s'accordent pour démontrer la fausseté de cette opinion ».

Les renseignements sur l'inondation de 1777 sont bien plus précis que pour les autres crues : quoique les ravages eussent été bien moindres qu'en 1772, un compte de juin s'élève à 48.000 livres, dont 4 à 5 mille appliqués à la brèche et à l'entonnoir formé sur la chaussée du Vernet près du jardin Saint-Hilaire. Le 19 juillet, devant des crues si dévastatrices, l'Ingénieur des ponts et chaussées Kolly de Montgazon remit le 19 juillet 1777 un mémoire sur les ouvrages qu'il jugeait

---

[1] Extrait du Mémoire de M. Poeydavant, Subdélégué Général de la Province, d'après le Manuscrit des Archives Départementales et celui de M. de Saint-Malo.

nécessaires pour l'organisation des rives et du lit de la rivière, depuis le moulin de la Porte (actuellement Méric [1]) jusqu'à l'embouchure de la Basse : Pour prévenir ces débordements, on avait cherché à assujettir cette rivière dans la longueur du grand pont de Perpignan par deux digues parallèles, laissant entre elles un passage de 75 à 80 toises, ayant la longueur de 1.040 toises à l'amont avec des retours de 699 toises à gauche et seulement 54 toises sur la rive droite, afin de rattacher les têtes à des ponts solides élevés. La partie des digues, inférieure au pont ne devait s'étendre qu'à 160 toises du môle à l'embouchure de la Basse qui aurait aussi sa rue droite protégée par une digue.

On avait travaillé, depuis longtemps, écrivait le subdélégué général de Poeydavant [1], « à prescrire à la Teth des bornes qu'elle ne peut franchir au moins aux approches de Perpignan ; c'est en effet un point de la plus haute importance puisque si la rivière n'est pas contenue dans cette dernière partie, elle menace également les deux rives. En se jetant vers le Midi, elle peut emporter la route du Conflent, aller joindre la rivière de la Basse avant son entrée dans les fortifications, arriver même jusqu'au chemin couvert et au fossé qu'entoure la *Ville-Neuve*, ou bien prendre son cours entre la barrière de la porte Notre-Dame et le faubourg de ce nom ; si, au contraire, la Teth prend sa direction vers le Nord, elle peut percer la digue Orry qui la contient de ce côté, se répandre dans le Champ de Mars et dans ce qu'on appelle les Eaux Vives, creuser à sec le grand pont de Perpignan, et rendre inutile la route de Narbonne, soit que les deux ponts des Eaux-Vives dont les fondations sont très suspectes, ne soient pas capables de résister à l'effort des eaux, soit qu'elles s'étendent plus loin du côté du Vernet, et qu'elles rompent la chaussée qui aboutit aux ponts. « Au surplus, en suivant cette direction, les eaux se portent naturellement vers la Salanque, pays sabloneux, mais très fertile, scitué le long de la côte, dont les terres sont submergées et les récoltes de l'année détruites en entier, ou

---

[1] Ce mémoire a été rédigé en *1856*, par le baron G. de Saint-Marsal.

considérablement endommageés. Ainsi, dans toutes les suppositions, les écarts de cette rivière sont fort à redouter... » [1]

Mais toutes les défenses que l'on avait pu faire avaient été jusqu'ici insuffisantes et tout fut renversé dans l'inondation de la fin en 1777 qui fit « plus de mal qu'aucune de celles qu'on avait précédemment essuyées ».

Du côté de la ville, le chemin du Conflent a été surmonté et détruit dans la partie supérieure au *cours Jallais* ou *allée des Capucins*. Ce cours formant la digue droite a été aussi mieux attaqué, les eaux ayant affouillé le pied, de manière que le local occupé par le *couvent des Capucins* menaçait d'être emporté et dans ce cas, les eaux devaient se jeter dans les fortifications.

« On se proposerait, ajoute M. de Poeydavant, de détourner les eaux de cette partie au moyen de quelques épis et battardeaux, comme aussi des plantations de même bois qui auroient pu être faittes dans les endroits les plus bas; mais on en a été empêché jusqu'ici parce que la rivière s'est soutenue haute pendant l'hiver et tout le printems de 1778....

« Quant à la digue opposée, elle a essuyé de bien plus fortes dégradations. D'abord la digue *Orry* a été percée et emportée *en entier* dans la moitié de sa longueur à partir du milieu jusqu'au pont de la Teth. Les eaux se sont jettées avec rapi-

---

[1] Mémoire de M. P. Poeydavant, subdélégué général. — M. S. des Archives départ.
Voici la description que fait M. Poeydavant dans son mémoire : La rivière de la Teth coule au nord de la place de Perpignan dont les fortifications sont, en outre, traversées du même cotté, par une *espèce de ruisseau bourbeux* qui, dans les fortes pluyes, devient très considérable ; submerge les *Blanqueries* (tanneries) faubourg enfermé dans l'enceinte des fortifications, et pénètre dans la ville par la porte du *Sel* et par les canaux ou égoûts qui ont leur débouché dans ce ruisseau appelé *la Basse*. Il afflue dans la Teth à l'extrémité du faubourg Notre-Dame, et comme leur réunion se fait à angles droits, il en résulte dans le tems des crues, ou que les eaux de la Basse contraignent celles de la Teth à se porter avec force sur le bord opposé, ou que ces dernières empêchent l'écoulement des autres, ce qui avec l'encombrement du lit de la Basse contribue à les élever dans un très petit espace de terres et occasionne les inconvéniens dont nous avons parlé.., »
Extrait du mémoire à M. P. Poeydavant, op. cit.

dité dans le Champ de Mars, sous le pont des Eaux-Vives et même plus haut vers le Vernet : une des piles de ces derniers ponts a été affouillée et ébranlée, et les deux arches qu'elle soutenait ont été crevassées au point qu'il a fallu les démolir; la chaussée attenante a été détruite jusqu'à un ponceau d'arrosage qui a été renversé, et le reste a été dégradé et rendu impraticable... »

Pour remédier provisoirement au mal on remplaça les deux Arches du pont des Eaux-Vives par un pont de bois; on rétablit la chaussée attenante à ce ponceau, et l'on répara l'ancienne digue par plusieurs rangs de fascinage arrêtés avec des piquets renforcés par les terres et les graviers pris dans le lit de la rivière. Il fut formé des projets de tous les tunages à exécuter dont l'estimation y compris l'état particulier qui concerne la Basse, monterait à plus de 800.000 livres. « On sent que la province du Roussillon n'est pas en état de fournir une pareille dépense, fait remarquer M. Poeydavant dans son rapport. Le Roy voudra-t-il la prendre à son compte? Cela est au moins fort douteux, et cependant le *sort* d'une *partie* de *la province* dépend des mesures que l'on prendra à cet égard.... »[1]

Ces considérations méritèrent toute l'attention du gouvernement et M. le comte de Mailly, M. de la Porte et M. de Saint-Sauveur surent les faire valoir.

Le projet présenté était très coûteux. On pouvait le regarder comme excessif, « si la grandeur du mal ne devait pas faire excuser un remède, même surabondant ».

L'état estimatif de ce projet, d'après le mémoire de M. G. de Saint-Marsal[2] s'élevait très haut, à 475.000 francs monnaie actuelle. L'adjudication des travaux eut lieu le 7 novembre 1780; on commença à les mettre à exécution dans le courant des années suivantes ; et à la fin de 1785, on avait déjà dépensé 290.000 francs pour fermer une brèche de 260 mètres formée au coude supérieur et pour rétablir sur 300 mètres la Digue inférieure au pont : On devait la pousser

---

[1] Extrait du mémoire de M. Poeydavant, op. cit.

[2] Mémoire sur les inondations G. de Saint-Marsal, op. cit.

plus loin ; mais les propriétaires de la rive méridionale firent de vives réclamations, et on ajourna le prolongement.

On avait dans les deux campagnes de 1779 et de 1780 dépensé en terrassements et fascinages une somme de 34.000 francs, dont une partie avait été employée aux labours de graviers et aux plantations de la vigne et des francs_bords jusqu'au *moulin de la Pou* (Caget).

« Des lettres patentes en date du 14 août 1779 avaient attribué 250.000 livres sur un fonds général de 500 pour les travaux des rivières. Une décision ministérielle du 15 juin 1783 avait fixé dans le domaine, et à la charge des Ponts et Chaussées, les rives des deux rivières depuis le *moulin de la Porte* jusqu'à 819 mètres à l'aval du pont » [1].

Le projet consistait « à recreuser le lit de la rivière dans toute sa longueur à prendre d'un point fixé au-dessus du *pont de pierre* de Perpignan, et à le conduire jusqu'à une certaine distance également indiquée au-dessous du même pont, à en rejetter les déblais de l'un et de l'autre côté, et à former par ce moyen deux digues parallèles en talus qui, par les ouvrages qui les garantiront à leur naissance, par la largeur, le revêtement et l'élévation de leurs bases, maintiendront les eaux [2] ».

La conclusion du rapporteur consistait dans les plantations que l'on pourrait faire sur les deux rives pour préserver les terres des dégradations auxquelles elles sont incessamment exposées.

Il faut, dit-il, (1°) « que le lit de la rivière ou torrent soit contenu et fixé dans toute l'étendue de son cours ; (2°) que les plantations de droite et de gauche soient faites à des distances égales et uniformes ; (3°) que l'entre-deux des plantations soit libre ; qu'on le dégage de tout obstacle au passage des eaux, des arbres, arbustes et autres productions qui prennent racine ; qu'on fasse même en sorte de prévenir la formation des isles, islots et autres atterrissemens trop élevés, en arrachant les arbres et arbustes, même en faisant passer la

---

[1] Mémoire sur les inondations, G. de Saint-Marsal, op. cit.

[2] Résumé du Mémoire de M. P. Poeydavant, subdélégué général, op. cit,

charrue dans les graviers pour que lors des crues, les eaux ayent plus de facilité à les enlever et à les transporter dans les parties inférieures ; (4°) que les plantations soient toujours entretenues en état de taillis ; afin que les brins tendres et multipliés de jeunes bois cèdent aux eaux et ne leur opposent qu'une résistance capable d'en amortir les efforts ; auquel effet la coupe de ces plantations dont la largeur doit être suffisante, ne sera faite qu'alternativement et par parties longitudinales, en sorte qu'aucun point ne sera jamais sans défense ; (5°) que dans les coupes, il ne soit laissé sur pied aucuns baliveaux ny arbres qui puissent venir en matière de futayes ; qu'il soit même expressément ordonné de couper tous ceux qui peuvent se trouver dans l'étendue des plantations ; (6°) enfin, qu'une surveillance exacte et continuelle garantisse l'exécution fidelle des dispositions cy-dessus, auxquelles on peut ajoutter particulièrement celles que les circonstances de la localité peuvent en outre exiger [1] ».

La plupart de ces dispositions avaient été établies ou adoptées par l'Intendant, mais généralement, on ne s'y conformait point, et ce qui arrive encore de nos jours, ce n'est qu'à l'époque des inondations que l'on voit surgir de tous côtés des réclamations et des plaintes.

Il faudrait, ajoute M. de Poeydavant, pour remédier à de semblables désastres que « pour chacune des rivières, il y eut au moins un inspecteur sur le zèle, l'intelligence et l'intégrité duquel on put compter ; que ce préposé fit des tournées continuelles, sur l'une et l'autre rive de son département, et que, sans exception de personne, il veillât au maintient des ordonnances et à l'observation des règlemens faits et à faire sur la police des rivières et torrens... »

De plus, il serait nécessaire, pour l'intérêt particulier de la ville, pour celui des chemins qui y aboutissent, pour celui des fortifications et pour les terrains des propriétaires riverains, que le lit de la rivière soit constamment en bon état, au moyen de terrassements ou de levées faits sur les bords : « les précautions, qu'on regarde comme essentielles, produi-

---

[1] Extrait du Mémoire de M. Poeydavant, subdélégué général, op. cit.

roient certainement les meilleurs effets ; et l'on doit d'autant
moins se refuser à les mettre en pratique que, si on parvient
à empêcher ou à diminuer les dépôts dans les lits des rivières,
par la prohibition des défrichemens dans les montagnes et
par la coupe des arbres de haute futaye à quelque distance
des bords, ce sera un objet d'une facile exécution et d'une
médiocre dépense ; mais encore une fois, il faut avoir de
l'argent en réserve, et ne point négliger l'entretien dont on
vient de parler, sans quoy le mal augmentant tous les jours
seroit bientôt au-dessus des forces qu'on aurait à lui opposer » [1].

Devis dressé par M. de Montgazon, Ingénieur en chef des Ponts et Chaussées, pour la construction d'un pont de charpente destiné à remplacer les deux premières arches du pont des Eaux-Vives, détruites par l'inondation du 15 novembre 1777.

12 décembre 1777

Devis des ouvrages pour un Pont de charpente en deux
travées à construire au lieu et place des deux premières arches
du Pont des Eaux Vives de la rivière de la Tet, sur la grande
route d'Espagne, détruites par l'inondation du 15 novembre 1777.

Lors de la dite inondation, la plus considérable et la plus
fâcheuse que de mémoire d'homme la Province de Roussillon
ait essuyée, les eaux de la rivière de Tet, après avoir détruit
la majeure partie de la Digue Orry, située au long de sa rive
gauche et joignant le Pont de Pierre du faux-bourg de Perpignan, s'étant ensuite jettées sous les deux vieux ponts des
Eaux-Vives à l'extrémité de la chaussée du Vernet, le premier de ces ponts, de seize pieds de largeur entre les têtes et
comprenant trois arches de 53 pieds d'ouverture pour celle
du milieu et de 42 pour chaque collatérale, avec deux piles
de 12 ᵈˢ 6° d'épaisseur, a été affouillé dans sa première pile,

---

[1] Extrait du Mémoire de M. Poeydavant, sur la *Province du Roussil-*
lon, op. cit.

qui, s'étant enfoncée de 4 à 5 pieds, et en se déversant du
côté de la culée, les deux demi-arches y correspondantes se
sont conséquemment applaties et entrouvertes, de manière
que la première, s'étant fracturée à deux endroits et transver-
salement dans l'étendue de la voûte, ne se soutenoit plus que
dans la partie de son extrados ; tandis qu'au contraire la
deuxième arche, en s'applatissant depuis la pile jusqu'après
la clef, s'étoit ouverte à l'extrados, et son appareil brisé en
douelle, une disposition aussi dangereuse pour la sûreté de
la voie publique, et à quoi ajoutoit encore l'écartement des
susdites deux arches dans la partie d'aval, que manifestoient
les lézardes multipliées de l'arrière-bec, fit connoître et juger
qu'afin de prévenir les accidents que pouvoient occasionner
la témérité ou l'ignorance du mauvais état du pont, il étoit
absolument indispensable de faire démolir les deux susdites
arches, et d'établir provisoirement la communication à droite
comme à gauche de la route. Mais comme cette communication peut s'intercepter de moment à autre, les terreins au
long de la chaussée du Vernet, étant exposés à être inondés
même dans le cas d'une foible crue, depuis la destruction de
la Digue Orry, il devient des plus instant qu'il soit au plus
tôt construit un pont de charpente dans l'emplacement des
susdites deux arches, lequel sera des formes et dimensions,
ainsi qu'il suit.

Le dit pont de charpente, comprenant deux travées, et
planté quarrément sur le milieu des abords et arche restante
du susdit premier pont des Eaux-Vives, aura de longueur
totale les cent sept piés six pouces qu'avoit ce dernier depuis
sa culée jusqu'au premier parement de sa deuxième pile, et
sa largeur sera de quatorze piés mesurés au dehors des cours
des poutrelles d'amont et d'aval ; lesquelles poutrelles, ainsi
que les deux intérieures, seront établies bien de niveau dans
la susdite longueur, et leur affleurement mis à deux piés neuf
pouces en contrebas du dessus du parapet répondant à la
deuxième pile restante.

Qualité des bois et matériaux

Les bois de construction du dit pont seront, à l'exception des quatre cours de poutrelles et des moises des contrefiches, en bois de chêne : et les dites poutrelles et moises en bois de sapin.

Les bois de chêne proviendront des cantons de la montagne de l'Albère qui appartiennent à la communauté de Sorède et à celle de La Roque, et dont la distance à l'attelier est de quatre lieues et demie. Ceux de sapin proviendront de la forêt de Quillan en Languedoc : les dits bois descendus par la rivière d'Aude jusqu'au canal de Narbonne, et de là par mer jusqu'aux plages de Canet, à deux lieues et demie de distance des ouvrages et d'où le transport peut se faire avec voitures.

Les dits bois de construction, soit en chêne soit en sapin, seront de bonne qualité, sans aubier, pourriture ou nœuds vicieux, et ce sous peine d'être rebutés ; ils seront débités à vives arêtes des longueur et équarrissage, comme il sera dit ci-après, tous et un chacun assemblés suivant l'art à tenons et mortoises, dressés et mis en place, avec leurs boulons, chevilles et chevillettes conformément aux plans, profils, élévations et autres détails de construction qui en seront remis à l'entrepreneur au commencement des ouvrages, ainsi qu'à l'étalon ou épure que le S. Ingénieur des Ponts et Chaussées du département aura tracé sur un plancher ou plateforme bien unie et parfaitement de niveau, qui aura été dressée et établie à cet effet.

Les boulons des moises et chevillettes du plancher seront de bon fer, doux et liant, et chacun des grosseurs et dimensions mentionnées ci-après. En général, les susdits matériaux et tous autres seront de bonne qualité et sujets à visite avant d'avoir été mis en œuvre.

Dimensions et construction

Les deux susdites travées seront composées chacune d'amont comme d'aval, savoir, de quatre sous-poutres, ayant

ensemble onze toises trois pouces de longueur, et de douze et
dix-huit pouces d'équarrissage ; de quatre contrefiches de
douze toises cinq pieds trois pouces de longueur totale sur
douze et quatorze pouces aussi d'équarrissage ; de deux jambes de force pour la deuxième travée, d'ensemble cinq toises
un pied six pouces de longueur et de huit et dix pouces
d'équarrissage ; de trois poinçons d'aussi six toises trois
pieds de longueur ensemble, sur quinze et vingt pouces de
gros, à la rencontre des assemblages que chacun d'eux devra
recevoir, et le surplus élégi sur dix et douze pouces d'équarrissage ; les six arbalétriers répondant aux trois susdits poinçons auront ensemble douze toises de longueur sur huit et
dix pouces d'équarrissage. Le gardefol composé d'une lisse
ou main courante de cinq et six pouces de grosseur, et de
huit potelets de quatre et cinq pouces d'équarrissage, aura
trois pieds six pouces de haut mesuré du dessus du plancher
du pont, jusqu'au-dessus de la susdite lisse. Les huit entretoises dont le dessus arrasera le susdit plancher du pont,
auront chacun vingt et un pieds six pouces de longueur, sur
huit et douze pouces d'équarrissage. Les huit contrefiches et
les quatre jambes de force des travées intérieures auront de
longueur totale vingt sept toises pour les premières, et onze
toises un pied pour les secondes, et les unes et les autres du
même équarrissage qu'il a été dit précédemment. Les contrefiches d'amont et d'aval devant s'encastrer dans l'appareil en
pierre de taille aux têtes des parties restantes de voûtes de
l'ancien pont et étant à craindre que les contrefiches à l'intérieur ne fussent pas assez solidement établies en les encas-
trant pareillement dans la maçonnerie des reins de ces
mêmes parties restantes des arches, ces dernières seront
reçues en leur pied, dans une semelle de huit et douze pouces
d'équarrissage, et qui, par chacune de ses extrémités, s'as-
semblera à tenons et mortoises avec les deux susdites contrefiches d'amont et d'aval. Les extrémités ou abouts des sous-
poutres, comme aussi des quatre cours de poutres aux entrée
et sortie du pont, seront assemblées et maintenues par
entaille dans des sablières du même équarrissage qu'aux susdites semelles. Les sommiers, tant ceux qui traversent le

pied des susdits poinçons à l'amont comme à l'aval des travées, que les quatre autres qui s'assembleront par entaille et
à mi-bois avec les sous-poutres, auront quatorze pouces
d'équarrissage, et de longueur ensemble vingt et une toises
deux pieds six pouces.

Tous lesquels bois sus-mentionnés, comme aussi les liens
et bouteroues portant neuf pouces d'équarrissage des susdits
potelets et poinçoins, ainsi que les contrefiches et décharges
des trois sommiers ou travons qui répondent aux dits poinçons, seront en chêne, taillés à vive arête, des longueurs et
équarrissages susdits, assemblés à tenons et mortoises,
embrèvement, entailles et autres, dressés et mis en place
conformément aux détails qui seront donnés à l'entrepreneur,
relativement au tracé, forme, assemblage et manière de construction, suivant lesquels tous et un chacun devront être, soit
en particulier ou soit respectivement à l'égard les uns des
autres.

Les deux cours de poutre d'amont et d'aval auront d'équarrissage douze et quatorze pouces, et ceux à l'intérieur seize et
douze, ces derniers devant s'assembler par entaille de deux
pouces avec les sommiers. Les dits quatre cours de poutres
auront ensemble de longueur soixante et dix huit toises,
abouts et jointures comprises. Les quatre moises pour maintenir les contrefiches des travées, ayant ensemble onze toises
deux pieds de longueur, auront dix et vingt-huit pouces
d'équarrissage, faisant quatorze pouces pour chaque demi-
moise. Les dits bois, tant poutres que moises, seront en sapin,
assemblés, mis en place, et comme, pour le surplus, il vient
d'être dit pour ceux en chêne.

Après que les susdits bois, tant en chêne que sapin, dont
seront composées les deux susdites travées, auront été mis
en place, les moises boulonnées chacune de trois boulons en
fer rond de dix huit lignes de grosseur, les tenons passants
des sommiers qui répondent aux poinçons, arrêtés au moyen
de clefs et coins, et le surplus des assemblages chevillés en
chevilles cœur de chêne de quinze lignes de diamètre, l'en-
trevoux des poutres du pont sera recouvert, et à l'affleurement du dessus des entretoises en madriers de chêne, de trois

pouces d'épaisseur, débités sur huit ou dix pouces de largeur, et chacun d'eux de quatorze pieds, six pouces, de longueur, faisant deux morceaux, dont le petit aura quatre pieds, et le grand dix pieds, six pouces ; lesquels madriers, posés à joint quarré les uns près des autres, les coutures alternativement recouvertes, et tous bien d'équerre sur le cours des poutres du Pont, seront brochés à la rencontre des dites poutres de neuf chevillettes en fer, du poids de demi-livre chacune, et d'environ huit pouces de longueur.

Ensuite, et après que le garde-sable, aussi en bois de chêne, de huit et dix pouces d'équarrissage, aura été établi d'amont et d'aval, et qu'il aura été assemblé à sa rencontre avec les potelets du garde fol, ainsi que les poiçons et leurs arbalétriers, et après, au préalable, avoir recouvert les susdits madriers en fougère sur environ deux pouces d'épaisseur, la superficie du dit plancher sera pavée en cailloux de rivière, de six à sept pouces de queue, rangés à la main les uns près des autres, affermis au marteau et posés sur une bonne forme de sable, et le dit pavé affleurant le dit garde-sable ; et après que dans le milieu du pont, il lui aura été donné au plus trois pouces de bombement, le dit pavé sera battu et dressé à la demoiselle, et recouvert ensuite d'une couche de sable de deux pouces d'épaisseur. La dite chaussée sera prolongée aux abords du susdit pont de charpente et à chacun d'eux sur trois toises de longueur, en lui donnant quinze pieds de largeur.

Afin de conserver et maintenir en état plus longtems les bois du susdit pont, tous leurs vus de parement généralement quelconques et autres que le plancher et les deux cours de poutres intérieures seront mis en couleur à huile par deux couches d'impression différentes, et dont la seconde en ocre rouge n'aura lieu qu'après que la première en blanc de céruse aura été reconnue et jugée parfaitement sèche.

Se trouvant plusieurs réparations à faire au parapet du deuxième pont des Eaux-Vives et de celui de la Tet, comme aussi au pavé de ce dernier, et attendu que lorsque l'on construira le susdit pont de charpente, il se trouvera des reprises et arrachemens à faire dans les vieilles maçonneries pour établir les contrefiches et jambes de force, ainsi que les sablières qui doivent recevoir l'about des soupoutres et des pièces de pont, toutes dépenses dont il n'est guères possible de statuer avec précision, il sera stipulé pour ces objets et autres imprévus une somme de trois cent livres, dont il sera tenu compte à l'entrepreneur, en plus comme en moins, d'après les contrôles de journées d'ouvriers et autres attachemens qui en auront été tenus par le S. Ingénieur des Ponts et Chaussées, chargé de la conduite des travaux du département.

Conditions

L'entrepreneur qui sera chargé de l'exécution des dits ouvrages, se conformera en tous points aux plans, profils, élévations, allignemens, points de repaire et autres renseignemens qui lui seront donnés par l'Ingénieur en chef des Ponts et Chaussées de la Province, soit au commencement des ouvrages, soit pendant la durée de leur construction. Il fournira à ses frais et dépens les bois, fers et autres matériaux, ainsi que les échafauds, ponts-volants, chèvres, engins et autres équipages relatifs à leur approche, levage et établissement, comme aussi toutes peines et salaires d'ouvriers, et généralement quelconque tout ce qui pourra servir et être nécessaire au tracé et établissement des ouvrages mentionnés au présent devis, ainsi qu'à la parfaite et entière exécution d'iceux.

Tous lesquels ouvrages seront bien et duement faits suivant l'art, et des qualités, façons et conditions ci-dessus énoncées ; et, en cas que l'entrepreneur contrevînt à quelque point du devis, que les matériaux, en tout ou partie, ne se trouvassent pas de qualités requises, et qu'il en pût résulter quelque préjudice ou inconvénient à l'égard soit de la bonne construction et solidité, soit de la justesse et propreté de l'assemblage ou exécution, le dit entrepreneur sera tenu d'y pourvoir à ses propres dépens, d'après les ordres qui lui en seront donnés par l'Ingénieur en chef des Ponts et Chaussées de la Province, et sans que, pour raison de ce, il puisse être fondé à prétendre et réclamer aucune sorte d'indemnité.

Et comme, lors de la susdite inondation du mois de novembre dernier, il avoit été question d'établir un passage provisionnel au long des susdites arches détruites, et qui ne put avoir lieu ; qu'en conséquence de ces premières dispositions, le S. Luc Moynier, bourgeois domicilié de la ville de Perpignan, acheta vingt deux masuriers, bois de sapin, au prix chacun de cinquante quatre livres, lesquels marqués en leur gros bout d'une fleur de lys, autour de laquelle est le mot « corvées », et qui sont déposés, à l'esplanade de la citadelle, les dits masuriers, de la valeur et prix ensemble de onze cent quatre vingt huit livres, le susdit entrepreneur sera tenu de compter le lendemain du jour de son adjudication au dit S. Moynier, la dite somme d'onze cent quatre vint huit livres : et d'après quoi, les dits masuriers lui seront délaissés et lui appartiendront, si mieux n'aime le S. Moynier les garder pour, le dit entrepreneur auquel la cession en sera faite, les faire débiter des dimensions requises et convenables pour servir en partie et pouvoir être employés aux constructions sus-mentionnées.

Le dit entrepreneur ne sera reçu à l'adjudication des dits ouvrages, qu'autant qu'il sera reconnu homme de l'art et sachant bien son métier. De plus, il sera tenu à avoir pendant leur durée un bon charpentier, entendu au picage et ételonnement des bois, ainsi qu'aux ouvrages de charpenterie. Il ne sera pas au surplus permis à l'entrepreneur de soustraiter à tel titre que ce soit, de la main d'œuvre et construction, sous peine de nullité et entre outre d'être informé contre lui.

Il donnera bonne et suffisante caution, tant pour la sûreté des deniers du Roy que pour la garantie des ouvrages dont il sera tenu de répondre pendant un an, à compter du jour qu'en sera faite la réception par l'Ingénieur de la Province. Et comme il importe absolument que la communication soit rétablie le plus tôt possible, le dit entrepreneur fera toutes diligences pour que le passage sur le susdit pont de charpente se trouve en état de recevoir les voitures au quinze du mois de mars qui vient, pour le plus tard. Autrement, et dans le cas qu'il seroit reconnu y avoir de sa faute et négligence s'il n'en étoit pas ainsi, pour lors il sera fait une retenue du cinquième sur le prix de son adjudication au profit du Roy, et qui augmenteroit en proportion du retard et souffrance que le service du public en éprouveroit nécessairement.

Il sera payé au fur et à mesure de l'avancement des ouvrages, en vertu des ordonnances de Monsieur l'Intendant, et qui lui seront délivrées sur les certificats de l'Ingénieur, jusqu'à concurrence des quatre cinquièmes de leur valeur, relativement au prix de l'adjudication, pour le cinquième restant ne lui être compté qu'après la réception des ouvrages.

Au moyen des dites conditions et du contenu au présent devis, il lui sera passé en bloc et forfait une somme dont on conviendra avec lui pour la construction des ouvrages, et au-delà de laquelle il ne pourra rien prétendre sous tel prétexte que ce soit. Cependant, si, pendant la construction, l'Ingénieur jugeoit convenable au plus de solidité comme au plus d'accélération dans le travail, d'apporter quelques changemens dans les ouvrages, et dont il résultât ou de l'augmentation ou de la diminution, le dit entrepreneur sera obligé d'y souscrire, et alors le prix de son marché changeroit, et il en seroit payé d'après le nouveau toisé qui en seroit fait.

Le présent devis fait et dressé par nous, Ingénieur en chef des Ponts et Chaussées de la Province de Roussillon, à Perpignan, ce douze décembre mil sept cent soixante et dix sept [1].

Holly de Montgazon.

---

[1] Archives des Pyrénées-Orientales, C 1214.

CHAPITRE III

L'Intendant de Saint-Sauveur (1778-1789)

Ordonnance de M. de Saint-Sauveur, Intendant du Roussillon. — Création de deux Syndicats des deux rives. — Arrêt du Conseil d'Etat relatif à l'impôt de 25.000 livres. — Requêtes diverses.

Mémoire sur les inondations et sur les ouvrages qui doivent être exécutés aux abords du Pont de Perpignan par les Ingénieurs militaires et les Ingénieurs des Ponts et chaussées. — Résumé du Mémoire de P. Poeydavant, relatif à l'inondation de 1777 qui emporta le Cours Jallais. — Devis pour la construction d'un pont de charpente aux Eaux-Vives.

Création de deux Syndicats pour les deux rives. — Plan de la Tet. — Ordonnance de M. de Saint-Sauveur, Intendant du Roussillon, réunissant en quatre syndicats tous les syndicats de la Tet.

Arrêt du Conseil d'Etat, relatif à l'impôt de 25.000 livres sur tous les habitants de la Province du Roussillon pour faire face aux travaux de la Tet et des routes d'Espagne, de Languedoc et de Port-Vendres (5 juin).

Lettre du Président du Conseil Souverain à l'Intendant au sujet de cette imposition. — Arrêt explicatif de l'impôt du 5 juin.

Requêtes diverses relatives à certaines plantations faites dans le lit de la Tet.

Création de deux syndicats, « ayant une bourse et un caissier communs », fixant le lit de la rivière à une largeur de quarante toises, et obligeant chaque tenancier riverain à planter un bois taillis de 24 toises de largeur ou profondeur ordonnant l'abatage des arbres de haute futaie, situés dans l'étendue des alignements de la rivière à la profondeur de 24 toises.

Ordonnance [1] de M. Raymond de Saint-Sauveur, Intendant de Roussillon, établissant deux syndicats pour les deux rives, l'un depuis le Pont de Perpignan jusqu'à Castel-Roussillon, l'autre depuis ce dernier lieu jusqu'à la mer.

25 novembre 1778

DE PAR LE ROY,

Louis-Hyacinthe-Raymond de Saint-Sauveur, chevalier, seigneur de la Grange-du-milieu, Conseiller du Roi en tous ses Conseils, Maître des Requêtes ordinaire de son Hôtel, Intendant de Justice, Police, Finances et Fortifications de la Province de Roussillon et du Comté de Foix.

Instruit, avant notre arrivée dans cette Province, des dégâts inouis causés sur toutes les terres qui avoisinent la rivière de la Tet dans son cours et dans la plaine entière de la Salanque par les débordemens réitérés des eaux de ce torrent ; ayant aussi connoissance des nouveaux malheurs occasionnés par la sécheresse dans les cantons élevés, et de la médiocrité des récoltes qui en résultoit, nous nous sommes occupés des moyens d'attirer sur cette Province, si fort maltraitée par les fléaux du Ciel, les regards paternels du Roi, et d'obtenir, par la médiation de ses ministres, quelques faveurs proportionnées aux maux qu'elle a soufferts ; et nous avons lieu de nous flatter du succès, ayant déjà vu réaliser quelques-unes des espérances qui nous avoient été données.

Arrivé en cette ville, notre premier soin a été de visiter et d'accélérer les travaux provisoires, ordonnés par notre prédécesseur, pour garantir la ville et les campagnes voisines, au moins des inondations peu considérables que les pluies de l'automne ou les neiges des montagnes peuvent occasionner ; mais nous ne pouvions nous borner à ce soin.

Si les grands travaux approuvés du Conseil de Sa Majesté

---

[1] Cette ordonnance fut affichée à Perpignan et imprimée par Joseph François Reynier, imprimeur du Roi, rue des Marchands.

pour être exécutés à l'une et l'autre rive de la Tet, entre le
Champ de Mars et le chemin du Conflent, ainsi que la digue
qui doit éloigner la Chute de la Basse dans le sein de la Tet,
et ôter à cette chute sa direction trop perpendiculaire et trop
précipitée, si ces ouvrages ne peuvent être commencés avant
le retour du printemps, il en est qui ne méritoient pas moins
d'attention, et que la saison peut permettre encore d'entreprendre, ou qui peuvent du moins être préparés pour devenir
utiles vers la seconde époque où les inondations sont encore
à redouter. Solliciter une loi du Prince qui prohibe pour
l'avenir tout défrichement dant les montagnes, et règle le sort
de ceux qui ont été faits, tracer, dès la chute des montagnes,
un alignement le plus direct possible, qui puisse former à la
rivière un lit d'une largeur égale dans son cours, et dont chaque côté soit défendu par une plantation de profondeur suffisante pour régler le cours des eaux, sans trop les contraindre ; donner en même temps aux riverains de l'un et l'autre
bord, depuis les montagnes jusqu'à la mer, un règlement
de police sur toutes les opérations à faire en ce moment, et
sur toutes celles que les eaux, dans leurs crues, peuvent
occasionner, sur les précautions à prendre pour maintenir,
autant qu'il est possible, en leur entier les plantations et
autres ouvrages qui auront été exécutés ; régler enfin la répartition de toutes les dépenses que ces travaux auront causé,
étoient des objets dignes de tous nos soins, le Roy nous en
ayant confié la manutention particulière.

En conséquence, après nous être fait rendre compte de la
manière dont il y avoit été pourvu jusqu'à présent, nous
aurions appris qu'il avoit été formé plusieurs Syndicats pour
chaque canton des bords de la rivière, tant au dessus qu'au
dessous du Pont de Perpignan et qu'il en existoit même à
chaque rive ; mais que se trouvant indépendans les uns des
autres, ils agissoient souvent sans se conserter entre eux, et
ordonnoient des ouvrages à l'un des bords qui pouvoient être
préjudiciables aux bords opposés ; et comme il doit résulter
de cet état des choses plusieurs inconvéniens sensibles, qu'il
est du bien public de faire cesser, nous avons d'abord fait
assembler par devant nous les Commissaires et Syndics des

tenanciers de la Tet, depuis le Pont de Perpignan jusqu'à la mer, et après les avoir entendus sur les dispositions que leurs connoissances et l'expérience qu'ils ont acquise leur ont présentées comme les plus utiles au bien général, nous nous sommes déterminé à former pour cette partie considérable de la rivière de la Tet, un règlement sur les objets principaux qui doivent fixer l'attention des riverains, et concourir à diminuer, s'il est possible, le danger des inondations auquel leurs fonds se trouvent exposés : et à cet effet, nous avons ordonné et ordonnons ce qui suit.

ARTICLE PREMIER

Les Commissaires ou Syndics pour les deux bords de la Tet seront et demeureront réunis à l'avenir, de manière que ceux du côté du Nord, depuis le Pont de Perpignan jusqu'à Castel-Roussillon, et ceux du Midi, ou de la rive opposée jusqu'au même point, ne formeront qu'un seul et unique Syndicat, ayant une bourse et un caissier communs.

II

Les Commissaires et Syndics de l'un et l'autre bord, depuis Castel-Roussillon jusqu'à la mer, formeront pareillement un second Syndicat, commun aux deux rives opposées, ayant les mêmes Commissaires, une bourse unique et un caissier.

III

Les Commissaires et Syndics seront en nombre égal pour l'une et l'autre rive, et il y aura quatre Commissaires et quatre Syndics pour chaque Syndicat.

IV

Ces Commissaires et Syndics seront nommés dans une assemblée générale des tenanciers de chaque partie de la rivière, qui seront convoqués à cet effet chez le Sieur Viguier de Roussillon, à la quinzaine. Dans cette même assemblée seront choisis pour remplir les places de caissier, ceux que les riverains trouveront dignes de leur confiance.

V

Les Commissaires ou Syndics qui seront nommés dans les
dites assemblées, exerceront pendant trois ans, à l'expiration
desquels la moitié seulement sera remplacée, et ainsi de
suite : de manière qu'il se trouve toujours des Commissaires
et des Syndics anciens, avec ceux qui auront été nouvellement élus. Pourront cependant les Commissaires et Syndics
qui auront été en fonction pendant trois années être prorogés
ou confirmés de leur consentement.

VI

Lorsqu'il se trouvera un Commissaire ou un Syndic à remplacer dans l'intervalle des élections, ceux qui seront en
place alors nous présenteront les sujets qu'ils estimeront
propres à lui succéder ; à l'égard des élextions à faire de trois
en trois ans, il y sera pourvu par le corps des tenanciers,
ainsi qu'il est dit dans l'article iv.

VII

Toutes les dépenses qui ont eu lieu jusqu'à présent de la
part des Syndicats de l'un et de l'autre bord, seront pour le
compte particulier de chaque Syndicat ; mais celles qui se
feront à l'avenir pour l'utilité commune seront supportées par
les tenanciers de chacun des deux Syndicats formés cumulativement pour le Nord et pour le Midi.

VIII

IX

Le lit de la rivière demeurera fixé à quarante toises de largeur, et il sera fixé par des pilons en maçonnerie, construits
de distance en distance, aux frais et dépens des bourses communes, lesquelles supporteront aussi les dépenses faites pour
le plan de l'alignement, selon la répartition entre les divers
Syndicats qui en sera par nous arrêtée.

X

Seront tenus les tenanciers de l'un et l'autre bord de la dite rivière, de faire dans leurs fonds respectifs une plantation de bois taillis de vingt-quatre toises de largeur ou profondeur ; et dans le cas où le terrain ne seroit pas susceptible de la plantation en bois, la dite plantation sera faite en cannes, et ce dans l'espace de trois années, à raison de huit toises par chacune, laquelle plantation sera achevée au plus tard dans le courant du mois de février de chaque année, en commençant par la partie qui confrontera l'alignement de la rivière ; et, faute par les dits tenanciers d'y avoir fait procéder dans les termes ci-dessus énoncés, permettons aux dits Commissaires et Syndics, pour prévenir les dommages considérables que pourroient occasionner ce refus ou cette négligence, de faire faire les dites plantations aux frais et dépens de chaque riverain, pour le remboursement desquels il sera délivré exécutoire, ce qui aura lieu par la voie de l'adjudication ou par économie, suivant que les Commissaires le jugeront plus convenable.

XI

Les plantations qui existent actuellement le long de la rivière, même au-delà des 24 toises de profondeur, ne pourront être arrachées sans une permission par écrit, émanée de nous seul ; et ce, sous peine de l'amende de 100 livres, qui ne pourra être réputée comminatoire.

XII

On ne pourra procéder à la coupe d'aucunes des plantations nouvelles, qu'elles n'aient trois années, au moyen de quoi on les fera couper par tiers de huit toises chacun, dans le même ordre qu'elles auront été plantées. Défendons d'y laisser aucuns baliveaux ni arbres de futaies, à peine de 20 livres d'amende non comminatoire ; et ordonnons que les coupes n'auront lieu qu'après le premier janvier de chaque année ; ordonnons pareillement que tous les arbres en futaie ou plus forts que le taillis, qui se trouveront dans l'étendue

des alignemens de la dite rivière à la profondeur de
24 toises, seront aussitôt après le dit alignement tracé, coupés
par les propriétaires, sinon à la diligence des Syndics et
Commissaires.

XIII

(Comme xiv de l'Ordre du 8 février 1779).

XIV

Les ouvrages et réparations peu considérables qui devront
chaque année être faites, soit dans le lit de la rivière, soit sur
les bords de l'un et de l'autre côté, seront payés de la seule
bourse du Syndicat, dans l'étendue duquel ils seront faits ;
mais si ces ouvrages et réparations se trouvent d'un objet
très dispendieux, ce qui sera arbitré et décidé par nous seul,
sur le rapport qui nous en aura été fait ou d'après notre
visite même, les dépenses qui auront lieu pour les objets de
cette nature seront communes à tous les riverains de l'un et
l'autre bord, depuis le Pont de Pierre jusqu'à la mer, suivant
la division qui sera par nous faite de ce que chaque Syndicat
en devra supporter.

XV

(Comme xv de l'Ordre du 8 février 1779).

XVI

Si les Commissaires font faire les réparations par économie, etc. (comme xvi de l'Ordre de 1779).

XVII

(Comme xvii de l'Ordre de 1779).

XVIII

Faisons défenses à toutes personnes d'introduire aucune
espèce de bestiaux dans les plantations, ni d'en couper et
enlever aucun bois ni sec ni vif, sans la permission des propriétaires, qui ne pourront donner ces permissions de couper
qu'en conformité de ce qui est prescrit ci-dessus pour les

dites plantations ; le tout, sous la peine de 20 livres d'amende,
et de tous dommages et intérêts, pour lesquels les dits propriétaires se pourvoiront, ainsi qu'il appartiendra.

XIX

Il sera établi un nombre suffisant de gardes pour veiller
continuellement à la conservation des bois plantés le long de
la rivière à l'un et l'autre bord. Ces gardes nous seront présentés par les Commissaires et seront reçus par devant nous ;
ils dénonceront les amendes encourues par les délinquans ;
ils en feront leur rapport dans trois jours chez le Sieur Jaume,
notaire, qui le recevra en qualité de greffier ; ils en donneront connoissance aux Syndics de la partie pour laquelle elles
auront été dénoncées ; et ceux-ci en poursuivront le recouvrement, auquel effet les caissiers leur fourniront, sur leurs
récépissés, les fonds nécessaires ; les dits gardes ou banniers
jouiront au surplus de 100 livres de gages annuels, outre et
par-dessus le quart des amendes payées sur leurs rapports,
les trois quarts restants devant être au profit des bourses
communes.

XX

Pour pourvoir au payement des frais, etc. (comme l'art. xx
de l'Ordre de 1779).

XXI

(Comme l'art. xxi de l'Ordre de 1779).

XXII

Ordonnons enfin que la présente sera lue, publiée et
affichée, tant dans la ville de Perpignan que dans tous les
lieux voisins de la rivière de la Tet, afin que personne n'en
prétende cause d'ignorance, et exécutée nonobstant toutes
oppositions et appellations quelconques, néanmoins sans y
préjudicier. Enjoint aux Commissaires et Syndics d'y tenir la

main, et de se conformer exactement aux dispositions qu'elle renferme [1].

Fait à Perpignan, le 25 novembre 1778.

Signé : Raymond DE SAINT-SAUVEUR.

Et plus bas : par Monseigneur,

Signé : POEYDAVANT.

A Perpignan, de l'Imprimerie de Joseph-François-Reynier, Imprimeur du Roi, rue des Marchands.

Etat de dépenses arrêté et certifié par M. de Montgazon Ingénieur en chef des Ponts et Chaussées, relatif à la levée du plan de la rivière de la Tet, et à un solde de 1442 livres, 10 sols, dû au dit Ingénieur.

Plan de la Tet. — Etat de dépense pour la levée du plan de la Rivière de Tet, depuis l'ancien acqueduc nommé le Pont de Baho sur la limite de Rodez, jusqu'à la mer.

23 janvier 1779

Le S. Renault, pour avoir été employé 8 mois 25 jours à la levée du dit plan ; ce qui, à raison de 150[l] par mois, cy.. 1.325 [l]

Le S. Dufau, dessinateur géographe des Ponts et Chaussées, employé pendant un mois à la levée du dit plan, cy...... 80

Frais de porte-chaines et d'indicateurs employés à la dite opération.

1° Etat de dépense en date 13 janvier 1778 certifié par le susdit S. Renault, lequel monte à, cy. 17 14

2° Autre en datte du mois de mars suivant, certifié idem, montant à, cy....... .... 49 7

3° Autre en datte 4 mai de la même année, certifié idem, lequel monte, cy. 48

4° Autre certifié idem, en datte 19 du même mois ; lequel monte, cy............... .... 28 16

[1] Archives des Pyrénées-Orientales, C 1215.

5° Autre certifié idem, en datte 24 décembre
1778, montant, cy.......................... 602 9
6° Autre en datte 26 du même mois, certifié
par le susdit S. Dufau, lequel monte, cy......... 91 4

Monte............... 2.242 10

Sur quoi le S. Kolly de Montgazon. ayant reçu
à compte, en vertu de l'ordonnance 19 novembre
dernier du S. Arnaud, la somme de, cy.... 800

est à lui revenir celle de... 1 442 10

Monte le présent état de dépense à la somme de mil quatre
cent quarante deux livres, dix sols, arrêté et certifié par nous,
Ingénieur en chef des Ponts et Chaussées de la Généralité de
Roussillon à Perpignan, le 23 janvier 1779.

Kolly de MONTGAZON.

Vu par nous, Intendant de Roussillon et Pays de Foix, le
susdit état de dépenses relatives à la levée du plan de la
rivière de la Tet, et qui restent à payer au S. Kolly de Montgazon, montant à la somme de mil quatre cent quarante deux
livres dix sols.

Il est ordonné au S. Arnaud, ancien Receveur Général des
Finances de cette Province, de payer au susdit S. de Montgazon, la somme de mil quatre cent quarante deux livres dix
sols. De laquelle somme le dit S. Arnaud sera remboursè par
nos ordres, en rapportant le présent quittance [1].

RAYMOND.
Pour acquit : Kolly DE MONTGAZON.

____

[1] Archives des Pyrénées-Orientales, C, 1215.

Ordonnance de M. de Saint-Sauveur, Intendant de Roussillon, réunissant tous les syndicats de la Tet en quatre syndicats, le premier comprenant les deux rives de la rivière depuis Rodès jusqu'à Néfiach ; le second les terroirs de Néfiach et de Millas ; le troisième les deux Saint-Féliu jusqu'à l'Hospitalet ; le quatrième depuis l'Hospitalet jusqu'au Pont de Perpignan ; fixant le lit de la rivière à 40 toises de largeur et obligeant les riverains de chaque fonds à planter sur une largeur de 24 toises un bois-taillis dont la coupe ne pourra être faite que tous les trois ans.

Louis-Hyacinthe Raymond de Saint-Sauveur, Chevalier, Seigneur de la Grange du Milieu, Conseiller du Roi en tous ses Conseils, Maître des Requêtes ordinaire de son Hôtel, Intendant de Justice. Police, Finances et Fortifications de la Province de Roussillon et du Comté de Foix.

Par notre ordonnance du vingt-cinq novembre de l'année dernière, nous avons réglé les différens objets qui peuvent concerner les ouvrages, alignemens et plantations à faire dans le lit et sur les bords de la rivière de la Tett, depuis l^e Pont de Perpignan jusqu'à la mer. Et quoique la partie supérieure depuis ce même Pont jusqu'au terroir de Rhodès, exclusivement, excitât également notre sollicitude et nos soins, nous avons été forcé d'en suspendre les effets, jusqu'à ce que le plan du cours de la rivière fût entièrement dressé. Dès que cette opération a été terminée, nous nous sommes hâtés d'en faire part aux propriétaires intéressés, en les faisant assembler par devant nous. Et c'est en nous aidant des secours de leurs lumières et de leur expérience que nous avons adopté les moyens qu'on peut croire les plus propres à préserver des cantons de la Province, précieux par leur fertilité, du retour des malheurs auxquels les fréquentes inondations qu'ils éprouvent, les tiennent continuellement exposés. Les conférences qui ont eu lieu à cet égard nous ayant mis à portée de juger que la plupart des dispositions contenues

dans notre dite ordonnance du vingt-cinq novembre dernier,
pouvoient aussi s'appliquer au cours supérieur de la Tett,
nous avons cru ne pouvoir assez tôt les rendre communes
aux deux parties, en admettant néanmoins quelques légères
différences que les circonstances du local ont paru exiger.

En conséquence, nous avons ordonné et ordonnons ce qui
suit.

I

Les Commissaires et Syndics pour les deux bords de la
Tett seront et demeureront réunis à l'avenir, de manière que
ceux du côté du Nord, depuis le Pont de Perpignan jusqu'à
Rhodès, et ceux du Midi ou de la rive opposée jusqu'au
même point, formeront quatre syndicats qui embrasseront les
deux rives parallèles ; lesdits syndicats ayant chacun une
bourse et un caissier communs.

II

Les dits Syndicats comprendront, savoir le premier, tous
les héritages depuis le terroir de Rhodès jusqu'à celui de
Neffiach exclusivement ; le second, les terroirs de Neffiach et
de Millas ; le troisième, ceux des deux Saint-Feliu jusqu'à
l'Hospitalet ; enfin, le quatrième s'étendra depuis l'Hospitalet jusqu'au Pont de Perpignan. Ils embrasseront, comme il
a été dit, les deux bords de droite et de gauche de la rivière,
et les terreins exposés à ses débordemens.

III

Les Commissaires et Syndics seront en nombre égal pour
l'une et l'autre rive, et il y aura trois Commissaires et trois
Syndics pour chaque Syndicat.

IV

Ces Commissaires et Syndics seront nommés dans des
assemblées générales des tenanciers ; ceux de chacun des
trois premiers Syndicats seront convoqués à cet effet dans la
huitaine, par les Bayles et Consuls d'Ille, Millas et de Saint-
Feliu, sur les ordres qui leur seront donnés par le S. Viguier

de Roussillon, en leur faisant passer la présente ordonnance ;
à l'égard du quatrième Syndicat, l'assemblée sera tenue par
devant le dit S. Viguier, aux jour, lieu et heure qu'il indi-
quera, dans la ville de Perpignan.

V ·

Les Commissaires et Syndics qui seront nommés dans les
dites assemblées, exerceront pendant trois ans, à l'expiration
desquels la moitié seulement sera remplacée, et ainsi de
suite ; de manière qu'il se trouve toujours des Commissaires
et Syndics anciens, avec ceux qui auront été nouvellement
élus. Pourront cependant les Commissaires et Syndics qui
auront été en fonctions pendant trois années être prorogés ou
confirmés de leur consentement.

VI

Lorsqu'il se trouvera un Commissaire ou un Syndic à remplacer dans l'intervalle des élections, ceux qui seront en place
alors nous présenteront les sujets qu'ils estimeront propres à
lui succéder. A l'égard des élections à faire de trois en trois
ans, il y sera pourvu par le corps des tenanciers, ainsi qu'il
est dit dans l'article IV.

VII

Toutes les dépenses qui se feront à l'avenir pour l'utilité
commune de chaque Syndicat, seront supportées par les
tenanciers du dit Syndicat, formé cumulativement pour le
Nord et pour le Midi.

VIII

Ordonnons que l'alignement de la rivière de la Tett sera
exécuté suivant le plan qui en a été dressé par le S. de Montgazon, Ingénieur des Ponts et Chaussées de cette Province, et
selon les corrections qui y ont été faites ; lequel plan sera
déposé au Bureau de notre Intendance, pour y avoir recours
au besoin.

IX

Le lit de la rivière demeurera fixé à quarante toises de
largeur, et il sera indiqué provisoirement par des piquets de

bois de chêne, placés de distance en distance, et bien assurés dans la terre, le tout aux frais et dépens des Bourses communes, lesquelles supporteront aussi les dépenses faites pour le plan de l'alignement, selon la répartition entre les divers Syndicats qui en sera par nous arrêtée.

X

Seront tenus les tenanciers de l'un et l'autre bord de la dite rivière de faire dans leurs fonds respectifs une plantation de bois taillis de vingt-quatre toises de largeur ou profondeur ; et, dans le cas où le terrein ne seroit pas susceptible de la plantation en bois, elle sera faite en cannes, et ce, dans l'espace de trois années, à raison de huit toises par chacune, laquelle plantation sera achevée au plus tard dans le courant du mois de février de chaque année, en commençant par la partie la plus éloignée de l'alignement de la rivière ; et, faute par les dits tenanciers d'y avoir fait procéder dans les termes ci-dessus énoncés, quoique la plantation ait été jugée praticable, permettons aux dits Commissaires et Syndics, pour prévenir les dommages considérables que pourroit occasionner leur refus, de faire sommer les propriétaires négligens d'avoir à s'exécuter dans trois jours précis et péremptoires, après lesquels ils seront censés avoir abandonné les terreins non plantés ; en conséquence lesdits terreins seront de suite inféodés à ceux qui se soumettront à se conformer à notre présente ordonnance.

XI

Dans le cas où il se trouveroit dans l'étendue des 24 toises de franc-bord de chaque côté de la rivière, des portions de terrein qui ne seroient pas susceptibles d'être plantées soit en bois, soit en cannes, les Commissaires détermineront la manière d'y suppléer par des batardeaux ou autrement.

XII

Les plantations qui existent actuellement le long de la rivière, même au-delà des vingt-quatre toises de profondeur, ne pourront être arrachées sans une permission par écrit

émanée de nous seul ; et ce, sous la peine de l'amende de
100 livres qui ne pourra être réputée comminatoire ; laquelle
disposition aura lieu jusqu'à ce que l'entière plantation des
vingt-quatre toises soit effectuée.

XIII

On ne pourra procéder à la coupe d'aucune des plantations
nouvelles, qu'elles n'aient au moins trois années, au moyen
de quoi on les fera couper par tiers de huit toises chacune,
dans le même ordre qu'elles auront été faites : défendons d'y
laisser aucuns baliveaux ni arbres de futaie, à peine de vingt
livres d'amende non comminatoire ; et ordonnons que les
coupes n'auront lieu qu'après le premier janvier de chaque
année. Ordonnons pareillement que tous les arbres en futaie
ou plus forts que les taillis, qui se trouveront dans l'étendue
des alignemens de la dite rivière, à la profondeur de vingt-
quatre toises, seront aussitôt après le dit alignement tracé,
coupés par les propriétaires, sinon, à la diligence des Syndics et Commissaires, lesquels tiendront en outre la main à
ce que les plantations qui ne pourront pas être coupées régulièrement à l'âge de trois ans, le soient aussitôt que l'état des
bois le permettra ou l'exigera.

XIV

Les Commissaires qui seront nommés dans les formes
prescrites par l'article IV, parcouront tous les ans dans le
cours du mois d'août l'un et l'autre bord de la dite rivière,
avec un Syndic de chaque bord au moins, afin d'indiquer et
déterminer les réparations et les ouvrages qui pourroient être
jugés nécessaires dans le lit de la dite rivière ou sur les francs-
bords, tels que digues, canaux, batardeaux et autres qui
seroient à la charge du corps entier des riverains, et devront
être exécutés à la diligence des Syndics. Il sera dressé du tout
un procès-verbal signé d'eux, dont l'original sera remis au
caissier des riverains pour y avoir recours et procurer aux
dits Commissaires le moyen, en faisant leurs visites les

années suivantes, de vérifier si les ouvrages ordonnés ont été exécutés ou les causes qui auront pu l'empêcher.

XV

Ne pourront les dits Commissaires faire qu'une seule visite chaque année, si ce n'est dans les cas imprévus et très instans, dont il nous aura été fait part. Il leur sera payé quatre livres par jour à chacun, et deux livres aux Syndics, assistans, autant néanmoins qu'ils l'exigeront ; ce qu'ils déclareront dans quinzaine du jour de la visite.

XVI

Si les Commissaires font faire quelques réparations par économie, les Syndics seront tenus de surveiller les ouvriers, en se relevant ainsi qu'ils conviendront entre eux, de manière qu'il y en ait un toujours présent ; et, dans le cas où les réparations seront ordonnées à prix fait, l'un des Syndics employera deux jours de la semaine pour visiter les ouvrages, leur attribuant dans ces deux cas trente sous par jour à titre de dédommagement.

XVII

Dès que l'alignement sera tracé, ce qui sera fait à la diligence des nouveaux Commissaires et Syndics, aussitôt après leur nomination, toutes les plantations qui se trouveront dans l'intérieur de l'alignement seront arrachées par ceux qui s'en prétendront propriétaires ; et, faute par eux de le faire dans le délai précis d'un mois, il y sera pourvu par les Commissaires et Syndics, ce qui néanmoins ne sera exécuté que dans les parties où les dites plantations ne seront point jugées devoir subsister provisoirement, et en attendant l'exécution de celles ordonnées par l'article x.

XVIII

Faisons défenses à toutes personnes d'introduire aucune espèce de bestiaux dans les plantations, ni d'en couper ou enlever aucun bois ni sec ni vif sans permission des propriétaires, qui ne pourront même donner la permission de couper qu'en conformité de ce qui est prescrit ci-dessus pour les dites plantations ; le tout, sous la peine de 20 livres d'amende, et de tous dommages et intérêts, pour lesquels les dits propriétaires se pourvoiront ainsi qu'il appartiendra.

XIX

Laissons à la prudence des Commissaires le choix d'établir un nombre suffisant de gardes, ou de charger les sous-bayles des terroirs de veiller continuellement à la conservation des bois plantés le long de la rivière, à l'un et à l'autre bord ; bien entendu que les gardes, sil y en a de nommés, nous seront présentés par les Commissaires, pour être reçus par devant nous. Ils dénonceront, ainsi que les sous-bayles, les amendes encourues par les délinquans ; ils en feront leur rapport dans trois jours aux greffes de la Jurisdiction territoriale d'Ille, Millas, Saint Feliu, et chez le S. Jaume, notaire, qui le recevra en qualité de greffier ; ils en donneront connoissance aux Syndics de la partie pour laquelle elles auront été dénoncées, et ceux-ci en poursuivront le recouvrement, auquel effet les caissiers leur fourniront, sur leurs récépissés, les fonds nécessaires. Les dits gardes ou sous-bayles jouiront au surplus des gages annuels, ou du salaire qui sera convenu, outre et par-dessus le quart des amendes payées sur leurs rapports, les trois quarts restans devant être au profit des Bourses communes.

XX

Pour pourvoir au payement des frais déjà faits pour la confection du plan, ainsi qu'à ceux de l'alignement, aux ouvrages et réparations communes, aux gages des gardes, et autres dépenses courantes, il sera, si fait n'a été, procédé huitaine après la nomination des Commissaires et Syndics, ordonnés par l'article IV, à l'état de dénombrement des terres qui devront contribuer aux dépenses générales, lesquelles seront divisées en trois classes, suivant l'usage ordinaire de la Province. Cette opération sera faite par les Commissaires nommés, assistés de deux principaux riverains de chaque Syndicat.

XXI

Au moyen desdits dénombremens, les commissaires procéderont après qu'ils y auront été par Nous autorisés, à la répartition des sommes nécessaires pour fournir aux dépenses communes ; bien entendu néanmoins que les Etats qui seront dressés ne pourront être mis en recouvrement qu'après avoir été vérifiés par le S. Viguier de Roussillon, et par Nous rendus exécutoires.

XXII

Ordonnons enfin que la présente sera lue, publiée et affichée, tant dans la ville de Perpignan, que dans tous les lieux voisins de la rivière de la Tet, afin que personne n'en prétende cause d'ignorance et exécutée nonobstant toutes oppositions quelconques néanmoins sans y préjudicier : enjoint aux Commissaires et Syndics d'y tenir la main, et de se conformer exactement aux dispositions qu'elle renferme.

Fait à Perpignan le 8 février 1779.

Signé: Raymond DE SAINT-SAUVEUR.

Et plus bas, par Monseigneur, POEYDAVANT.

Collationné,

POEYDAVANT.

A Perpignan, de l'Imprimerie de Joseph-François-Reynier, Imprimeur du Roi, rue des Marchands [1].

----

[1] Archives des Pyrénées-Orientales, C 1215.

Arrêt du Conseil d'Etat ordonnant, d'après le rapport
de M. de Beaumont, Conseiller d'Etat, l'imposition
de 500.000 livres pour les différents travaux de la
rivière, digues, chaussées, et des routes, ainsi répar-
tie : 25.000 livres prélevées annuellement sur le fonds
des Ponts et chaussées pendant dix années consécutives ; 1.898 livres sur le clergé séculier et régulier
de la Province ; pour chacune des dix années et pour
parfaire la somme de 500 000 livres, impôt supplé-
mentaire sur tous les habitants et possesseurs de
biens-fonds, de vingt-cinq mille livres, au marc la
livre de l'abonnement des vingtièmes du Roussillon.
Arrêt qui ordonne l'imposition chaque année, à compter de 1780 jusques et compris 1789, de la somme de
25.000 l., sur tous les habitans et biens tenans de la
Province de Roussillon, pour parfaire le surplus de
celle de 500.000 l. destinée aux dépenses qu'exigent
les digues et les plantations à faire pour contenir la
rivière de la Tett dans son lit, ainsi que pour l'ouverture des chemins vers l'Espagne, le Languedoc et
le Port-Vendrès.

5 juin 1779

EXTRAIT DES REGISTRES DU CONSEIL D'ÉTAT

Le Roi, étant informé de la situation de sa province de
Roussillon, dont les habitans ont essuié des dommages considérables par l'effet des crues et des débordemens multipliés
des rivières et torrens qui la traversent, Sa Majesté, après
avoir pourvu par la remise d'une somme de 40.000 l. au soulagement de ceux d'entre eux qui en avoient un véritable besoin,
a porté ses regards sur les moïens propres à étendre leur
commerce, à donner de l'activité à leur industrie, à retirer de
la bonté du sol, de la nature de ses productions et de sa position, tous les avantages que l'on peut en attendre. Sa Majesté
s'est fait rendre compte en conséquence des objets divers qui
pouvoient fixer son attention ; elle a reconnu que les secours

qu'elle a accordés pour le curement et les autres ouvrages
ordonnés au Port-Vendres deviendroient presque inutiles, si
l'on ne travailloit en même tems à en rendre les abords continuellement praticables par la sûreté et la commodité des routes
qui y aboutissent ; que les communications intérieures de la
Province peuvent seules préparer et entretenir l'aliment d'un
commerce qui ne peut subsister ni s'accroître qu'autant qu'il est
aidé par la facilité du transport des denrées et des marchandises d'un canton à un autre ; que les ravages enfin, causés
par les inondations de la rivière de la Tett aux environs de
la ville de Perpignan, exigent, pour en prévenir les retours,
des dépenses extraordinaires qui, jointes à celles devenues
indispensables pour communiquer librement soit avec l'Espagne, soit avec le Languedoc, seroient fort au-dessus des
forces actuelles de la Province, Sa Majesté s'est déterminée en
conséquence à lui donner une nouvelle marque de sa protection, bien persuadée que les habitans du Roussillon seroient
très empressés à concourir par de nouveaux efforts au succès
de ses vues bienfaisantes.

En conséquence, oui le raport du Sieur Moreau de Beaumont, Conseiller d'Etat ordinaire et au Conseil Roïal des
Finances, Sa Majesté étant en son Conseil, a ordonné et
ordonne que, pour subvenir aux dépenses urgentes et extraordinaires qu'exigent les digues et les plantations à faire pour
contenir la rivière de la Tett dans son lit, aux aproches du
Pont de Pierre de la ville de Perpignan, ainsi que pour l'ouverture, la construction ou la réparation des chemins, ponts
et chaussées vers l'Espagne, le Languedoc et le Port-Vendres,
il sera destiné une somme de cinq cent mille livres, laquelle
sera emploïée sur les ordonnances du Sieur Intendant et
Commissaire départi en Roussillon, suivant les projets qui en
ont été déjà aprouvés par Sa Majesté, et suivant ceux qui le
seront pareillement à l'avenir.

Ordonne Sa Majesté qu'il sera fourni annuellement des
fonds des Ponts et Chaussées une somme de vingt-cinq mille
livres pendant dix années consécutives, à commencer de mil
sept cent soixante dix neuf ; et, pour parfaire le surplus de
la somme de cinq cent mille livres, il sera imposé chaque

année à compter de l'année mil sept cent quatre vingt jusques
et y compris mil sept cent quatre vingt neuf, celle de vingt
cinq mille livres sur tous les habitans et biens-tenans, exempts
et non exempts, privilégiés et non privilégiés de la Province
sans exception, au marc la livre de l'abonnement des vingtièmes ; laquelle imposition ne pourra tirer à conséquence
contre l'ordre du Clergé, celui de la Noblesse, et autres privilégiés, qui demeureront maintenus d'ailleurs dans leurs
droits, privilèges et immunités, et sans que, sous aucun prétexte, la dite imposition puisse être prolongée au-delà du
terme de dix années fixé par le présent arrêt, ni divertie à
d'autres usages.

Ordonne Sa Majesté que la contribution particulière du
Clergé séculier et régulier de la dite Province demeurera fixée
à la somme de dix-huit cent quatre vingt-dix-huit livres pour
chacune des dites dix années, dont la répartition sera faite
par les Commissaires du Bureau diocézain, dans la forme
accoutumée, pour être la dite somme remise à la fin de chaque
année entre les mains du Receveur Général des Finances,
lequel sera tenu de compter de la somme totale de cinq cent
mille livres aux époques énoncées au présent arrêt, sur les
états qui seront successivement arrêtés de la dépense qui
aura été faite dans le courant de chaque année ; lesquels
seront vérifiés par l'Ingénieur en chef des Ponts et Chaussées,
et revêtus de l'ordonnance du dit Sieur intendant. Au moïen
de quoi, et en raportant par le dit Receveur Général les dits
états motivés et détaillés, ainsi que les ordonnances, les quittances des entrepreneurs des ouvrages ou autres parties prenantes, et des copies collationnées du présent arrêt, la dite
somme totale de cinq cent mille livres lui sera allouée dans
la dépense de ses comptes partout où il apartiendra.

 Enjoint Sa Majesté au dit Sieur Intendant et Commissaire
départi en Roussillon de tenir la main à l'exécution du présent
arrêt, sur lequel toutes lettres nécessaires seront expédiées.

Fait au Conseil d'Etat du Roi, Sa Majesté y étant, tenu à
Versailles le cinq juin mil sept cent soixante dix neuf.

DE MONTBAREY.

Enregistré au Controlle Général des Finances par nous, Chevalier, Conseiller du Roi en ses Conseils, autorisé à remplir les fonctions du Contrôle Général des Finances, à Paris, le dix huit juin mil sept cent soixante dix neuf.

PERROTIN.

Louis, par la grâce de Dieu, Roi de France et de Navarre, à notre amé et féal le Sieur Intendant et Commissaire départi en la Province de Roussillon, Pays et Comté de Foix, Salut. Nous vous mandons et enjoignons par ces présentes, signées de notre main, que suivant l'arrêt, dont l'extrait est ci-attaché sous le contre-scel de notre Chancellerie, ce jour d'hui donné en notre Conseil d'Etat, nous y étant, pour les causes y contenues, vous aïés à vous emploier à l'exécution d'icelui selon sa forme et teneur. Commandons au premier notre huissier ou sergent, sur ce requis, de signifier le dit arrêt à tous qu'il apartiendra, et de faire en outre pour son entière exécution toutes signiffications, commandemens, sommations et autres actes et exploits requis et nécessaires, sans, pour ce, demander autre permission. Car tel est notre plaisir. Donné à Versailles, le cinquième jour du mois de juin, l'an de grâce mil sept cent soixante dix neuf et de notre règne le sixième. [1]

LOUIS.

LE PRINCE DE MONTBAREY.

---

[1] Archives des Pyrénées-Orientales, C. 1215.

Requêtes diverses signées des syndics des différentes corporations de Perpignan, adressées à l'Intendant, relatives à l'imposition extraordinaire de 25.000 livres pendant dix ans, et ordonnance publiée par M. de Madaillan, président du Conseil Souverain, et M. de Gispert, rapporteur, concernant cet impôt pour être employé aux réparations des Digues, chaussées et chemins de la Province de Roussillon.

23 octobre 1779

Monseigneur l'Intendant de la Province de Roussillon et Comté de Foix,

Supplient humblement les Sieurs Soussignés, Sindics des Communautés des Arts et Métiers de la très fidelle ville de Perpignan, disant que de tout tems les fréquents débordements des différentes rivières de cette Province de Roussillon ont toujours causé des grandes dégradations aux digues et chaussées et chemins de la susdite Province ; et que, par cy-devant la plus grande partie des habitans, par leurs qualités, se trouvaient exempts à contribuer à cette dépence immense et la réduisait à être supportée en seuls par les communautés des suppliants, tant par ceux de la dite ville que par ceux des autres villages, bourgs et villes de la dite Province, qui étoient compris aux corvées dont ils étaient obligés aux réparations soit en nature soit en argent ; ce qui cependant les écrasaient par une dépence au-dessus de leurs forces.

Sa Majesté en étant instruite, toujours attentive à veiller aux biens de ses sujets, trouva à propos, pour contribuer à cette dépense, d'y comprendre la généralité de ses sujets, en ordonnant, dans ces lettres patentes du 14 août 1779 cy-jointes, enregistrées au Conseil Souverain de Roussillon, le 22 septembre suivant, une levée d'une imposition de 25.000 l. pendant dix années, au marc la livre de l'abonnement des vingtièmes du Roussillon, pour, conjointement avec une pareille somme prise sur les fonds des Ponts et Chaussées,

14

être employées aux réparations des Digues, chaussées et chemins de cette Province.

Les suppliants voyent clairement qu'eux et leurs corps sont compris par leurs cottes aux impositions ordonnées par les dites lettres patentes, et qu'on ne manque pas chaque année d'exiger d'eux dans les payements de leurs vingtièmes les sommes qu'ils leur sont réparties dans chaque corps de communautés différentes. C'est ce qui les fondent à croire qu'on ne peut les obliger aux corvées, puisqu'ils la payent en argent. Nonobstant, il vient d'être remis à chaque suppliant de vos ordonnances en date du 29 aoust 1781, joint des devis de Messieurs les Ingénieurs de cette ville, qui leur ordonne la corvée et leur indique à chaque des tâches et portions sur les différentes routes de la Province, pour être réparées par corvées. Ils déclarent que leurs intentions n'est pas d'y désobéyr ; leurs vues ne sont que de réclamer la justice dont ils croyent être fondés à demander, espérant que votre Grandeur rendra exécutoires les susdites lettres patentes, et voudra bien dispenser tous courvéables des corvées.

A ces causes, vu l'exposé de la présente, il plaise aux bonnes grâces de votre Grandeur ordonner que les lettres patentes y jointes et énoncées seront exécutées suivant leurs formes et teneurs, et, ce faisant, décharger les suppliants et leurs communautés de toute autre corvées que celle pour laquelle ils se trouvent imposés par argent. En concéquence, surçoir à toutes poursuittes, subcidairement donné acte aux suppliants des offres qu'ils font de parfournir provisoirement aux devis de Messieurs les Ingénieurs de cette ville, en conséquence de vos ordonnances, sauf et sans préjudice aux suppliants de leurs droits qu'ils se réservent expressément de faire valoir ainsi et par devant qui il appartiendra. Et vous ferés justice.

Cette requête est signée des syndics des diverses corporations de Perpignan.

Elle est suivie de trois autres requètes, rédigées dans les mêmes termes, et adressés à l'Intendant par les habitans de la communauté du lieu d'Estagel, les habitans de la ville de Collioure, les habitans de la communauté du lieu de Baixas. A ces requêtes est annexée une copie imprimée des « Lettres-

Patentes du Roi, qui ordonnent une imposition de 25.000 livres, pendant dix années, au marc la livre de l'abonnement des Vingtièmes du Roussillon, pour, conjointement avec une pareille somme prise sur les fonds des Ponts et Chaussées, être employée aux réparations des digues, chaussées et chemins de cette Province.

Du quatorze août mil sept cens soixante dix neuf.

(Extrait des Registres du Conseil Souverain de Roussillon).

Louis, par la grâce de Dieu... (suivent les dites Lettres Patentes, dont on a le texte par ailleurs).

La Cour, ouï ce, requérant le Procureur Général du Roi, ordonne que les dites Lettres-Patentes du 14 août dernier, qui ordonnent une imposition de vingt cinq mille livres pendant dix années, au marc la livre de l'abonnement des Vingtièmes du Roussillon, pour, conjointement avec une pareille somme prise sur les Ponts et Chaussées, être employée aux réparations des digues, chaussées et chemins de cette Province, seront regîtrées en ses regîtres, pour être exécutées suivant leur forme et teneur, imprimées, lues, publiées et affichées dans toutes les villes et lieux du ressort accoutumés, et copies collationnées envoyées aux Sièges Royaux subalternes, pour y être procédé à pareille publication et enregîtrement ; le tout, à la diligence du Procureur Général du Roi ; enjoint à ses substituts d'en certifier la cour au mois.

Fait au Conseil, le 11 septembre 1779

M. Cairol de Médaillan, *Président.*
M. de Gispert, *Rapporteur.*
Collationné, F. Ramon-Ruffat.

A Perpignan, de l'Imprimerie de Joseph-François-Reynier, Imprimeur du Roi et du Conseil Souverain de Roussillon, rue des Marchands. [1]

---

[1] Archives des Pyrénées-Orientales, C 1215.

Arrêt du Conseil Souverain relatif au versement à la caisse du trésorier des Ponts et Chaussées de toutes les sommes extraordinaires destinées aux travaux du département, suivant le rapport dressé par M. de Baumont, Conseiller d'Etat.
Arrêt du Conseil explicatif de celui du 5 juin 1779.
Extrait des Registres du Conseil d'Etat.

11 Novembre 1779

Le Roi, s'étant fait représenter en son Conseil l'arrêt rendu en icelui le 5 juin 1779 et les lettres-patentes du 14 août de la même année, par lesquelles, pour subvenir aux dépenses urgentes et extraordinaires qu'exigent les Digues et autres travaux à faire pour contenir dans son lit la rivière de la Tet aux approches du Pont de Pierre de la ville de Perpignan, ainsi que pour l'ouverture, la construction ou la réparation des chemins, ponts et chaussées vers l'Espagne, le Languedoc et le Port-Vendres, Sa Majesté auroit ordonné qu'il seroit employé une somme de cinq cens mille livres sur les ordonnances du Sieur Intendant et Commissaire départi en Roussillon, suivant les projets déjà approuvés par Sa Majesté et ceux qui le seroient à l'avenir ; qu'à cet effet il seroit fourni annuellement des fonds des Ponts et Chaussées une somme de 25.000 livres pendant dix années consécutives à commencer de 1779, et qu'en outre, pour parfaire le surplus du susdit fonds de 500.000 livres, il seroit imposé chaque année, à compter de 1780, jusques et compris 1789, la somme de 25.000 livres sur tous les habitans et bien-tenans, exempts et non exempts, priviligiés ou non privilégiés, de la dite Province, sans exception, au marc la livre de l'abonnement des vingtièmes ; laquelle imposition ne pourroit tirer à conséquence contre l'ordre du Clergé et celui de la noblesse et autres privilégiés relativement à leurs privilèges, et sans que sous aucun prétexte la dite imposition pût être prolongée au-delà du terme de dix années, ni divertie à d'autres usages ; pour la dite somme de 25.000 livres... remise à la fin de chaque année entre les mains du Receveur Général des Finances, et par lui versée au Trésor Royal, être employée, conjointement avec celle de 25.000 livres que Sa Majesté auroit destinée aux mêmes travaux, au payement des dits ouvrages, sur les états qui seroient arrêtés de la dépense faite dans le courant de chaque année, les dits états vérifiés et certifiés par l'Ingénieur en chef des Ponts et Chaussées et revêtus des ordonnances du S. Intendant et Commissaire départi ; au moyen de quoi et en raportant par le dit Receveur Général des Finances les états motivés et détaillés, ainsi que les ordonnances, les quittances des entrepreneurs des ouvrages et autres parties prenantes, et des copies collationnées des lettres-patentes rendues à cet effet, la somme totale de 500.000 livres lui seroit allouée dans la dépense de ses comptes partout où il appartiendroit.

Mais Sa Majesté, ayant jugé depuis qu'il seroit plus convenable pour le bien du service de faire verser dans la caisse du Trésorier des Ponts et Chaussées toutes les sommes extraordinaires qui s'imposent pour des travaux relatifs à ce Département et de faire acquitter les dépenses dont il s'agit par le dit Trésorier des Ponts et Chaussées ; à quoi voulant pourvoir, ouï le rapport du S. Moreau de Beaumont, Conseiller d'Etat ordinaire et au Conseil Royal des Finances, le Roi, étant en son Conseil, a ordonné et ordonne que la somme de vintg cinq mille livres ordonnée être imposée pendant dix années consécutives à compter de 1780 jusques et compris 1789 sur la Province de Roussillon, sera versée au Trésor Royal conformément à la déclaration du 17 octobre 1779 par le Receveur Général de la dite Province, lequel en demeurera à ce moïen bien et valablement quitte et déchargé en raportant la quittance qui lui en sera délivrée par le Garde du Trésor Royal en exercice ; et pour mettre le Trésorier des Ponts et Chaussées en état d'acquiter les dépenses autorisées par le susdit arrêt du Conseil du 5 juin 1779 et les lettres-patentes du 14 août de la même année, il sera fait fonds annuellement dans l'état des Ponts et Chaussées qui sera arrêté au Conseil, à compter de mil sept cent quatre vingt, de la somme de vingt cinq mille livres provenant de l'imposition ordonnée sur la dite Province de Roussillon, et sera en conséquence la dite somme de ving cinq mille livres versée par le Trésor Royal dans la caisse du Trésorier des Ponts et Chaussées pour être par lui employée, avec celle de ving cinq mille livres que Sa Majesté a ordonné être prise sur le fonds des Ponts et Chausées, à acquiter les dépenses ordonnées par les dits arrêt et lettres-patentes, conformément à ce qui y est prescrit ; desquelles dépenses le Trésorier sera tenu de compter en la manière accoutumée ; dérogeant Sa Majesté aux dits arrêt et lettres-patentes en tout ce qui pourroit être contraire au présent arrêt, sur lequel toutes lettres nécessaires seront expédiées.

Fait au Conseil d'Etat du Roi, Sa Majesté y étant, tenu à Versailles le onze novembre 1779.

Signé : Gravier DE VERGENNES.

Sur cet arrêt il a été expédié des lettres-patentes le 16 novembre 1780 [1].

---

[1] Archives des Pyrénées-Orientales, C 1215.

CHAPITRE IV

Rapport de l'Ingénieur en chef de Montgazon, relatif au canal de la Tet et à la digue Orry.

Devis des travaux à faire à la digue Orry par M. de Montgazon, ingénieur en chef.

Procès verbal d'adjudication relatif à la réfection de la digue Orry.

Rapport de M. de Montgazon au sujet de ce canal.

Rapport du Sr Duclos, Inspecteur des Ponts.

Devis fait et dressé par l'Ingénieur en chef de Montgazon des ouvrages à faire à la partie de la Digue Orry détruite lors des inondations de novembre et décembre 1777, et relatif aux matériaux, à la construction de la retenue, et aux conditions spéciales de l'entreprise.

2 août 1779 à 1783

La dite partie de Digue détruite en la longueur de deux cent soixante dix toises à partir du milieu du Pont de la Pierre à l'entrée du faux-bourg de Perpignan, fut réparée provisoirement au commencement de 1778. Mais cette réparation n'étant que pour subvenir aux médiocres crues de la dite rivière, il a été ordonné qu'on la reconstruiroit sur les mêmes neuf toises de largeur en couronne quelle avoit avant sa destruction, et que, pour le surplus de son entier rétablissement, il y seroit procédé ainsi qu'il suit.

L'un et l'autre bord de la dite partie de Digue joignant le dit Pont de la Pierre et à son amont, seront établis de niveau et exhaussés de quatorse piés six pouces au-dessus de l'ancien radier du dit pont ; et, de ce point jusqu'à l'extrémité de deux cent soixante dix toises de longueur à reconstruire, la pente se soutiendra sur quinze pouces quatre de pente par cent toises en montant.

Le talud pour le bord de rive sera établi sur dix huit pouces de longueur par chaque pied de hauteur, et de plus couvert et revêtu par un fascinage comprenant onze saucissons de douze pouces de grosseur chacun, posés en recouvrement les uns sur les autres, avec un 'douzième au pied pour servir d'empatement, et en observant que le dernier saucisson, ainsi que celui qui lui correspondra en dedans, soient établis à trois piés six pouces au-dessus du susdit ancien radier du Pont, et même plus bas, si la hauteur des eaux de la rivière, lors des constructions, le permet.

Le talud du côté du Champs de Mars, et construit seulement en terre, sera établi et réglé à raison de quatorse pouces de longueur par chaque pié de hauteur.

Le dessus de la dite partie de Digue à reconstruire formera bombement de dix huit pouces d'élévation en son milieu, réduite à rien à l'un et à l'autre bord.

Elles seront construites en sables et graviers qui proviendront d'un canal de quinze et vingt toises de largeur, qu'on ouvrira à cet effet dans le milieu du lit de la rivière, et qui sera approfondi sur quatre et cinq piés de hauteur jusqu'à niveau des eaux.

Suivant les nivellemens pris et calculés pour constater du remblai de la dite partie de Digue à reconstruire, le dit remblai monte à trois mile quatre cent quarante deux toises un pouce cube ; et dont le transport ou roulage est à compter sur le pié de six relais par toise, à cause des rempes et détours qu'il faudra faire pour gagner le sommet de la Digue ; et parce qu'encore le transport des dites terres ne peut avoir lieu qu'au moyen de quatre ponts volans, qui seront à établir sur les deux courans actuels de la rivière. Lesquels ponts, construits sur trétaux, et recouverts en planches clouées sur solivaux de quatre et cinq pouces de grosseur en travers des dits tréteaux, auront huit et neuf piés de service, sur vingt toises de longueur réduite chacun.

Le lit que les eaux en 1777 s'étoient formé dans le Camp de Mars au long de la dite partie de Digue, sera entièrement comblé à hauteur de l'ancien sol avec sables et graviers provenans ainsi que pour la Digue : lequel comblement du cube de treise cent trente toises cinq pouces cubes, joint à celui de

la Digue, fait au total quatre mille sept cent soixante douze
toises six pouces cubes de remblai à faire.

Afin que les moindres crues ne puissent surprendre les
ouvrages pendant leur construction, il sera formé un barrage
ou retenue de quarante toises de longueur pour détourner
celui des courans de la rivière qui longe la Digue dans presque toute son étendue : le dit barrage à établir en tête de la
susdiste partie de Digue, sera revêtu à mont l'eau par un
fascinage en saucissons de quatre piés de hauteur, et rempli
sur le derrière en maçonnerie de cailloux à pierre sèche de
huit piés d'épaisseur réduite, et quatre piés de hauteur jusqu'à
l'arrase du dernier saucisson.

Matériaux

Les saucissons à employer aux susdits ouvrages auront de
longueur chacun douze pouces de diamètre. Ils seront faits à
la corde pour qu'ils portent bien leur calibre ; ils seront bien
pleins, fortement serrés et liés chacun de onze harts, et dont
ceux des extrémités doubles.

Les piquets pour le piquetage des dits saucissons auront
tous de six à sept piés de hauteur entre tête et pointe ; ils
seront droits, ronds, bien affilés, et auront de pourtour à la
tête six à neuf pouces, ni plus ni moins.

Les dits saucissons, ainsi que les piquets en bois de quatre
et cinq ans de coupe, seront pris à Bompas ou dans les plantations au long de la rivière proche de Castell-Roussillon, à
trois quarts de lieue de distance des ouvrages.

Les cailloux, tant pour la susdite retenue que pour les
approvisionnemens sur le dessus de la Digue, proviendront
moitié des fouille et excavation du canal dans le lit de la
rivière, et l'autre moitié sera prise vis à vis le mas Générès,
à demi-lieue de distance environ de l'attelier. Les dits
cailloux, surtout pour la retenue, seront des plus gros
qu'on pourra se procurer. Ceux en approvisionnement
seront de toutes grosseurs, mais cependant sans petits ni
menus.

Les susdits matériaux en général seront bien conditionnés,
sans quoi ils seront dans le cas d'être rebutés, fussent-ils
même mis en œuvre.

Construction

Lorsqu'on procédera, ainsi qu'il va être dit, à la construction de la retenue, il sera fait la trace des atteliers pour la fouille et ouverture du canal du côté des Capucins, et en même tems, l'on établira les ponts volans qui doivent servir pour le passage des rouleurs de terre.

L'emplacement de la dite retenue, et dont la direction sera oblique à celle de la Digue, ayant été reconnu et marqué, et les légers dragages faits au fonds de la rivière pour l'établissement de fascinage de son bord de rive, l'on posera le premier cours de saucissons et chacun d'eux sera maintenu et assujetti de cinq piquets battuts et chassés de toute leur longueur par la force de quatre hommes conduits par un enrimeur et armés chacun d'une forte masse en bois dur du poids de seize à dix huit livres ; et, pour que les dits piquets soient à l'affleurement du dessus des saucissons, quand ils auront été battus jusqu'à hauteur de l'eau environ, on achèvera de les faire descendre au chasse-pieu jusqu'à la rencontre du fascinage. La dite rangée de saucissons, ainsi établie, sera arrasée sur le derrière en maçonnerie de gros cailloux jettés à pierre perdue sur onse piés de largeur. Ensuite, il sera établi le deuxième cours de saucissons, posé en recouvrement sur le premier ; lequel sera piqueté et maintenu, comme il vient d'être dit, et qu'ensuite on arrasera de la même manière en cailloux, sur environ dix piés de largeur. Il sera sucessivement posé, établi et piqueté les troisième et quatrième saucissons, et qui seront garnis sur le derrière en cailloux rangés à la main et garnis dans leurs intervales en menues pierres chassées au marteau, et la dite maçonnerie réduite à cinq piés d'épaisseur à l'arrase du dernier saucisson.

Le dit barrage achevé et les eaux contenues et dirigées par son moyen dans le canal ouvert en 1778 au milieu de la rivière, et après que les piquets d'allignement et d'emplacement de la Digue auront été établis, ainsi que les repaires servant à marquer le pié de ses deux talus il sera procédé à

la pose et établissement du double cours de saucissons, par
lequel doit se commencer le revêtissement en fascinage du
parement de rive de la dite partie de Digue.

Les sables et graviers à enlever dans l'emplacement et direction du susdits double cours ayant été approfondis de six
pouces en contre-bas de l'étiage des basses eaux, les saucissons dont sera composé le dit double cours jointif seront
maintenus et assujettis par cinq piquets chassés et battus,
comme il a été dit pour le susdit ouvrage.

L'entredeux de ce double cours sera recouvert par une rangée de saucissons piquetés, ainsi que les précédens, et en
observant pour les uns comme pour les autres que les joints
à chaque file ou rangée soient en recouvrement avec ceux de
l'autre file.

Cette dernière rangée de saucissons établie comme il vient
d'être dit, et après qu'elle aura été remblayée au derrière,
ainsi que dans tout l'emplacement de la Digue, et les terres
de remblai battues sur cinq et six piés de largeur au long du
dit fascinage, il en sera posé une autre en retraite sur la précédente et successivement les huit suivantes, et qui, ainsi que
les deux premières, seront disposées en talud de dix huit
pouces de longueur par chaque pié de hauteur ; et avec l'attention au surplus que les terres en remblai au derrière soient
exactement consolidées et affermies ainsi qu'il a été dit cy-
dessus.

Le dit revêtissement de rive de six piés de hauteur perpendiculaire au-dessus des basses-eaux, construit comme il vient
d'en être fait mention, et le remblai fait au derrière pour la
Digue ainsi que pour le comblement du Champ de Mars,
l'on achèvera de donner à la dite Digue le surplus de hauteur
qu'elle doit avoir depuis le Pont de la Pierre jusqu'à sa jonction avec le restant de l'ancienne, et en observant les talus et
bombement cy-dessus mentionné.

En avant du pié du talud de rive comme de celui du côté
du Champ de Mars, et dans toute l'étendue de la dite partie
de Digue, il sera fait dans la saison convenable une plantation en bois de saule ou autres sur douze piés de largeur dis-
posés en quinconce, et dont les plans d'alignement avec la

Digue seront à deux piés de distance parallèle les uns des autres.

L'approvisionnement de cailloux à faire sur le dessus de la Digue sera rangé au long de son côté de rive par tas de chacun une toise cube, entoisés de dix toises en dix toises de distance les uns des autres, bien d'allignement et à six piés de la crête du talud.

Conditions

L'entrepreneur des ouvrages mentionnés au présent devis, sera chargé de tous transports, achat, et approvisionnement de matériaux et bois généralement quelconques et relatifs à leur construction. Il fournira à ses frais et dépens toutes peines et salaires nécessaires et qui seront employés au tracé, établissement et construction desdits ouvrages ; ensemble tous outils, brouettes, et équipages ; comme aussi les ponts de service et planches pour le passage des brouettes ainsi que les commis, piqueurs, et autres employés à la suite desdites constructions.

Et attendu que lesdits ouvrages en général et principalement les remblais à faire exigent la plus grande célérité ; et qu'il convient absolument que la digue soit mise à sa hauteur, et faite sur environ les deux tiers de son épaisseur avant l'arrière saison prochaine ; ledit entrepreneur sera tenu et obligé d'entretenir et d'occuper chaque jour deux cens ouvriers pour les seuls terrassemens et sans compter ceux nécessaires aux autres constructions et qu'il se procurera en nombre suffisant et tel que la circonstance du travail pourra le demander ; autrement il demeurera responsable et garant, en son propre et privé nom, des événemens fâcheux qui pourroient résulter du manque d'ouvriers.

Tous lesquels ouvrages en général seront bien et convenablement faits, suivant l'art, des qualités, formes et conditions prescrites au présent devis, et conformément aux allignemens, hauteurs et pentes qui en auront été marqués ou établis, ainsi qu'aux plans et profils qu'en donnera l'ingénieur en chef des Ponts et Chaussées de la Province.

Au cas que le dit entrepreneur tombe en contravention sur quelques points du présent devis, et qu'il employe des matériaux conditionnés ou établis autrement qu'il se trouve cy-dessus mentionné, il sera tenu de démonter l'ouvrage et de le rétablir à ses dépens d'après les ordres que lui en donnera le dit Ingénieur, et sans que, pour raison de ce, il puisse attendre et espérer aucune espèce d'indemnité.

Il ne lui sera pas permis de soutraiter son marché non plus que la main d'œuvre des ouvrages, et cela sous tel prétexte que ce puisse être.

En cas de contestations que pourront occasionner les dits ouvrages, l'entrepreneur, ainsi que tous particuliers qui se trouveront faire ou se rendre parties dans les dites constestations, seront obligés de se pourvoir pour raison d'icelles par-devant M. l'Intendant.

Le dit entrepreneur ne sera admis à l'adjudication des dits ouvrages qu'autant qu'il sera reconnu homme de l'art et sachant bien son métier.

Il donnera bonne et suffisante caution pour la garantie des deniers comme des ouvrages, et pour plus de sûreté il ne sera payé que des quatre cinquièmes du prix des ouvrages qu'il aura exécutés, pour l'autre cinquième ne lui être compté qu'après la réception qui en sera faite par l'Ingénieur.

Il ne lui sera délivré aucun compte sur ses ouvrages qu'en vertu des ordonnances de M. l'Intendant qui lui seront délivrées sur les certificats de l'Ingénieur.

Au moyen desquelles conditions et du contenu au présent devis, il lui sera passé en bloc et à forfait une somme dont on conviendra avec lui pour la parfaite et entière exécution des susdits ouvrages, et sans qu'il puisse rien prétendre au-delà. Néanmoins, si, pendant les constructions, l'Ingénieur jugeoit convenable à la meilleure construction et à la disposition des ouvrages, d'augmenter ou de diminuer quelque chose, l'entrepreneur sera tenu de s'y conformer ; et, en ce cas, l'entrepreneur sera payé d'après un nouveau toisé qui en sera fait par le dit Ingénieur.

Le présent devis fait et dressé par nous, Ingénieur en chef des Ponts et Chaussées de Roussillon, à Perpignan, le deux août mil sept cent soixante dix neuf. [1]

Holly de MONTGAZON

[1] Archives des Pyrénées-Orientales. C 1215.

Procès-verbal d'adjudication des ouvrages à faire pour la reconstruction de la partie de la Digue Orry emportée par les inondations de novembre et décembre 1777, et qui ont été adjugés au Sr Pierre Pradal, suivant les clauses et conditions énoncées.

16 août 1779

Louis-Hyacinthe Raymond de Saint-Sauveur, Chevalier, Seigneur de la Grange du Milieu, Conseiller du Roi en tous ses Conseils, Maître des Requêtes ordinaire de son Hôtel, Intendant de Justice, Police, Finances et Fortifications de la Province de Roussillon et du Comté de Foix.

L'an mil sept cent soixante dix neuf et le 16 août, Nous, Intendant susdit, avons fait faire des affiches et publications en lieux accoutumés de la Province et de cette ville, portant que ce jour d'hui, seize du présent mois, à deux heures de relevée, il seroit procédé par devant nous, en notre Hôtel, à Perpignan, à l'adjudication au rabais des ouvrages à faire pour la reconstruction de la partie de la Digue Orry, détruite et emportée par les inondations de Novembre et Décembre 1777, et ce, aux charges, clauses et conditions énoncées au devis qu'en a dressé le Sieur Kolly de Montgazon, Ingénieur des Ponts et Chaussées de la Province, le deux du présent mois, du prix desquels ouvrages l'adjudicataire sera payé sur nos ordonnances et les certificats du dit Ingénieur en Chef, des fonds destinés à cet effet, au fur et à mesure de leur avancement.

Se sont présentés les dits jours et an que dessus plusieurs entrepreneurs et autres, auxquels nous aurions fait faire la lecture dudit devis, lequel demeurera annexé à la minute de la présente adjudication, et dont la teneur est ainsi qu'il s'en suit.

Après lecture faite duquel devis, les entrepreneurs présens nous ayant unanimement remontré que la saison déjà avancée et la crainte des crues auxquelles la rivière de la Tet est ordinairement sujette vers la fin de l'été, les empêchoient

de se charger en bloc de la totalité des constructions mentionnées audit devis, ils nous ont proposé de ne présenter
leurs offres que pour chaque espèce distincte et séparée d'ouvrages qu'ils s'engageroient à exécuter jusqu'au premier
Novembre prochain, et dont il leur seroit tenu compte d'après
les toisés et attachemens qu'en prendroient chaque quinzaine les Ingénieurs chargés de la conduite des ouvrages ; et
en promettant et s'obligeant au surplus de pousser les constructions avec la plus grande célérité, et de telle sorte qu'elles
se trouvassent à l'abri des crues ordinaires, lors de l'arrière-
saison ; pourvu néanmoins que, pendant la durée des ouvrages, il ne survînt pas telle crue d'eau capable de détruire ce
qu'ils auroient fait faire, et dont, auquel cas, ils demandoient
que nous eussions égard comme d'événemens de force
majeure qu'on ne peut prévenir et encore moins supporter
sans les indemnités de droit.

Nous, Maître des Requêtes et Intendant susdit, ayant égard
aux représentations des dits entrepreneurs, avons ordonné
au crieur juré de proclamer les ouvrages distincts et séparés
comme au tableau cy-joint, et ayant ordonné qu'il fut allumé
successivement plusieurs feux.

NOMS des ENTREPRENEURS contendans à la présente adjudication des dits ouvrages publics	Toise cube de terre fouille, charge compris, ainsi que les ponts-volans roulages, outils, équipages et autres frais	Relais par la distance du déblai au remblai	Toise courante de fascinage en douze saucissons l'un sur l'autre pour le revêtissement du talud de rive de la Digue.	Toise aussi courante en fascinage sur quatre saucissons de hauteur pour le barrage ou retenue.	Toise cube en caillou de construction du dit barrage.	Toise cube pour le caillou en aplomb provisionnement sur le dessus de la digue.	Toise courante de plantation sur douze pieds de largeur.
Au 1er feu							
Les ouvrages et constructions séparées comme cy-contre auroient été mis à prix, savoir:							
Par Durand Lacoste, à.......	3ˡ 15ˢ »	1ˡ 0ˢ »	28ˡ » »	15ˡ » »	30ˡ » »	25ˡ » »	1ˡ » »
Par Philippe Puig, à.........	3 10 »	» 18 »	25 » »	15 » »	27 » »	24 » »	» 18 »
Au 2e feu							
Par François Périgord, à....	3 5 »	» 16 »	24 » »	15 » »	26 » »	21 » »	» 18 »
Par Pierre Pradal, à.........	3 » »	» 14 »	23 » »	10 » »	26 » »	20 » »	» 17 »
Au 3e feu							
Par le dit Durand Lacoste, à.	3 » »	» 13 »	22 » »	10 » »	26 » »	20 » »	» 17 »
Par le dit Fr. Périgord, à....	2 18 »	» 14 »	21 10 »	9 » »	26 » »	20 » »	» 17 »
Par le dit Pierre Pradal, à...	2 15 »	» 10 »	21 » »	8 10 »	25 10 »	19 10 »	» 16 »

Laquelle dernière offre, ayant été proclamée à différentes reprises par le dit crieur, et sans qu'aucun des contendans ait voulu moins dire, nous avons accepté et acceptons, adjugeons et avons adjugé au nommé Pierre Pradal les dits ouvrages au prix de sa dernière offre, savoir de deux livres quinse sols pour la toise cube de terre, compris fouille, charge des brouettes, ainsi que les ponts-volans, planches de roulage pour le passage des brouettes, et autres frais ; de dix sols par toise cube de terre pour chaque relai de brouette, qui seront à compter depuis le lieu de la fouille et charge des dites terres jusqu'à celui de leur décharge à l'endroit de la digue ; de vingt une livres par chaque toise courante du revêtissement en fascinage du bord de rive de la dite Digue, comprenant douse saucissons de hauteur ; de huit livres dix sols pour chaque toise aussi courante de fascinage sur quatre saucissons de hauteur pour le revêtissement à mont l'eau du barrage à construire en tête des ouvrages ; de vingt cinq livres dix sols par toise cube de maçonnerie de cailloux à pierre sèche pour la construction du dit barrage ; de dix neuf livres dix sols, par toise cube aussi de cailloux à approvisionner sur le dessus de la Digue ; et enfin de seize sols par toise courante de plantation en bois taillis à faire au pié de l'un et l'autre talud de la dite Digue sur douze pieds de largeur ; de tous lesquels ouvrages il sera tenu compte au dit adjudicataire et suivant les prix cy-dessus désignés et adjugés pour chacun d'eux, d'après l'arrêté que le susdit Ingénieur en chef fera de ceux qui auront été exécutés dans le courant de la campagne, à la charge par le dit Pierre Pradal de donner bonne et suffisante caution tant pour la sûreté des deniers que pour la solidité des dits ouvrages, comme aussi qu'il se conformera aux clauses et conditions portées par le dit devis et présente adjudication auxquelles il s'est soumis comme pour les propres deniers et affaires du Roy.

De tout quoi nous avons dressé le présent procès-verbal, que nous avons signé avec le dit Pierre Pradal, à Perpignan, les jour, mois et an que dessus.

PRADAL, RAYMOND.

15

Et advenu ce jour d'hui dix sept août mil sept cent soixante dix neuf, sont comparus par devant nous, Maître des Requêtes et Intendant susdit, le dit Pierre Pradal, lequel, pour satisfaire à une des clauses du dit devis, nous a présenté le susdit Durand Lacoste, lequel s'est volontairement rendu et constitué caution solidaire du dit Pierre Pradal, tant pour l'exécution des clauses du susdit devis qu'il a déclaré bien entendre que pour la sûreté des deniers, renonceant le dit adjudicataire et sa caution aux bénéfices de divisions, discussions, ordre et fidéjussion, à quoi ils se sont solidairement obligés comme pour les propres deniers et affaires du Roy. De tout quoi avons dressé le présent procès-verbal, que nous avons signé avec les dits Pierre Pradal et Durand Lacoste, les jour, mois et an que dessus[1].

LACOSTE, PRADAL, RAYMOND.

Devis 1° du canal à ouvrir au milieu de la Tet au-dessous du Pont de Pierre, et des barrages destinés à faire prendre aux eaux la direction du dit canal ; 2° d'un second canal destiné à rassembler les eaux de la Basse, à les conduire dans celui de la Tet à 116 toises de distance ;il sera construit sur le prolongement du mur en profil du glacis répondant à la grille de fer de la Porte Notre-Dame.

Devis des ouvrages à faire, tant pour ouvrir un canal au milieu de la Tet au-dessous du Pont de la Pierre et du faux-bourg de Perpignan, que pour les barrages à établir à l'effet de détourner les eaux de leur ancienne direction et leur faire prendre celle du dit canal.

21 août 1779

Les atterrissemens multipliés qui gisent dans l'étendue du lit de la Tet à l'aval du Pont de la Pierre du faux-bourg de Perpignan, forçant les eaux à se porter du côté de la Basse après leur sortie du dit Pont, d'où ensuite les plantations qui

[1] Archives des Pyrénées-Orientales, C 1215.

sont de ce même côté les rejettent sur la gauche, au grand préjudice des riverains, il a été jugé convenable d'ouvrir un canal de dix toises à travers les dits atterrissemens, lequel, partant du milieu du dit Pont, se prolongeroit jusqu'à la rencontre de celui ouvert cette année aux frais des riverains du Sindicat du Pont de Pierre, et qui, autrement, deviendroit inutile à cause des sinuosités de la rivière au-dessous du bois Canclaux.

Le dit canal sera établi en deux allignemens. Le premier en partant du susdit Pont de la Pierre, aura deux cent quatre vingt quatorse toises de longueur, et le deuxième, formant avec le précédent un angle sur la gauche, de cent soixante sept degrés d'ouverture, aura trois cent quarante huit toises de longueur jusqu'à la jonction du troisième allignement ouvert en dernier lieu par le susdit Sindicat, mais dont il n'est à porter au présent devis que les cent treize premières toises se terminant à la séparation des bois Canclaux et Saint-Laurent ; pour les deux cent trente cinq toises restantes du dit second allignement demeurer et rester à la charge du susdit Syndicat, et cependant être ouvertes, dirigées et approfondies comme les précédentes et de la manière qu'il va être mentionné.

Les premières deux cent quatre vingt cinq toises trois piés de longueur de canal sur l'allignement en partant du Pont, seront creusées et approfondies jusqu'à niveau du radier de la dernière des vieilles arches du dit Pont du côté du faux-bourg Notre-Dame, et la pente ensuite en sera réglée sur deux lignes et un sixième de pente par toise, et en descendant.

Les huit toises trois piés restans de canal du dit premier allignement, ainsi que les susdites premières cent quinze toises de longueur du second, seront conduites et dirigées sur deux lignes aussi de pente par toise.

Il sera ouvert un autre canal pour rassembler les eaux de la Basse et les conduire dans celui de la Tet à cent seize toises de distance, mesuré après le susdit Pont de la Pierre. Le dit canal sera en ligne droite et sur le prolongement du mur en profil du glacis répondant à la grille de fer de la Porte Notre-Dame. Et il aura soixante sept toises de longueur jusqu'au point milieu du canal de la Tet où se fera la jonction.

Les quatre cent neuf toises du canal de Tet, ainsi que celui de Basse, auront dix toises de largeur, mesuré au fonds et indépendament de la berge de chaque bord qui sera réglée en talud, à raison de deux piés de largeur par chaque pié de profondeur. Et afin de diminuer la dépense, comme aussi pour maintenir l'eau dans le milieu de l'un et l'autre canal, le milieu s'en établira de douze pouces plus bas qu'à chaque bord. Mais bien entendu que ce point milieu sera déterminé d'après le susdit radier de la vieille arche correspondante et qu'embrassera le dit canal du milieu du lit de la Tet.

D'après le calcul qui a été fait des profils levés dans l'étendue de canal de Tet et de Basse, les excavations montent ensemble au cube de dix neuf cent quatre vingt sept toises un pié neuf pouces, lesquelles on transportera avec brouettes au long de l'allignement à gauche de la rivière, et où elles seront régalées sur au plus un pié de hauteur. Mais elles serviront de préférence à combler les bas-fonds qui se trouveront en deçà et à portée des parties de canal à ouvrir ; ainsi leur roulage reviendra par toise à vingt cinq toises de longueur moyenne, et ayant au surplus égard aux rempes et détours qu'exigera la sortie des terres du canal.

Les susdites parties de canal dirigées, ouvertes et excavées des largeurs et pentes sus-mentionnées, il sera aussitôt procédé aux barrages à établir pour retirer l'eau des anciens courans, et les conduire dans chaque canal qui doit les recevoir ; bien entendu au surplus que les propriétaires riverains devront et seront tenus de faire ouvrir la susdite partie de canal à leur charge, et qui est en prolongation de celui de la Tet après la séparation susdite des bois Canclaux et Maynac ou Saint-Laurent.

Depuis le Pont jusqu'où commence le bois Canclaux, il sera construit six barrages pour servir de retenue aux courans actuels tant de la Tet que de la Basse. Quatre de ces barrages seront à droite du canal de la Tet, et les deux autres sur la rive gauche.

Les quatre de la rive droite seront, savoir : celui vers l'extrémité du jardin de l'Evêque et qui aura neuf toises de longueur ; celui ensuite et sur la rive droite de la Basse aura trente toises aussi de longueur, attendu que sa direction se trouvera parallèle au canal à ouvrir pour les eaux de la même rivière ; le troisième, situé au-dessous du précédent et à l'extrémité du champ Carrière, aura vingt cinq toises d'étendue ; et le quatrième, pour tenir lieu de franc-bord au canal de la Tet joignant le susdit bois Canclaux, aura seulement douze toises de longueur.

Sur la rive gauche du dit canal de Tet, et à une toise environ de distance parallèle et en dedans du bord de rive de la plantation du même côté, il sera construit deux autres retenues : la première, dans la traversée d'un courant où les eaux sont à niveau des graviers, aura dix-huit toises de longueur ; la seconde, à établir ensuite et sur le même allignement que pour le précédent, aura trente toises de longueur traversant le bras actuel de la Tet au pié du susdit bois Canclaux.

Ces six retenues ou barrages, faisant ensemble cent-vingt-quatre toises de longueur, seront construites au moyen d'un double parement de clayonnage, sur trois piés de hauteur réduite chacun : celui à l'amon établi à quatre piés de distance parallèle de celui à l'intérieur ou d'aval. Ces deux paremens entretenus l'un l'autre, et de six piés en six piés de distance, par un clayonnage de même hauteur que dessus, leur intervale sera rempli en gros caillou ; et le derrière, en sable et gravier, sur six piés d'épaisseur au sommet, avec talud à l'intérieur, de deux piés de largeur par chaque pié d'hauteur.

Chaque parement de clayonnage sera construit avec piquets de six et sept piés chacun de longueur, bien droits et d'au moins huit pouces de pourtour ; les dix piquets, posés de file et espacés entr'eux de quinze pouces en leur milieu, seront chassés conduits par un enrimeur, et enfoncés par la force de trois batteurs, armés chacun d'une masse en bois de chêne du poids de dix-huit à vingt livres.

Les clayons pour le dit clayonnage, en bois bien liant, auront douze piés de long sur deux pouces de pourtour. Ils seront posés alternativement par entrelas d'un piquet à l'autre, et jointivement les uns sur les autres. Au fur et à mesure que s'exhaussera le dit clayonnage, l'on procédera de suite au

comblement en caillou entre les deux paremens, avec cailloux
provenans du lit de la rivière ; et, aussitôt le dit comblement
achevé, il sera fait sur le derrière du coffre une digue en sable
et gravier provenans des excavations du canal le plus à
portée, et la dite digue ayant six piés de largeur au sommet,
avec tallud à l'intérieur, disposé comme cy-devant est dit
pour les berges du canal.

Comme il est question de travailler incessamment aux
ouvrages cy-devant mentionnés, et de les avoir finis le quinze
du mois d'octobre prochain au plus tard, l'on ne prévoit pas
qu'il soit besoin pour leur établissement de canaux de dérivation, fût-ce même les susdites retenues ou barrages. Néanmoins, si par cas fortuit et crues d'eau, il étoit nécessaire d'en
ouvrir, il sera porté par aperçu la somme de six cent livres
pour y subvenir, et dont l'emploi n'aura lieu et la dépense
passée à l'entrepreneur des ouvrages mentionnés cy-dessus,
que d'après les états des journées d'ouvriers nécessaires à
l'ouverture des dits canaux de dérivation, et dont il seroit
tenu chaque jour les contrôles par l'inspecteur ou sous-ingé-
nieur chargé de la conduite des ouvrages, pour, sur les dits
états et contrôles arrêtés par l'Ingénieur en chef de la Province, en être fait raison au dit entrepreneur, soit en plus
soit en moins de la susdite somme de six cent livres.

Conditions

L'entrepreneur des ouvrages contenus au présent devis sera
chargé de tous transports quelconques, soit à bras et brouettes, soit à voitures. Il fournira toutes peines et salaires d'ouvriers, manœuvriers et autres, qui seront nécessaires tant au
tracé et établissement qu'à l'entière et parfaite exécution des
ouvrages ; comme aussi tous outils, brouettes, planches de
roulage et autres dont il sera besoin, et en tel nombre et qualité qu'il lui sera ordonné par l'Ingénieur en chef des Ponts et
Chaussées. Et, attendu qu'il est absolument indispensable que
les susdits ouvrages soient brusqués et poussés avec la plus
grande célérité, pour que leur entière exécution ait lieu au
quinze du mois d'octobre prochain, le dit entrepreneur sera

formellement et spécialement obligé d'avoir pendant la durée des travaux et jusqu'à ce qu'ils soient finis, deux cens ouvriers par jour en tous genres ; lesquels il paiera à ses dépens, ainsi qu'un commis-toiseur avec deux autres ou chasse-volans pour la trace des atteliers, et qui ne pourront être employés qu'avec l'agrément du dit Ingénieur en chef.

Tous lesquels ouvrages seront bien et convenablement exécutés, suivant l'art, et des qualités, façons et sortes de constructions énoncées au présent devis, et conformément aux plans, profils, allignemens et piquets qu'en donnera l'Ingénieur.

A l'exception des excavations et fouille des canaux qui d'ordinaire ont lieu par atteliers réglés et à tant la toise, il ne sera pas permis au dit entrepreneur de soutraiter la main d'œuvre qui concernera la construction des susdites retenues ou barrages.

Si le dit entrepreneur se trouve en contravention sur quelques points du présent devis, et qu'il n'ait pas exactement observé les piquets d'allignement, de pente et de hauteur qui lui auront été donnés, et que de cette inobservance il en résulte quelque vice ou mal-façon dans l'ouvrage, il sera tenu d'y pourvoir aussitôt et à ses dépens, d'après les ordres que l'Ingénieur lui en donnera.

En cas de contestations que pourroient occasionner les dits ouvrages, l'entrepreneur comme aussi les particuliers qui seront parties dans les dites contestations, ne pourront se pourvoir pour raison d'icelles que par-devant M. l'Intendant.

Il donnera bonne et suffisante caution pour la garantie des deniers. Il sera payé au fur et à mesure de l'avancement des ouvrages, et ce à raison des quatre cinquièmes du prix de ce qui aura été exécuté ; pour l'autre cinquième ne lui être compté qu'un mois après leur entière et parfaite exécution, et d'après la réception qui en aura été faite par l'Ingénieur.

Il payera les frais d'adjudication, d'expéditions et autres, ainsi qu'il est d'usage.

Au moyen des susdites conditions et du contenu au présent devis, il lui sera passé en bloc et à forfait une somme dont on conviendra avec lui pour l'exécution des ouvrages cy-dessus mentionnés et sans qu'il puisse rien prétendre au-delà.

Le présent devis fait et dressé par nous, Ingénieur en chef des Ponts et Chaussées de la Province de Roussillon, à Perpignan, le vingt-un août mil sept cent soixante dix neuf. [1]

Holly de MONTGAZON.

Adjudication des ouvrages à faire pour l'ouverture d'un canal au milieu du lit de la Tet, au-dessus du Pont de Pierre, suivant le devis dressé le 21 août dernier par M. de Montgazon, Ingénieur en chef des Ponts et Chaussées de Roussillon. Les travaux furent adjugés au Sr Périgord. pour la somme de 9.900 livres, suivant les charges, clauses et conditions stipulées au présent devis.

10 septembre 1779

L'an mil sept cent soixante dix neuf et le dixième du mois de septembre, nous, Louis-Hyacinthe-Raymond de Saint Sauveur, chevalier, seigneur de la Grange du Milieu, Conseiller du Roy en tous ses conseils, Maître des Requêtes ordinaire de son Hôtel, Intendant de Justice, Police, Finances et Fortifications de la Province de Roussillon et du Comté de Foix. En conséquence des affiches et publications qui ont été faites tant en cette ville qu'autres lieux où besoin a été, portant que ce jour d'hui à deux heures de relevée, il seroit procédé par devant nous en notre Hôtel à Perpignan, à l'adjudication au rabais des ouvrages à faire pour l'ouverture d'un canal de dix toises de largeur au milieu du lit de la Tet, depuis le Pont de la Pierre jusqu'à la séparation des bois Canclaux et de Saint-Laurent ; le tout comme il est mentionné au devis qui en a été dressé le 21 août dernier par le S. Kolly de Montgazon, Ingénieur en chef des Ponts et Chaussées de Roussillon, desquels ouvrages l'adjudicataire seroit payé sur nos ordonnances et les certificats du dit Ingénieur, au fur et à mesure de leur avancement.

[1] Archives des Pyrénées-Orientales, C 1215.

Se sont présentés les dits jour et an que dessus plusieurs entrepreneurs auxquels nous aurions fait faire lecture du dit devis, lequel demeurera annexé à la minute de la présente adjudication.

Après lecture faite du dit devis ayant déclaré aux prétendans que nous allions procéder à l'adjudication des dits ouvrages, en conséquence de quoi nous avons ordonné au crieur juré de proclamer la dite adjudication.

Sur quoi se seroit présenté le nommé Durand Lacoste, qui s'est offert de se charger des dits ouvrages, moyennant le prix et somme de treize mille livres, cy........... 13.000 l.

Le nommé François Périgord, pour douse mille

cinq cent livres, cy.... .... 12 500 l.

Le nommé Pierre Pradal .... 11.500 l.

Le dit Lacoste pour.... ... ... 11.000 l.

Le dit Pierre Pradal....................... 10.500 l.

Le dit Lacoste.............................. 10.200 l.

Le dit Périgord........................ .... 9.900 l.

Laquelle dernière offre ayant été publiée par le crieur à différentes reprises, sans que personne ait voulu mettre les susdits ouvrages à plus bas prix, nous, Intendant susdit, en présence du S. Kolly de Montgazon et de son avis, les avons adjugé et adjugeons au S. François Périgord, à la dite dernière somme de neuf mille neuf cent livres, aux charges, clauses et conditions énoncées et portées au dit devis et présente adjudication. Et a le dit François Périgord signé avec nous les jour et an que dessus.

PÉRIGORD, RAYMOND.

Et le dit jour, dixième du mois de septembre mil sept cent soixante dix neuf, s'est présenté par devant nous, Intendant susdit, le nommé Jean Sicart, lequel s'est volontairement rendu caution et obligé solidairement avec le dit François Périgord, pour l'entière et parfaite exécution de tout ce que dessus. Et à cet effet, le dit François Périgord a élu son domicile en la maison qu'il occupe rue de Saint-Martin, paroisse de Saint-Mathieu, et le dit Jean Sicart, lui servant de cau tion, a pareillement élu son domicile dans la maison qu'il occupe rue et paroisse Saint-Mathieu. Et ont signé avec nous [1].

Sicart, Raymond, Périgord.

Rapport de M. de Montgazon, Ingénieur en chef des Ponts et Chaussées contre le S. Périgord, adjudicataire des ouvrages du canal à ouvrir dans le lit de la Tet, et qui ne s'est point conformé aux clauses du bail en employant ses ouvriers à la journée au lieu de « les mettre en ateliers ».

5 octobre 1779

Nous, Ingénieur en chef des Ponts et Chaussées de la Généralité de Roussillon, avons l'honneur de remontrer à Monsieur l'Intendant que, nonobstant la conduite irrégulière et déplacée que, dès le commencement des ouvrages s'est permise et a tenue le nommé François Périgord, adjudicataire des ouvrages du canal à ouvrir dans le milieu des graviers du lit de la Tet, ensuite du Pont de la Pierre, malgré les avis et injonctions à ce contraires que nous lui aurions pu donner, et auxquelles, par les clauses de son bail il auroit dû se conformer ; et de tout quoi enfin il résulte que cet adjudicataire se trouve dans le cas d'avoir plus à payer à ses ouvriers qu'ils n'ont fait d'ouvrage, par la raison qu'au lieu de les mettre en atteliers, comme il est d'usage dans les déblais en masse, il s'est obstinément opiniâtré au contraire de les employer à la journée et au prix de 24 s., et ce sous le prétexte d'en avoir un plus grand nombre, quoique nous l'eussions averti que le prix de la journée n'étoit ordinairement que de 20 sols, et qu'on la comptoit sur ce pié dans les ouvrages en général du département.

Mais comme il importe au bon ordre de prévenir des réclamations et rumeurs pareilles à celles qui ont éclaté dimanche dernier, et qui étoient suite nécessaire de la conduite irrégu-

[1] Archives des Pyrénées-Orientales. C. 1215.

lière de cet entrepreneur, nous estimons conséquemment qu'il peut lui être délivré une somme de cinq cens livres, mais dont l'emploi sera fait envers aux dits ses ouvriers qui restent à satisfaire et pour plus de seureté le dit payement aura lieu en la présence du S. Chevalier, Inspecteur des Ponts et Chaussées, et ce d'après l'état de contrôle des ouvriers employés aux susdits ouvrages ; lequel état sera certifié par le dit adjudicataire, ainsi que par Jean Sicard, sa caution. Et la susdite somme de cinq cens livres, jointe aux mille livres que le dit adjudicataire a précédemment reçues, fera celle de quinze cens livres, acompte des 9.900 l., prix de la susdite adjudication en datte des 10 septembre dernier. [1]

A Perpignan, le 5 octobre 1779.

Kolly DE MONTGAZON.

Lettre de M. Recotte à M. de Saint-Sauveur relative à l'envoi des plans, devis et détail soumis à l'approbation de M. de Montgazon, Ingénieur en chef des Ponts et Chaussées, et concernant les mémoires de M. Desclaisons, dont la critique des prétendus droits sur les travaux publics est mal fondée.

1er juillet 1780

Monsieur Raymond de Saint-Sauveur,

J'ay reçu, Monsieur et cher confrère, la lettre que vous m'avez fait l'honneur de m'écrire, par laquelle vous voulez bien me faire part des raisons qui vous ont engagé à vous écarter du projet des ouvrages approuvés au Conseil pour redresser et fixer la rivière de la Tet dans son lit. Je n'ay jamais douté qu'elles ne fussent fondées que sur le zèle et le désir de faire le bien ; mais permettez-moy de vous observer que des ouvrages ordonnés par le Conseil, et une adjudication passée en conséquence, ne peuvent être changés jusqu'à un certain point, sans y être autorisé. L'Ingénieur a sans

[1] Archives des Pyrénées-Orientales. C 1215.

doute eu tort de ne vous pas faire celte observation et de ne
vous avoir pas engagé à en prévenir M. le Directeur Général,
afin que, si les changemens lui eûssent paru nécessaires, il
vous eût autorisé : avec cette précaution, tout auroit été en
règle. Lorsque M. Tresaguet a passé à Perpignan, les ouvrages étoient faits, et, quand il auroit pu attendre votre retour,
il n'y avoit plus moyen d'y remédier ; mais il n'auroit pu
satisfaire à vos désirs et aux siens, en retardant son départ,
sans manquer au rendez-vous que MM. les Inspecteurs Généraux sont obligés de donner aux personnes qu'ils doivent
voir à leur passage dans les villes, et souvent sur des routes
ou sur des ouvrages isolés au milieu de la campagne. Je puis
vous assurer que, sans cette circonstance, M. Tresaguet vous
auroit attendu, et vous auroit fait les mêmes observations
qu'il a fait aux Ingénieurs sur cette irrégularité qu'ils auroient
du éviter en vous représentant la nécessité d'une autorisation
du Conseil, lorsqu'il s'agit de changer des ouvrages adjugés
et approuvés.

Au surplus, j'attends l'état de situation au 31 décembre
dernier, pour remettre cette affaire en ordre, et suivant la
forme prescrite des ouvages adjugés auxquels les circonstances ont obligé à des changemens aussi considérables. Je vous
prie, Monsieur et cher confrère, de presser M. de Montgazon
de m'envoyer cet état avec les plans, devis et détail dont il
doit rester une expédition à la Direction. Il est aussi très
pressant qu'il envoye l'état du Roy de l'exercice 1778 qu'il
n'a pas encore fourni, et son successeur fera celui de l'exercice 1779, après que l'état de situation aura été examiné et
aprouvé.

Quant aux mémoires de M. Desclaisons, je vois par ce que
vous me faites l'honneur de m'en dire, qu'ils ne sont qu'une
critique mal fondée en récrimination de ces prétendus droits
sur les travaux publics qui, autrefois, étoient attachés à sa
place et qu'il est fâché d'avoir perdu. Cependant, les gens de
l'art, et consommés dans la théorie des fleuves et torrens,
tels que les Ingénieurs qui composent l'assemblée des Ponts
et Chaussées, en n'admettant pas les principes de M. Desclaisons, persistent à penser que les fascinages ne peuvent rem-

placer un péré pour garantir le frotement d'un courant rapide sur les empâtemens d'une levée, qui ne peuvent être deffendus et conservés qu'avec ce seul moyen, auquel le plus d'épaisseur ou de largeur de baze des levées ne contribue en rien. Les bords du Rhône, de l'Izère en Dauphiné, ne sont deffendus, et les eaux retenues dans leur lit n'ont pu y être assujeties que par ces ouvrages solides par leur construction très supérieure aux fascinages, qui y avoient été inutilement employés. Les levées de la Loire sont encore un exemple que vous pouvez avoir vu, dont l'ancienneté de leur construction ne laisse rien à désirer sur leur solidité.

J'ay l'honneur d'être avec un respectueux attachement, Monsieur et cher confrère, votre très humble et très obéissant serviteur [1].

RECOTTE.

Requête du Sr Bertrand au sujet des plantations lui appartenant sur la rive droite de la Tet, et dont il désire, suivant les règlements du 25 novembre 1778, art. XI [2], faire la coupe triennale.
(Ordonnance de M. Raymond de Saint-Sauveur, Intendant de Roussillon, du 25 novembre 1778).

Novembre 1780

A Monseigneur l'Intendant de la Province de
Roussillon et Pays de Foix.

Monseigneur,

Le Sieur François Bertrand, seigneur de Taxo de Mont, domicilié à Perpignan, a l'honneur de vous exposer qu'il possède entre la rivière de la Tet et le chemin des Capucins

---

[1] Archives des Pyrénées-Orientales, C 1215.

[2] Renvoyée au Sieur Duclos, Inspecteur des Ponts et Chaussées, pour vérifier et nous faire part de ses observations.

A Perpignan, le 30 décembre 1780.
RAYMOND.

un bois de saule dont la partie supérieure qui commence au
jardin de l'exposant et finit au moulin de la Pou, a besoin
d'être coupée. Le produit qui proviendra de cette coupe n'est
pas le seul motif qui détermine l'exposant à y faire procéder :
un autre plus puissant est la conservation de ce bois qui, par
sa nature, doit être coupé tous les trois ans. L'exposant, pour
ne pas contrevenir aux règlemens rendus sur le fait des bois,
croit, avant de faire procéder à cette coupe, devoir, Monseigneur, recourir à vous, pour y être autorisé : il vous supplie
en conséquence de vouloir bien lui accorder sur ce votre
agrément [2].

**Rapport du Sr Duclos, Inspecteur des Ponts et Chaus-
sées, sur la requête du Sr François Bertrand, au
sujet de la coupe des bois de saules qui lui appartiennent dans les limites mentionnées par le rapporteur, suivant les arrangements proposés dans le
présent mémoire.**

22 décembre 1781

L'exposant étoit propriétaire par acquisition du terrain et
graviers vacans entre le chemin roïal et le lit de la rivière de
Tet, depuis le moulin de la Pou jusques vis à vis l'encoignure
de l'enclos des Capucins ; il étoit devenu possesseur par inféodation des graviers par lui plantés ou à planter hors d'une
ligne de démarcation, tirée parallélement à 20 toises de distance du point milieu de l'allée des Capucins, dans toute
l'étendue du grand alignement, et dirigée ensuite vers l'encoignure du Séminaire attenante à l'algamas, pour la portion
intérieure et contigüe au chemin être réservée à l'usage des
Ponts et Chaussées, en exécution de l'arrêt du Conseil du
6 Mars 1763 et de l'ordonnance de Monsieur l'Intendant du
9e janvier 1779.

Les plantations faites par l'exposant à différentes époques,
et dans les limites susdites, aiant été presque entièrement

[2] Archives des Pyrénées-Orientales, C 1215.

détruites, tant par les trois grandes innondations de 1777, que par les moiennes crues de 1778 et 1779, il a négligé de les renouveller, malgré les sommations réitérées qui ont dû lui en être faites par les Commissaires et Sindics des tenanciers riverains, en vertu de l'article 10 de l'ordonnance rendue à cet effet le 8 février 1779.

Comme cet abandon tacite exposait aux ravages des courans, non seulement la rive droite, mais encore la digue nouvellement rétablie du côté du Champ de Mars, il a été rendu une nouvelle ordonnance le 25 avril 1780, qui authorise l'Ingénieur en Chef des Ponts et Chaussées à faire planter pour le compte du Roy, et sur les fonds à ce destinés, tous les graviers, non boisés, en remontant la rive droite, depuis le Pont de Pierre jusques au moulin de la Pou ; ce qui a été exécuté à la fin de mai de la même année, dans la largeur déterminée par le projet général d'allignement approuvé et tracé.

On ne peut cependant disconvenir qu'il ne reste plusieurs portions de saulaie, auxquelles l'exposant a des droits incontestables, savoir : 1º Celles qui s'élèvent béaucoup au dessus des nouvelles plantations, entre l'angle du Séminaire et une vieille souche de peuplier, tenant encore à la berge presque vis à vis l'extrémité du bâtiment des Capucins, sauf la réserve fixée par la ligne de démarcation cy devant mentionnée ; 2º Celles qui se trouvent mêlées par touffes éparses, avec les bois plantés à la fin de 1778 et années suivantes par les Ponts et Chaussées, soit pour garantir la base des pérées dont les remblais de l'ancienne brêche sont revêtus sur environ cent vingt toises de longueur, soit pour remplir les intervalles dégradés ou ravinés dans les dépendances de l'exposant, à deffaut de remplacement de sa part, soit enfin pour occuper les graviers restant à planter en avant jusqu'à la rencontre de l'allignement ; 3º Ensuite la lisière attenante à la berge jusqu'auprès du tuf de la Pou, laquelle étant très distincte par sa hauteur des autres bois plantés au commencement de 1780, ne sauroit être confondue, quant à présent, avec ce qui appartient aux Ponts et Chaussées.

De tout quoi il résulte 1º Que dans l'état actuel des choses, l'exposant peut couper sans inconvénient les bois de saules reconnus lui appartenir dans les limites susmentionnées, et notament depuis le tuf de la Pou, jusqu'au petit sentier qui précède l'ancienne brèche au devant de son jardin, supposé qu'il soit seul propriétaire par titres valables et ostensibles, sur ladite étendue totale. 2° Que, vû les sujets de contestation qui semblent devoir naître à l'avenir de l'irrégularité des cantonnemens plantés par l'exposant et qui se confondront dors en avant, par leur pousse plus ou moins active, avec les plantations réservées ou acquises pour les travaux de la rivière, il importe absolument que les différentes lisières auxquelles l'exposant peut prétendre légitimement entre le petit sentier susdit correspondant à la haie vive qui sépare son jardin du champ voisin, jusqu'à l'angle du Séminaire, demeurent réunies aux plantations faites sur les fonds du Roi, sans exception, et sans avoir égard à la ligne de démarcation susmentionnée, et que pour le dédommagement de cette cession et droits subséquens, il lui soit abandonné en tout ou en partie, dans l'étendue supérieure qui fait partie de son ancienne propriété, jusques vers le moulin de la Pou, toute la largeur qu'occupe actuellement la plantation entre la berge et le lit de la rivière, pour icelle être entretenue, réparée et coupée à ses fraix, risques et profits, ou être réunie de nouveau aux appartenances du Roi, en cas de négligence ou de refus de la part de l'exposant de se conformer aux ordonnances rendues sur le fait des plantations et notament à celles déjà citées du 8 février 1779 et 25 avril 1780. 3° Qu'en proposant cette compensation locale, on ne prétend préjudicier en rien à la liberté laissée par ladite dernière ordonnance à l'exposant, comme à tous autres propriétaires, de rentrer en possession des graviers, dont il a joui ou pu jouir précédement, après avoir remboursé les frais de plantations qui le concernent ; à moins qu'il ne préfère de recevoir en argent la valeur des débris de bois reconnus lui rester encore à cette époque, sur les bordures ou dans le centre des plantations du Roi, suivant l'estimation qui en sera faite par experts convenus, et qu'il en sera ordonné par Monsieur l'Intendant.

Pour avis, à Perpignan, le 22ᵉ Décembre 1781.

Du Clos.

Je soussigné, chargé des pouvoirs du S. François Bertrand, mon père, déclare accepter les arrangemens proposés
dans le présent rapport, aux charges, clauses et conditions
y énoncées [1].

A Perpignan, le 5 avril 1782.

BERTRAND Fils.

**Lettre de M. Balanda à l'Intendant du Roussillon au
sujet des frais de la levée du plan et du tracé de l'alignement de la Tet. — Réponse de l'Intendant au
Sr Balanda, relative au refus catégorique de paiement
opposé par certains syndics.**
**Observations en réponse à la lettre à nous adressée par
Monsieur l'Intendant le 10 août dernier, par laquelle
il nous recommandoit d'avertir les diverses communautés et syndicats dans l'étendue de la rivière de la
Tet, depuis Rodès jusqu'à la mer, qu'ils prissent sans
délai les mesures convenables pour rembourser les
frais faits pour la levée du plan et le projet du redressement du cours de la dite partie de rivière, suivant
la répartition jointe à la lettre.**

14 décembre 1780

De tous les Sindicats compris dans la dite étendue de la
rivière, auxquels nous avons adressé les avertissemens convenables, il n'y a eu que ceux d'Ille, de Neffiach et de Saint-
Féliu, qui nous aient adressé leurs réponses : ils paroissent
éloignés de faire le remboursement des sommes auxquelles
chacun des Sindicats est respectivement taxé. Nous ne con-
naissons pas les intentions des autres qui n'ont pas daigné
nous les communiquer, malgré les avertissements que nous
leur en avons donné par écrit. Nous ne présumons pas qu'ils
soient dans des meilleures dispositions que ceux dont les
réponses sont ci-jointes, puisqu'il ne conste pas qu'ils aient

---

[1] Archives des Pyrénées-Orientales, C 1215.

16

fait la moindre démarche à cet égard. Dans ce cas, il conviendroit que M. l'Intendant interposât de nouveau son autorité pour procurer le payement, la nôtre ne pouvant suffire à cet effet, et notre commission se bornant à des simples avertissemens.

Fait à Perpignan, le 14 décembre 1780.

BALANDA.

Réponse de l'Intendant

16 décembre 1780

Monsieur Balanda,

Vous m'avés adressé, Monsieur, le 14 de ce mois, les réponses que vous aviés reçues de quelques-uns des Commissaires des Sindicats de la rivière de la Tett, au sujet des frais de la levée du plan et du tracé de l'alignement.

Pour prendre un parti définitif à cet égard, il est essentiel de pouvoir réunir les réponses des autres Sindicats. Il paroît que vous leur avés écrit, mais que les Commissaires ont gardé vis à vis de vous un silence que je trouve assés extraordinaire. En conséquence, il est convenable que vous leur écriviés de nouveau, en les prévenant que, dans le cas où ils s'obstineroient à ne point répondre à ce que vous leur avés déjà mandé de ma part, j'ordonnerai des poursuittes qui seront dirigées soit contre eux, soit contre les trésoriers nommés par les riverains.

Au surplus, je ne suis point éloigné d'avoir égard aux représentations contenues dans les lettres que vous avés déjà reçues. Mais il faut que tout marche d'un pas égal, et rassembler à cet effet tout ce qui est relatif à la totalité des Sindicats.

Vous trouverés ci-jointes les réponses que vous m'avés envoyées, et que vous réunirés à celles qui restent encore à vous parvenir. [1]

J'ai l'honneur d'être, etc.

---

[2] Archives des Pyrénées-Orientales C. 1215.

Note de l'Intendant du Viguier du Roussillon relative au paiement des frais du grand tracé de l'alignement de la Tet, qui concernent les différents syndics de la rivière [1].

(Sans date) Probalement *fin décembre* 1780

Faire écrire par M. le Viguier aux Commissaires des Sindicats de la Tett qui n'ont pas répondu sur l'objet du payement des frais du grand plan, que, si, dans la huitaine, ils ne répondent pas à la lettre qui leur a été écritte, M. l'Intendant fera faire des poursuites contre le trésorier de chaque Sindicat comme pour affaires du Roy, s'agissant d'objet de bien public.

Sauf, après les réponses des Sindicats réunies, à voir s'il pourra les ayder chacun d'une diminution des frais qui les concernent sur cet objet ordonné par son prédécesseur pour parvenir au règlement, allignement et tracé de la rivière [2].

[1] Cette note vient à la suite de la lettre précédente relative aux frais qui incombent aux divers syndicats de la Tet.

[2] Archives des Pyrénées-Orientales, C 1215.

CHAPITRE V

Mémoires-Observations des Ingénieurs en Chefs des Ponts et Chaussées (1783-1789)

Observations sur l'état du courant de la Tet au-dessous du Pont de Pierre. Requête par le Commissaire de la rivière, relative aux inondations de la Tet.

Observations de l'Ingénieur en Chef des Ponts et Chaussées au sujet des prétentions des riverains de la Tet au-dessous du Pont de Pierre.

Lettres de M. Paulmier de Latour, Ingénieur en Chef à l'Intendant.

Mémoire de M. Gaillon, Ingénieur en Chef des Ponts et Chaussées, sur le Pont de Pierre, le pont des Eaux-Vives et la digue Orry.

Mémoire des tenanciers riverains relatif aux ouvrages à exécuter aux digues. Réponse de l'Intendant.

Observations concernant l'exécution de ces travaux.

Lettres de M. de la Millière à M. Gaillon au sujet de la digue Orry.

Mémoire de M. Paulmier de Latour, administrateur, au sujet des sinuosités du lit de la Tet, qui exposent la plaine de la Salanque principalement à un véritable désastre en cas d'inondation.

Observations sur l'état actuel du courant de la Tet au-dessous du Pont de Pierre.

14 janvier 1783

Le courant, dans les basses et moyennes eaux, qui sont les plus ordinaires, porte de longue main, par des causes locales, amont le Pont de Pierre, sur le flanc de sa culée Nord, incidente ensuite contre la tête des Jardins de Saint-Jacques, d'où il se réfléchit contre la rive opposée, suivant la loy connue des bricolemens.

Cette rive était protégée en avant par un bordage construit avec saucissons en roseaux piquetés, garnis de quelques cailloutages, le tout assés légèrement fait. Une telle réparation ne pouvait résister à l'impulsion directe et soutenue du courant qui, s'étant porté, contre la berge des terres, tourne les plantations faites dans cette partie, et ne rejoint son lit qu'après avoir longé la berge pendant un assés grand espace.

Une telle disposition, pouvant s'agraver à la moindre crue et menacer la plaine de la Salanque, il est instant de rejetter le courant dans son lit après l'avoir décombré, et de fermer solidement les brèches faites au bordage susdit, en observant que cette partie, étant continuellement exposée à l'incidence du courant porté par la culée Nord du Pont contre la tête des Jardins de Saint-Jacques, on ne sçaurait luy procurer trop de résistance : de faibles moyens endormiront sans fruit la sécurité des intéressés ; et c'est à quoy l'administrateur doit veiller[1].

Perpignan, ce 14 janvier 1783.

PAULMIER DE LATOUR.

Décisions relatives à la juridiction de l'Ingénieur en chef des Ponts et Chaussées, qui comprend l'exécution des travaux adjugés le 7 novembre 1780, ainsi que la surveillance des ouvrages entrepris par les riverains.
Avis sur les requêtes ci-jointes.

15 novembre 1783

Suivant la décision ministérielle du 15 juin, le département de l'Ingénieur en chef des Ponts et Chaussées sur le lit de la Tet s'étend au-dessous du Pont de Pierre jusques aux limites de possessions de MM. de Saint-Laurens et de Canclaux, c'est à dire sur 420 toises aval du Pont.

Cette juridiction de l'Ingénieur a pour objet tant l'exécution des ouvrages compris dans l'adjudication du 7 novembre 1780

[1] Archives des Pyrénées-Orientales. C 1215.

et tous autres relatifs, que la surveillance sur ceux que pourraient entreprendre les riverains pour la défense de leur propriété, afin d'éviter que des constructions particulières, établies ou dirigées arbitrairement, ne puissent opérer l'interversion du cours des Eaux et nuire à la chose publique.

Dans l'état des choses, il serait sans doute avantageux d'exécuter les ouvrages projettés pour cette partie ; mais le défaut absolu de fonds ne permet pas d'y penser en ce moment.

Quant aux ouvrages provisoires qui peuvent avoir pour objet la défense des possessions riveraines, il serait contre la règle d'y appliquer des fonds qui ont une autre destination dans les Etats du Roy, lesquels sont bien éloignés de pouvoir subvenir aux constructions majeures que les circonstances vont nécessiter.

Le soussigné pense donc que l'administrateur et les ingénieurs doivent abandonner les ouvrages dont il s'agit dans les requêtes cy-jointes à la diligence des intéressés. [1]

Perpignan, ce 15 novembre 1785.

PAULMIER DE LATOUR.

Requête relative à une assemblée des syndics et des commissaires, au sujet des dommages causés par les dernières inondations, dans la Salanque, à la partie dite de Cazals, et qui pouvait ravager ce territoire.

19 novembre 1783

A Monseigneur l'Intendant de Roussillon et Païs de Foix. [2]

Suplient humblement les sieurs François Ferrer, prêtre, curé du lieu de Bonpas, le Sieur Jean Donat, docteur ès-lois, Commissaires de la rivière depuis le Pont de Pierre jusqu'à Castel-Roussillon dans la partie du Nord, à eux joints les

---

[1] Archives des Pyrénées-Orientales C. 1215.

[2] Renvoyé au S. Viguier de Roussillon, pour vérifier et pour faire part de ses observations.

sieurs Joseph Vidal et Etienne Reynès, du lieu de Bonpas,
Sindics dans la même partie, disant que la dernière innondation, ayant porté un domage sensible dans la partie de
Cazals, au point qu'elle se trouve enfoncée et sans aucune
défense, la Salanque, à la première innondation, est dans le
cas d'essuier les plus grands ravages, il est de la dernière
conséquence de s'occuper des moyens les plus prompts et les
plus efficaces pour prévenir un aussy grand malheur.

A Perpignan, le 19 novembre 1783.

RAYMOND.

Votre Grandeur a bien voulu se rendre sur le lieu pour en
prendre l'inspection la plus exacte. Elle a jugé que cet objet
demandoit la plus grande célérité. Il n'est question actuellement que de déterminer le genre de réparations qui sont
essentielles ; et ce n'est que d'après une assemblée des Sindics
et Commissaires qu'on peut les fixer. Bien plus encore, il faut
s'occuper de la rentrée des fonds pour fournir à cette dépense
qui peut être plus ou moins forte d'après le plan qui en sera
arrêté.

Ce considéré, Monseigneur, il vous plaise d'ordonner qu'il
sera tenu une assemblée de Sindics et Commissaires de l'un
et l'autre bord, pour y estatuer sur les fins de la présente
requette, et que tout ce qui sera déterminé dans la dite
assamblée ne sera exécuté qu'après la rentrée des fonds,
Auquel effet votre Grandeur ordonnera telle tacse qu'elle
jugera convenable pour être faite sans délay, ny remise, et
être appliquée à l'exécution des réparations les plus urgentes.
Et fairés bien. [1]

F. FERRER, *curé*.
J. DONAT, J. VIDAL, REYNÈS.

______

[1] Archives des Pyrénées-Orientales, C 1215

Requête présentée par les Commissaires de la rivière de la Tet au sujet d'une assemblée des Syndics à seule fin de déterminer les réparations urgentes à faire dans le lit de la Tet.

Vu la requette présentée à M. l'Intendant [1] par les S. François Ferrer et Jean Donnat, Commissaires de la rivière de la Tet depuis le Pont de Pierre jusqu'à Castell Rossello dans la partie du Nord, à eux joints les SS. Joseph Vidal et Etienne Reynès, sindics dans la même partie, à nous renvoyée le 19 novembre dernier pour vérifier et faire part de nos observations.

Nous, Sous-Viguier de Roussillon et Vallespir, procédant par empêchement de M. le Viguier, avons observé que les suppliants demandent une assemblée des Commissaires et Sindics des deux bords de la dite rivière, pour aviser aux moyens de déterminer le genre de réparations à faire dans la partie énoncée dans la requette, et à ceux de fournir à la dépense.

Réponse de la lettre précédente relative à l'assemblée des commissaires et syndics qui se réunissent sans aucune formalité, à l'encontre des Assemblées générales qui exigent une ordonnance particulière de l'Intendant.
29 novembre 1783

La demande des suppliants nous ayant paru extraordinaire, puisque les Commissaires et Sindics s'assemblent toutes les fois qu'ils le jugent à propos sans aucune formalité, et qu'il n'y a que les assemblées générales des intéressés qui exigent quelques formalités, d'après une ordonnance particulière de M. l'Intendant qui prescrive de pareilles assemblées. Nous nous sommes enquis avec les suppliants des motifs de

[1] Affaire terminée par une Assemblée des deux Sindicats à l'Intendance.

leur demande relative à une assemblée des Sindics et des Commissaires. Ils nous ont observé que les difficultés d'un Commissaire du Midy les avoit engagés à une pareille demande, et qu'ils espéroient que M. l'Intendant voudroit bien y remédier en les faisant convoquer par devant luy.

Si telles sont les vues de M. l'Intendant, nous joignons ici l'état des sindics et commissaires du bord méridional dont il pourroit ignorer le nom, en observant qu'il n'y a jamais eu jusqu'ici d'autres assemblées par devant nous, en suivant les formalités ordinaires, que des assemblées générales des intéressés.

Fait à Perpignan, le 29 novembre 1783.

FERRER.

Etat des Commissaires et Sindics du bord méridional de la rivière de la Tet depuis le Pont de Pierre jusqu'à Castell-Rossello [1].

M. DE SAINT-LAURENT.

M. DE PAGÈS, Commissaire à Perpignau.

Paul COURTY. menuisier.

Sindics à Perpignan.

André FONS, natier.

Observations de M. Paulmier de Latour, Ingénieur en chef des Ponts et Chaussées, au sujet de la dérivation factice du courant de la Tet et des fonctions et devoirs de l'Ingénieur en chef pour les travaux qui lui sont confiés sous la direction de l'autorité de l'Intendant de Roussillon.

Observations de l'Ingénieur en chef du Roussillon au sujet des prétentions de quelques tenanciers riverains de la Tet au-dessus du Pont de Pierre.

25 novembre 1783.

L'influence de la confédération des tenanciers riverains de la Tet, amont le Pont, finit au moulin de la Porte, où commence celle de l'Ingénieur des Ponts et Chaussées, laquelle,

----

[1] Archives des Pyrénées-Orientales. C. 1215.

suivant la lettre ministérielle du 15 juin, s'étend aval le Pont jusques à la rencontre de la limite des possessions St Laurent et Canclaux, c'est à dire à 420 toises au-dessous du Pont.

Le surplus du cours de la Tet jusqu'à la mer dépend de la confédération des tenanciers aval.

Ces confédérations, ainsi que le département de l'Ingénieur, sont soumis à l'autorité de M. l'Intendant.

L'objet des confédérations est de redresser et de maintenir par des plantations le cours de la Tet dans des limites assignées par M. l'Intendant ; et ces ouvrages s'exécutent sur les fonds particuliers de la confédération.

Les fonctions de l'Ingénieur en chef ont pour objet l'exécution des ouvrages ordonnés par Sa Majesté, ou qui le seront pareillement (Arrêt du Conseil d'Etat du 5 juin 1779) ; lesquels consistent quant à présent dans des digues à construire et à entretenir, amont et aval le Pont de Pierre, compris dans l'adjudication du 7 novembre 1780, ou qui en sont dépendans, comme charge ou comme suite ; pour l'exécution desquels, ainsi que pour l'ouverture, la construction et la réparation des chemins du Roussillon, il a été accordé par Sa Majesté une somme de 50.000 l. pendant dix ans, dont 25.000 sont suportés par la Province.

Ainsi donc, les fonctions de l'Ingénieur sur la partie de la Tet qui luy est confiée doivent être prescrites, ensuite des ordres du Conseil par M. l'Intendant qui en est l'organe, et nuls projets majeurs ne peuvent être formés ou exécutés sans l'aprobation ministérielle.

Ainsi donc, les impositions publiques citées ont une destination publique positive ; ainsi donc les fonds affectés à l'exécution des ouvrages compris dans l'adjudication du 7 novembre 1780 ne peuvent en être détournés que par des motifs puissans aprouvés par l'autorité supérieure.

Il peut arriver sans doute des cas pressans où il convient, par exemple, de décombrer le lit du torrent, d'ouvrir dans ses grèves des canaux et autres dérivations dont l'objet serait de prévenir le bricolement et l'interversion du courant, etc. Alors l'Ingénieur forme ses dispositions en suite des instructions de M. l'Intendant.

Il pourrait arriver encore que, dans l'étendue du département de l'Ingénieur, les tenanciers riverains, voulant défendre leurs possessions par des ouvrages quelconques, ainsi
qu'ils en ont le droit, les disposeraient, sans le vouloir, d'une
manière offensive, soit contre les ouvrages publiés, soit contre
la rive opposée même contre la rive adjacente. Alors, il serait
du devoir de l'Ingénieur en chef de leur en faire l'observation et d'en rendre compte à M. l'Intendant.

Voilà strictement où se bornent les fonctions et les devoirs
de l'Ingénieur en chef des Ponts et Chaussées du Roussillon
sur la partie du cours de la Tet qui luy est confiée, sous l'autorité de M. l'Intendant.

Il n'a donc pas été peu étonné des prétentions de quelques
tenanciers riverains aval du Pont, qui, se prévalant très
légèrement de son avis du 26 mars, aprouvé par la lettre
ministérielle du 15 juin, ont cru qu'au moindre dommage
qu'éprouveroient ou qui menaceroit leurs possessions, l'Ingénieur, se détournant subitement des objets d'utilité publique
qui luy sont confiés, leur préféreroit des objets d'utilité particulière, sans avoir pour telle mission ni obligation, ni
moyens.

Mais que demandoient les tenanciers à l'époque du 26 mars ?
Qu'il fut ouvert dans les grèves de la Tet, aval du Pont, un
canal qui, réunissant les eaux au milieu du lit, prévînt leur
incidence contre la tête du jardin Saint-Jacques et leur
réflexion contre la rive oposée, etc. L'Ingénieur trouva cette
demande raisonnable, utile, et il pense toujours de même.

Mais la réunion des eaux ordinaires de la Tet au milieu de
son lit, aval du Pont, dépend absolument de la disposition
de leur cours amont. C'est donc dans cette partie qu'il convient de donner au courant une direction libre et naturelle,
suivant le vœu des tenanciers, laquelle se propagera en aval
en faveur de tous.

Dans l'état des choses, la dérivation factice du courant,
amont et aval du Pont, suivant une projection quelconque,
seroit impossible et passagère, parce que les circonstances
sont absolument contraires. Mais, quand elles seront plus
favorables, tout ce qui, dans l'ensemble du grand projet,

pourra concourir à l'avantage public et particulier sera sans doute proposé par M. l'Intendant. Quant à l'influence de l'Ingénieur, elle est strictement bornée à des observations, à des projets, et à leur exécution, quand elle est ordonnée. [1]

Perpignan, ce 25 novembre 1783.

Paulmier de Latour.

Lettre de M. Paulmier de Latour, Ingénieur en chef, à l'Intendant relative à la réparation à faire au débouché de la Basse qui dépend non point des riverains, mais du domaine public.

27 novembre 1783

Monsieur,

J'ay l'honneur de vous adresser, non un modèle, mais une idée de l'instruction que vous voudrés bien m'adresser, et d'après laquelle je pourray faire procéder à la petite réparation convenue au débouché de la Basse, si vous persistés à la croire indispensable. Mais toujours, Monsieur, il ne paroît important de ne pas l'accorder aux riverains, mais comme une dépendance de la chose publique. Car je persiste et persisteray à croire que la prétention de ces Messieurs est contre les règles.

Je suis avec beaucoup de respect, Monsieur, votre très humble et très obéissant serviteur [2].

Paulmier de Latour.

[1] Archives des Pyrénées-Orientales, C. 1215 — [2] *Ibid.*

Lettre de M. Gaillon, Ingénieur en chef, relative aux travaux à faire à la digue Orry, à la nouvelle digue et au chemin de Saint-Estève détérioré par les crues précédentes.

6 septembre 1785

Monsieur,

Il seroit, je crois, bientòt le moment de faire quelque travail à la Digue Orry. J'ay pensé que la partie à laquelle nous devrions nous occuper par préférence à toute autre, est celle qui joint la maison de L'Escure. Vous sçavez, Monsieur, que c'est l'endroit le plus bas, par où la rivière déborde plus facilement, et qu'il seroit dangereux de le laisser subsister plus longtemps dans cet état, par raport aux ouvrages que l'on a faits cette année.

Mais, avant de commencer, ou peut-être en même tems que l'on fera le travail que j'ay l'honneur de vous proposer, il est un ouvrage provisoire à faire dans le cas où il arriveroit une inondation, qui pourroit prendre notre nouvelle digue par derrière et la dégrader ; ce seroit, Monsieur, d'élever le chemin de Saint-Estève dans l'endroit où la rivière a passé par-dessus, et de la garnir d'un côté par deux ou trois rangs de fascines. Ce travail ne seroit pas fort coûteux et serviroit de barrière, au moins jusqu'à ce que la partie de la Digue, dont j'ai l'honneur de vous parler, soit achevée.

Je me suis, hier au matin, transporté sur les lieux pour examiner le local. Je vais de suite en faire le nivellement, afin de nous raccorder avec la partie faite cette année ; et d'après les ordres que vous voudrez bien me donner, j'en dresseroi le projet.

M. Rouyer a achevé son travail de corvée, et M. Carrier finira aujourdhuy ou demain le sien. Les atteliers établis depuis le Pont des Eaux Vives jusques au-delà de l'Agly, vont assés bien.

Je suis avec beaucoup de respect, Monsieur, votre très humble et très obéissant serviteur.

GAILLON.

P.-S. — Le S. Aubert partira demain ou après demain pour la commission dont vous l'avez chargé, concernant les limites du côté de Puycerda. Il doit avoir l'honneur de voir en passant à Prade. (*sic*) [1].

Mémoire de M. Gaillon, Ingénieur en chef des Ponts et Chaussées, relatif au projet de reconstruction urgente des quatre arches du pont et réduction des digues le long des rives de la Tet en amont de ce pont.
Mémoire sur le Pont de Pierre ou du Faux-Bourg de Perpignan, le Pont des Eaux-Vives et la Digue Orry.

1er avril 1786

PONT DE PIERRE OU DU FAUX-BOURG

Ce Pont, composé de 7 arches, est divisé en deux parties. La première du côté Nord, est formée de 4 arches ensemble de 30 toises, 5 p. de corde, et de 6 toises, 1 pied, 6 pouces de plein pour l'épaisseur des piles, sans compter les naissances des timpans, qui présentent un obstacle considérable au débouché des eaux. La largeur entre les têtes est de 15 pieds, 9 pouces.

La première arche Nord, de 10 toises de corde, paraît d'une construction plus moderne que les trois autres. On pense que celle ensuite, de 7 toises, 2 pieds de diamètre, est plus ancienne, tant par un tassement antérieur dans son assiette que l'on aperçoit par la flexion dans l'apareil des têtes, que par son état de caducité, lequel, augmenté par la dernière de 1783, doit faire craindre qu'elle ne succombe à la première inondation, surtout si le lit de la Tet venait à se recombler.

La partie en général de ce Pont construite en briques, avec voussoirs de bas apareil en marbre bâtard d'une très mauvaise qualité, peut être considérée comme étant à peu près dans le dernier état de vétusté. Cependant, elle pourrait durer encore quelques années, si l'on facilitait le débouché des crues par le repurgement continuel du lit de la Tet.

[1] Archives des Pyrénées-Orientales, C 1215.

La deuxième partie du Pont est composée de trois arches. La première de 10 toises de diamètre ; la deuxième de 8 toises ; et la troisième de 7 toises. La largeur entre les têtes est de 24 pieds. Cette partie du Pont dont l'extérieur se trouve en bon état, fut construite en pierre de taille par les fortifications, il y a environ 40 ou 42 ans, époque où les Ponts et Chaussées n'étaient point encore établis en Roussillon.

La totalité du Pont de Pierre a 69 à 70 toises de longueur entre les nuds des culées. Dans cette longueur se trouve un radier construit au moïen de deux files de pilotis parallèles, l'une amont, l'autre aval, avec pal-planches amont, coëffées d'un grillage dont les cazes sont garnies de cailloux, le tout recouvert d'une platte-forme en madriers.

Le dessus de la partie du radier sous la première arche de l'ancien Pont fut dégradé en 1765, suivant les plans et les notes que l'Ingénieur a trouvé dans ses papiers.

Par cet exposé, on voit que la partie ancienne de ce Pont, très caduque par elle-même, ébranlée dans une ou deux de ses arches, d'ailleurs offrant trop de plein et point assés de vuide pour le débouché des eaux d'un torrent impétueux, dont le lit est sujet à s'encombrer, est menacée d'une chute prochaine.

Cette partie du Pont qu'il paraît prudent de mettre sous les yeux de l'administration en ce moment peut autoriser à présenter quelques idées sur sa reconstruction, dont il sera parlé ci-après.

DIGUE ORRY

D'après les notes que l'Ingénieur a trouvé dans les papiers de son bureau, et le raport de personnes âgées du païs, il paraît constant que le lit du torrent de la Tet tendait à se détourner insensiblement de son cours actuel et vouloir abandonner le Pont de Pierre, ce qui avait donné lieu d'abord, pour donner plus de débouché aux eaux lors des crues, de construire deux arches qui sont actuellement masquées par l'about de la Digue Orry, successivement les trois qui suivent, et ensuite les trois autres appelées le Pont des Eaux-Vives.

M. Orry, alors Intendant du Roussillon, s'apercevant des progrès rapides que faisait ce torrent, et combien la plaine de la Salanque dont les terres étaient et sont encore en quelque sorte les plus précieuses de la province, souffrait par les inondations, conçut le projet de former la Digue que l'on nomme à juste titre la Digue Orry.

Cette Digue a pour objet principal de protéger la communication de France en Espagne aux abords de Perpignan, ce qui comprend nommément la chaussée du Vernet, le Pont des Eaux-Vives, et celui de Pierre sur la Tet.

Elle a de longueur 450 toises. Elle avait été formée avec sable et gravier, et son talud intérieur avait été revêtu au moïen d'un tunage lardé de piquets [1].

Cette Digue, ainsi construite, fut rompue par les crues de 1777, et réparée en 1778 avec mêmes matières. Mais cette réparation, avec les moïens du moment, ne pouvant opposer qu'une très faible résistance aux effets des crues, on reconnut la nécessité d'assurer le talud intérieur par un perré avec jettée ce qui fut prescrit par le devis de M. de Montgazon, du 19 juillet 1778, homologué par le Conseil, et sur lequel fut passée l'adjudication du 7 novembre 1780, au prix de 395.000 l.

Par le devis, cette Digue doit être prolongée, ainsi que celle de l'autre rive du côté des Capucins, jusques au-dessus du moulin de la Porte sur 1050 toises de longueur. Ensuite ces deux Digues doivent se retourner chacune sur la rive qui lui correspond, savoir celle sur la droite de 54 toises, et celle à gauche de 699 toises, 3 pieds de longueur, pour joindre à son extrémité le terrein le plus élevé.

Les mêmes Digues doivent aussi se prolonger à l'aval du Pont de Pierre ou du Faux-Bourg, chacune sur 160 toises. Et celle sur la gauche s'évasera vers la rive en forme de musoire sur 50 toises de longueur.

Le devis prescrit aussi de former un canal à la rivière de la Basse, ainsi qu'il est à peu près marqué sur le plan, afin qu'à

---

[1] Note au crayon en marge, d'écriture contemporaine :
« Erreur manifeste : elle avait en tout 1190 (mètres) (?) : 440 toises ligne droite, 100 toises coude, 20 toises retour au bout amont. La partie aval non terminée devait être de 300 toises ».

la jonction des deux rivières les eaux, lors des crues, ne
puissent plus occasionner de préjudices aux terroirs riverains.

Rien sans doute n'est plus pressant et plus économique que
l'établissement de ce perré. Mais les dépenses faites pour la
restauration de la Digue entreprise depuis 1777, ont tellement
absorbé les fonds que, des 395.000 livres l., à quoi monte
l'adjudication, il y en a déjà de dépensé 244.310 l. 12 s. 2 d.,
et qu'il ne reste plus que 150.689 l. 7 s. 10 d., pour completter
le montant de cette adjudication. Il est vrai que de cette
somme déjà dépensée, il en a été employé pour construire en
1784 et 1785, 128 toises de longueur de ce perré à l'endroit de
la brèche que les crues du torrent de la Tet ont faite à la
Digue Orry, et que l'on a restauré en deux différentes fois,
savoir en 1777 et 1783, et pour former à l'aval du Pont de
Pierre du même côté sur la gauche une digue de 300 toises de
longueur au lieu de 160 toises prescrite par le devis.

C'est dans cette vue d'économie que l'Ingénieur propose par
le plan ci-joint de réduire le projet fait par M. de Montgazon,
qui serait de ne prolonger les Digues et perrées à l'amont du
Pont que jusques à la pointe de L'Escure, de les retourner
chacune sur leur rive, celle sur la droite de 106 toises, et celle
sur la gauche de 237 toises 2 pieds de longueur, et de construire plusieurs épis ensuite jusques au-dessus du moulin de
la Porte.

Il résultera par cette réduction que les Digues projettées
par M. de Montgazon jusques au-dessus du moulin de la
Porte étant ensemble de 2.853 toises 3 pieds de longueur, et
que celles que l'on propose n'étant que de 1.025 toises 2 pieds,
formeront une diférence de 1.828 toises 1 pied de longueur,
non compris les épis.

On pense que le projet que l'Ingénieur propose de réduire
produira à peu près le même effet que celui prescrit par le
devis.

Le retour de la Digue Orry, commençant à la pointe de
L'Escure, continue jusques au-delà du mas de M. Bau, se
terminera à un des points le plus élevé sur le chemin de
Saint-Estève, que les crues n'ont jamais couvertes, selon le

raport de M. Bau, habitant de Perpignan, assés âgé pour pouvoir y ajouter foy.

Par ce prolongement, le Pont des Eaux-Vives se trouvera dans le cas, lors des crues, de ne recevoir que le moins d'eau possible. Mais en recevra-t-il encore par les débordements du torrent de la Boule, qui inonderont toujours les plaines de Saint-Estève et de la Salanque, et se déboucheront également par les ponteaux de la Chaussée du Vernet et même en surmontant celle-ci.

Le torrent de la Boule doit nécessairement entrer en considération pour la conservation des Digues de la Tet, du Pont des Eaux-Vives et de la Chaussée du Vernet.

Ce torrent qui traverse au-dessus du bourg de Saint-Estève à peu près quarrément le ruisseau qui est d'une très grande utilité non seulement pour les arrosemens de la plaine, mais encore pour fournir de l'eau au moulin à poudre situé au-dessous de la Chaussée du Vernet, se jette dans la Tet bien au-dessus du moulin de la Porte. Il n'a que 18 pieds tout au plus de largeur et forme [1] une infinité de sinuosités. Ce peu de largeur n'est pas à beaucoup près sufisante pour contenir toutes ses eaux lors des pluies continuelles ou des fontes des neiges des montagnes des Pirennées ; ce qui occasionne souvent des débordemens qui inondent et dévastent toute la plaine de Saint-Estève et celle de la Salanque, et causent beaucoup de dommages aux ouvrages des Digues de la Tet, au Pont des Eaux-Vives et à la chaussée du Vernet. M. l'Intendant, actuellement à Paris, qui connaît parfaitement le local, peut rendre raison de ce que l'on avance.

Ce torrent devrait avoir au moins 36 pieds de largeur dans le bas et être redressé dans quelques parties. Les terres qui proviendraient de son élargissement serviraient à former des berges qui augmenteraient d'autant sa largeur par le haut. Sa longueur, dans laquelle il est nécessaire de faire ce travail, est à peu près de 1.196 toises, savoir environ 406 toises entre le ruisseau du Vernet et la Tet, et 690 toises au-dessus.

[1] *Nota.* — On joint à ce mémoire le plan du torrent de la Boule. On a procuré ce plan à l'Ingénieur, après l'inspection qu'il est allé faire du local, le 25 mars dernier ; mais il n'assurera pas qu'il soit bien exact.

Il faudrait faire aussi à la jonction de ces deux ruisseaux un déversoir en maçonnerie de pierre de taille à raison de la chute qui y est assés forte.

C'est dans cet état de chose qu'il reste à savoir qui fera cette dépense. On pense bien que plusieurs paroisses sont intéressées à ce que ce travail se fasse, pour la conservation de leur terrein, de leurs récoltes et même de leurs habitations. Mais si l'Ingénieur ose dire son sentiment, il croit que le Roi devrait y entrer pour quelque chose : le Roi, par exemple, pourrait se charger du déversoir et de l'élargissement et redressement de ce torrent depuis le ruisseau jusqu'à la Tet, et les paroisses feraient la partie au-dessus. Mais il faudrait que l'autorité les y forçat, sans quoi elles ne feraient rien.

On ose donc avancer que, sans cette opération, on aura toujours tout à craindre pour les Digues, le Pont des Eaux-Vives, la chaussée du Vernet, et même pour les plaines de Saint-Estève et de la Salanque.

Il est nécessaire aussi d'enlever la pointe de l'Escure, dont le courant, toujours repoussé contre la berge opposée qui le renvoie par l'effet ordinaire de bricolement contre la Digue Orry, à l'endroit à peu près de la corrosion qui s'est faite en . 1777 et 1783.

Ces désastres qui deviennent plus ou moins considérables, suivant que les crues sont plus ou moins grandes, et qui consomment beaucoup d'argent sans avancer la besogne, font qu'on ne sçaurait trop les envisager, et ne peuvent se prévenir que par les réparations de la Boule et la conservation de la Digue Orry. Tous les efforts de l'administration doivent donc se diriger vers ces deux points capitaux, et le retard dans les moïens d'exécution peut devenir une calamité pour la Province, tel est du moins le sentiment de l'Ingénieur.

Il paraît, par la partie de perré déjà faite, que l'on a aprouvé le reculement de la Digue Orry, afin d'élargir d'autant le lit de la Tet. Ce parti offre des avantages et des inconvéniens. D'abord il est constant que le lit des torrens s'encombre par progression, et d'autant plus que des obstacles quelconques, retenant l'activité du courant, occasionnent le dépôt des matières qu'ils charient.

Ainsi, le Pont de Pierre, tant la partie ancienne que la moderne, offrant trop de plein et point assés de vuide, comme on l'a déjà dit ci-devant, s'oppose à l'écoulement des eaux lors des crues, d'où résulte l'encombrement du lit amont et aval.

C'est cet inconvénient, sans doute, qui a engagé d'adopter le reculement de la Digue Orry, afin de donner plus d'ouverture et par conséquent plus de débouché aux arches de la partie du nouveau pont à construire aux lieu et place des quatre anciennes arches. Effectivement, en observant de former quatre arches nouvelles à la place des anciennes, et donnant par exemple à celle du milieu 10 toises 3 pieds, 10 toises à celle ensuite, 9 toises à la suivante, et 8 toises 3 pieds à la quatrième près de la culée, et à peu près 12 pieds réduits à l'épaisseur des piles, on élargirait de 7 toises au moins le lit du torrent, et d'autant le diamètre des arches, dont on pourrait encore augmenter le vuide en surbaissant davantage les cintres et en les élevant sur des pie-droits. On a cru devoir donner à cette partie une forme différente de la moderne, afin de distinguer les époques de leur construction.

PONT DES EAUX-VIVES

Ce pont, composé de trois arches, qui termine la chaussée du Vernet, construit sans assiette ny solidité dans ses fondemens, paraît fixer à peu près l'époque qui a fait concevoir à M. Orry l'idée d'arrêter les progrès de la Tet par la formation de la Digue qui porte son nom.

Les deux premières arches furent emportées en 1777, et il y fut supléé en 1778 par deux travées en bois de chêne emploïé verd. L'autre arche est déversée, lézardée et n'est susceptible d'aucune réparation.

La flexion des bois, ainsi que leur état d'échauffement et de pourriture nécessite incessamment la reconstruction de ce pont, mais fondé sur pilotis, suivant le projet ci-joint.

Par ce projet, on ne forme que trois arches, on suprime les trois anciennes qui suivent, lesquelles ne sont pas fondées plus solidement que celles des Eaux-Vives et lézardées dans quelques parties, pour ne faire qu'une seule pente depuis à peu près la chaussée du Vernet jusques à l'entrée du Pont de Pierre, en observant une levée de trente-six pieds de largeur qui est la même que celle de cette chaussée.

La largeur du pont entre les têtes est de 24 pieds, et les trois arches ont chacune 30 pieds de diamètre, surbaissées au tiers, ce qui forme 90 pieds de vuide qui serait sufisant pour l'écoulement des eaux vagues et accidentelles produites ou par les arrosages, par les pluies continuelles, ou par le versement des eaux de la Boule lors des crues du ruisseau qui, du Vernet, conduit au moulin à poudre. Mais il est urgent de travailler avec célérité à la construction du perré de la Digue Orry, à son retour vers le mas de Mr Bau principalement, et à enlever la pointe du terrein de la veuve L'Escure. Alors le pont des Eaux-Vives sera à l'abri en grande partie des débordemens de la Tet et de la Boule, si on en élargit son lit, ainsi qu'il en est fait mention ci-devant.

On croit devoir proposer de plus, comme une chose essentielle, la construction d'un mur avec parement en briques, fondé sur pilotis jusqu'à la hauteur seulement du patin du mur en aile, sur la gauche à la tête d'amont, et revêtir de cailloux, en forme de perré, la levée au-dessus, pour éviter les affouillemens qui pourraient se faire par les crues des eaux qui s'écoulent le long de la chaussée du Vernet, et qui se rendent avec assés de force au pont des Eaux Vives.

Lorsque l'administration aura décidé sur la reconstruction urgente de ce pont, qu'elle aura aprouvé le projet, et fait les corrections ou changemens qu'elle aura jugé nécessaires, l'Ingénieur s'occupera sans délai de faire les devis et détails.

Il a cru pouvoir mettre en considération et présenter à l'administration le projet des quatre arches aussi à construire un jour à la place des quatre anciennes du Pont de Pierre, et de lui proposer de réduire les Digues à une moindre longueur que celle portée par le devis le long des rives de la Tet au-dessus de ce pont.

Mais il est toujours bon de prévenir, qu'elles soient réduïtes ou non, qu'il y aura toujours une augmentation de dépense dans la construction du perré relativement aux prix actuels des matériaux, et même de la main d'œuvre, que

M. de Montgazon a portée dans son détail estimatif beaucoup
au-dessous de leur valeur [1].

A Perpignan, le 1er avril 1786.

GAILLON.

**Observations sur les ouvrages à exécuter pour la
partie de la Digue Orry comprise entre la partie faite
et le Pont de Pierre sur 140 toises de longueur, et
sur le projet formé par les Inspecteurs Généraux de
donner plus de débouché aux eaux de la Tet en rem-
plaçant les quatre anciennes arches par trois nouvelles.**

5 janvier 1788

Lors de la construction du perré en 84, 85 et 86, on a
creusé le lit de la rivière dans toute sa largeur ; on a reculé
la Digue de dix-huit pieds, et procuré par conséquent un
très grand débouché aux eaux, 300 toises en amont du Pont.
La rupture de la Digue s'est faite environ 20 à 30 toises au-
dessus de la partie que nous proposons de construire comme
la plus instante. Si, dans une forte inondation, l'effort de
l'eau se portoit à l'extrémité de la partie faite dans l'angle qui
n'est deffendu que par des sables et des fascines, il est très à
craindre que le courant de l'eau, faisant dans cet angle l'office
du coin, ne trouve trop de facilité à renverser un si foible
obstacle, et n'occasionne par une nouvelle rupture les mêmes
désastres qui ont accablé plusieurs fois la Province.

Le perré est continué dans la partie supérieure jusqu'au
chemin de Saint-Estève. La partie de ce chemin qui avoit été
surmontée par les eaux a été relevée considérablement et
deffendue par des fascines, jusqu'à l'instant où les circonstances permettront la continuation des ouvrages de ce côté.
Si les eaux se font jour au-delà de la partie engravée, elles
arriveront avec très peu de force dans le Champ de Mars, à
une distance assez considérable du pied de la Digue, pour
n'y occasionner aucune dégradation allarmante.

[1] Archives des Pyrénées-Orientales, C, 1216.

Ce sont ces considérations qui nous ont engagé à proposer pour cette année la construction de la partie de Digue entre le perré fait les années précédentes et le Pont de Pierre.

Il avoit été question dans les projet de M. de Latour pour la reconstruction des dernières arches du Pont de Pierre, de donner 18 pieds d'ouverture de plus au Pont. C'est ce qui a engagé à reculer de 18 pieds la partie du perré faite dans les dernières années. Mais d'après les observations que nous avons faites sur l'effet des eaux, et conformément au vœu des Inspecteurs Généraux qui ont examiné les ouvrages avec la plus grande attention, nous croions que, sans agrandir le lit de la rivière, on peut donner aux eaux plus de débouché en construisant trois arches au lieu des quatre anciennes.

Nous proposons alors de former un pan coupé sur 10 toises de longueur, comme il est marqué sur le plan, pour reprendre la direction de l'ancienne Digue.

Lors de la construction sur la rive opposée, on fera la même opération, et l'eau, plus resserrée aux abords du Pont, creusera davantage son lit ; et on évitera par ce moyen les ensablemens aux abords du Pont.

La dépense pour cette construction s'élévera à la somme de 35.435 l. 8 s. 10 d., d'après l'estimation que nous joignons au présent mémoire,

Cette estimation par apperçu différera très peu de l'estimation détaillée dont nous allons nous occuper d'après la délibération de l'assemblée, le perré étant construit d'après les mêmes principes et avec les mêmes matériaux.

A Perpignan, ce 5 janvier 1788.

(non signé) (sans doute de M. Gaillon).

[1] Archives des Pyrénées-Orientales, C 1216.

**Lettre de M. de la Millière à M. Gaillon, et réponse de
ce dernier, relative aux fonds de l'exercice de 1787,
et à la reconstruction de la digue Orry, etc. ; Nouvelle adjudication des travaux qui sont restés ina-
chevés.**

**Copie de la lettre écrite par M. de la Millière à M. Gail-
lon, le 25 mars 1789.**

25 mars. — 29 avril 1789

J'ai reçu, Monsieur, l'état de situation que vous avés dressé
au 31 décembre dernier des ouvrages exécutés en Roussillon
dans le cours de l'année 1788 sur les fonds de l'exercice 1787.
Je vais vous faire part des observations qui résultent de l'examen que j'en ay fait et fait faire.

ARTICLE PREMIER. — Reconstruction de la Digue Orry sur
la Tet, adjugée le 7 novembre 1780 à Pierre Pradal, puis à
François Sestach, enfin à Louis Pons, subrogé le 1er janvier 1787, pour la somme de 395.000 livres. La dépense de
l'année paraît monter à 61.270 l. 12 s. 9 d., savoir 41.085 l. 9 s.
4 d., pour une partie de 139 toises 4 pieds 6 pouces courantes
de grand perré fait à neuf, joignant le Pont de Pierre ;
17.828 l, 15 s. 5 d, pour une autre partie de 114 toises 5 pieds,
joignant le chemin de Saint-Estève, et 2.356 l. 4 s. dans le
nouveau lit de la Basse. De sorte qu'avec les ouvrages antérieurs, la dépense totale est de 405.168 l. 13 s. 11 d. ; ce qui
fait déjà une augmentation de 10.168 l. 13 s. 11 d. que vous
avés négligé d'annoncer et de motiver. Ne manqués pas de
mettre cet objet en règle cette année, soit par devis et ordonnance d'augmentation, soit en donnant la réception nette de
l'adjudication primitive, pour comprendre cet excédant avec
les autres ouvrages qui peuvent être encore nécessaires et que
vous proposerés de suite par un nouveau devis.

Je ne puis qu'aprouver la solidité et la dépense de ces jettées
faites sur la Tet et à l'amont du Pont. Mais, après ce que j'ai
vu moi-même sur les lieux, je dois insister sur ce que je vous
marquais l'année dernière touchant celles faites et projettées
le long de la Basse.

(N'intéresse pas la Tet, de même que tout le reste de ce long mémoire).

En marge de cette lettre dont le restant n'intéresse pas les ouvrages de la Tet, se trouve la réponse de l'Ingénieur, M. Gaillon:

Réponse de M. Gaillon du 29 avril 1789.

Monsieur,

J'ay l'honneur de répondre aux observations que vous avés fait sur l'état de situation, au 31 décembre 1788.

ARTICLE PREMIER. — *Construction de la digue Orry sur la Tet.*

Quoiqu'il y ait déjà une augmentation de 10.168 l. 13 s. 11 d. sur cette adjudication, il s'en faut de beaucoup que les ouvrages soient achevés, suivant le devis. Les dégâts que la rivière a causé dans les diférentes crues ou débordemens qui sont survenus avant mon arrivée dans cette Province, ont absorbé la plus grande partie des fonds, et ce n'est presque que depuis mon arrivée en cette province qu'il s'est exécuté d'ouvrages suivant le devis, de sorte qu'il résulterait une augmentation très considérable, si l'on jugeait à propos de continuer à exécuter le devis, et pour lequel il faudrait une augmentation de fonds.

Je pense, Monsieur, qu'il vaudrait mieux donner la réception nette de l'adjudication primitive, quoique les ouvrages ne fussent pas totalement achevés suivant le devis, faire païer l'adjudicataire des 10.168 l. 13 s. 0/0 11 d. par une ordonnance d'augmentation, et en revenir à un nouveau devis pour les ouvrages qui pourront encore être nécessaires d'exécuter. D'ailleurs, d'après la connaissance que j'ay des prix des matériaux, je crois qu'il pourrait y avoir de l'économie en passant une nouvelle adjudication. En attendant que vous me fassiés réponse sur cet objet, je vais faire un dépouillement des états de situation antérieurs, pour connaître chaque article des différens ouvrages qui se sont exécutés avant mon arrivée en cette Province, pour me mettre en état de faire tout de suite ce que vous voudrés bien m'ordonner.

ART. II. — *Construction du Pont d'Elne sur le Teck. Etc.* [1].

[1] Archives des Pyrénées-Orientales, C 1216.

APPENDICE

I

Mémoire présenté par M. Aymerich en 1836, sur les inondations qui ravageaient Perpignan. — Projets de défense : Système d'amortissement ; Système de résistance.
Notice de M. de Boixo (1892).

Perpignan avait été plusieurs fois ravagé par les inondations, et une Société d'hommes compétents [1] rechercha quels pouvaient être les meilleurs moyens à employer pour le préserver des ravages de ces cours d'eau à l'époque de leurs plus fortes crues. Le *système d'amortissement* suivant l'expression même du rapporteur ne fut pas accrédité auprès des pouvoirs publics [2], et fut considéré comme *irréalisable :* son projet consistant de modifier « le plan incliné qui constitue son lit actuel », en créant un système de chutes successives espacées dans toute sa hauteur.

Quant au *système de résistance*, on peut dire qu'il était plus rationnel : il consistait, pour le rapporteur, à faire un ensemble de travaux qui auront pour but de déterminer le lit de la rivière et de résister à sa tendance perpétuelle à en sortir : il s'agissait « d'un vaste système de plantations riveraines protégées par des endiguements, des empierrements ou enrochements ». Ce système a été employé dans presque tous les départements. Mais, ajoute M. Aymerich, on s'est contenté d'opérer sur quelques points seulement, notamment aux

[1] Un mémoire fut présenté à la Société par M. Aymerich, le 20 décembre 1836.

[2] M. Aymerich voulait établir des barrages successifs *pour amortir* le courant de l'eau ; mais à ce système il sacrifiait Fontpédrouse et Thuès, qui seraient entièrement submergés, et qu'une indemnité dédommagerait de cette destruction radicale.

environs de Perpignan, au lieu de se livrer préalablement à
des études ayant pour objet le cours entier de la Tet. Notre
rivière a sa partie haute et sa partie basse. Dans la première
se produisent les orages, s'agglomèrent les eaux ; dans la
seconde, se produisent les désastres. Nous sommes con-
vaincu que, pour prévenir les désastres, il faut contenir les
eaux le plus longtemps possible dans la haute région, et
vaincre leur courant. Ces considérations nous portent à con-
clure qu'il n'y a pas de bon système de résistance possible si,
préalablement, on n'a fait une bonne et large application du
système d'amortissement.

« Ce n'est pas sans regret que nous avons vu le système de
plantations, d'endiguements, etc., décrié, abandonné ; car,
nous le soutenons, ce système est bon, et quoiqu'une longue
et coûteuse expérience ait prouvé qu'il ne peut rien, qu'il est
impuissant employé seul, nous affirmons qu'il produira
d'excellents effets résultats quand il sera employé simultané-
ment, avec ce système d'amortissement.

« Le système de résistance, pour aboutir, qu'on nous per-
mette l'expression, doit être tout d'une pièce. Il doit commencer à Rhodez et se prolonger jusqu'à la mer sans aucune
solution de continuité.

« Les franç-bords de la rivière doivent être larges de
50 mètres au moins sur chaque rive.

« Le lit de la rivière doit l'être aussi, sauf à réduire le sol
ou le terrain de premier établissement au moyen de plantations riveraines jusqu'à ce qu'il ait atteint sa largeur normale.
Lorsque les franc-bords auront acquis un degré suffisant de
résistance, les eaux, elles-mêmes, seront un auxiliaire puissant pour déterminer cette largeur.

Les grèves de la rivière doivent être labourées et épierrées
plusieurs fois dans l'année. Le triage de ces pierres procurera
de bons matériaux, et le rebut sera employé, soit à l'endigue-
ment des francs-bords soit à leur exhaussement.

« Les plantations qui doivent garnir les deux rives de la
Tet doivent se prolonger sur les rives de ses affluents. Rien
ne doit être négligé pour empêcher que ces affluents ne rompent leurs digues des francs bords en amont, et ne viennent
prendre les plantations de la rivière à revers,

« Il est à désirer que les plantations, tant des rives de la Tet, que de ses affluents, deviennent propriété départementale, et que leur entretien et leur conservation soient confiés à une administration spéciale[1] sous la surveillance du Conseil Général du département[2].

M. de Boixo[3], dans une intéressante notice indique également dans quelle mesure il serait possible d'apporter quelque atténuation à ces crues et à ces débordements si intenses et si fréquents dans ce Roussillon. Il constate que la Tet et ses affluents constituent tous des cours d'eau à régime inégal, menaçants pour la région qu'ils traversent, et qu'il y a lieu de protéger avec un soin extrême. Le régime torrentiel de ce cours d'eau dépend de la déclivité des versants et du thalweg qui est fort grande et du climat excessif de la région qui amène après de longues sécheresses, des pluies intenses jetant sur le sol des quantités d'eau énormes. Il fait ressortir le rôle puissant du boisement sur le régime des eaux : la destruction des forêts, les abus du défrichement, telles sont les véritables causes des débordements des rivières dont les eaux sont transformées en véritables torrents impétueux. Les abus du défrichement, écrivait M. de Boixo, ne paraissent pas avoir été arrêtés sérieusement sous l'ancien régime par les pouvoirs publics. L'ordonnance de 1669 sur les eaux et forêts fut enregistrée au Conseil Souverain du Roussillon en 1728 seulement, 86 ans après la conquête, et l'on ne constitua à aucune époque dans cette province une administration spéciale, chargée de l'application des règlements forestiers... Loin d'être arrêtés par des mesures de police, les défrichements vers le milieu du xviiie siècle, furent encouragés par l'administration locale, mais on constata bientôt après des inondations plus fréquentes, et l'on n'hésita pas à en attribuer la cause à l'excès de déboisement.

[1] Depuis plusieurs années la Commission Syndicale (dont je fais partie) présidée par le Préfet du département, et composée de propriétaires des deux rives (Nord et Su l) fonctionne au mieux des intérêts des deux rives.

[2] Extrait du Mémoire de M. Aymerich. sur les inondations. *Bulletin de la Société des Pyrénées-Orientales*, onzième volume 1858.

[3] Extrait de la Notice sur les inondations par M. de Boixo, 1892. *Société Agricole.*

Il est bien difficile, ajoutait M. de Boixo, de préciser les résultats réels de ces pratiques abusives et de fixer l'étendue qui a été successivement déboisée à chaque époque. Les causes des dangers qui menacent nos plaines sont connues : c'est le déboisement. « En dénudant les versants trop rapides de nos montagnes, on les a privés de la couverture naturelle qui, seule, pouvait opposer un obstacle suffisant au ruissellement des eaux jetées par les pluies d'orage. Un retard de quelques heures suffit soit pour diminuer l'afflux simultané de torrent dans le bas des vallées et pour empêcher les débordements. Le *reboisement* est la seule mesure préventive à employer, ainsi que l'ont proclamé les lois de 1860, 1864 et 1882 sur la restauration des montagnes. Il *faut donc* RENDRE AUX FORÊTS LE ROLE qui leur appartient dans la montagne et supprimer les abus du pâturage, afin d'atténuer les dangers que créent aux cultures de la plaine la configuration et le climat excessif de notre pays.

Les moyens préconisés par l'abbé Fortaner en 1838 [1] étaient sensiblement les mêmes : d'après cet auteur, les causes des inondations de la Tet proviennent de la pente trop rapide du lit de cette rivière, de la destruction de nos forêts, de l'abus des défrichements, de la mauvaise direction de la rivière et de la négligence des propriétaires riverains.

Le seul moyen de prévenir uniquement et d'adoucir les terribles effets des inondations de la Tet, consiste à replanter successivement nos anciennes forêts, à régulariser les défrichements, à donner une direction droite au cours de la rivière, à fortifier ses bords par des bois taillis bien fourrés et bien entretenus, afin de la contenir, de l'encaisser et de l'emprisonner, pour ainsi dire dans son lit, et la forcer à suivre toujours la même direction ».

En somme, le moyen le plus efficace serait d'obliger les riverains à tenir constamment, aux bords de la rivière, de 25 à 30 toises de bois taillis bien entretenus, sans clairières, afin de l'empêcher de faire des trouées préjudiciables. Avant

[1] Mémoire sur les débordements des rivières. *Société Philomatique,* tome IV.

la Révolution, certains règlements obligeaient les riverains à renforcer les bords de la Tet ; plus tard, on a arraché les bois pour en faire des champs que la rivière a submergés : avant 1790, la *pépinière Navarre*, le jardin *Mamet*, et une partie du domaine *Amanrich* étaient plantés en bois taillis ; de nouveaux propriétaires les ont mis en culture ; l'inondation n'a laissé que du gravier et du sable. Il faut donc planter, et l'on parviendra sûrement à diminuer les ravages et les dévastations trop fréquentes que ces cours d'eau nous font subir.

Devant l'insuccès de l'application de sommes considérables à la digue Orry et l'incertitude sur les effets d'un système insurmontable à opposer à l'action des terribles crues de la Tet, les Ingénieurs des Ponts et Chaussées ont abandonné la voie des projets grandioses et se sont bornés au maintien de ce qui nous reste de cette digue et des rives du fleuve par de simples entretiens qui ne dépassent pas annuellement 5.000 fr.

Il faut reconnaître que la digue Orry a rendu d'immenses services, et a mis obstacle à ses progrès vers le Nord. « Déjà une branche arrivait au village de *Bonpas :* elle n'avait pas un grand trajet à faire pour se jeter dans l'Agly. Les irruptions ravinant le sol dans toutes les directions, déplaçant sans cesse le lit principal, et enlevant la terre végétale, n'auraient plus laissé qu'une vaste plaine impropre à la culture ».

Le Syndicat, de nos jours [1], fait, de son côté, des travaux importants et coûteux, et bien répartis suivant les dégâts constatés à la suite des crues qui ont raviné les différentes parties soit du Nord, soit du Midi.

[1] Vers 1858, un don de 20.000 francs vint grossir la somme votée par le Syndicat de Ste-Marie et servit pour réparer la brèche Gaffard dont les franc-bords ont été dévastés par la dernière crue de décembre 1916.

II

Note relative à l'organisation du corps des Ingénieurs des Ponts et Chaussées [1]

1. Ces mots ont désigné, depuis le dix-septième siècle, le service des grandes voies de communication par terre, auquel ont été enjoints celui de la navigation sur les rivières et canaux, le service des ports maritimes, et, pendant une certaine période, le service hydraulique, comprenant l'application des eaux à l'industrie et à l'agriculture, en même temps que les travaux contre les eaux nuisibles...

Notions historiques

2. Jusqu'au règne de Henri IV, le gouvernement royal n'a pas participé activement à la construction et à l'entretien de grandes voies de communication. Sully, qui joignit à toutes ses charges celle de grand voyer, y fit consacrer des sommes annuelles qui montèrent jusqu'à 3 millions de livres. Colbert reprit ces traditions. Pour le seconder dans cette tâche, il avait institué dans les provinces des architectes ou ingénieurs avec le titre d'ingénieurs du Roi. Quelques-uns d'entre eux avaient été pris parmi les ingénieurs militaires. L'ouvrage le plus remarquable de cette époque est le canal du Midi ou des Deux-Mers construit par Riquet, et pour lequel le Trésor Royal et les Etats de Languedoc ont alloué des subventions considérables.

3. Après les guerres désastreuses qui avaient marqué la fin du règne de Louis XIV et qui avaient épuisé le pays, le Régent adopta le projet de couvrir le territoire du royaume d'un réseau de routes d'une étendue de 12.000 lieues. Pour l'exécution de ce vaste plan, il institua, en 1716, l'administration des Ponts et Chaussées consistant dans un corps hiérarchique d'ingénieurs, ayant deux chefs à sa tête, l'intendant des Ponts et Chaussées pour les questions financières et administratives, et le premier ingénieur de France pour la partie technique, placés l'un et l'autre sous l'autorité du contrôleur général des Finances.

[1] M. BLACH : *Dictionnaire de l'Administration française* (5ᵉ Edition, Paris 1905).

4. Dans le cours de plus de cinquante ans, les belles routes qui sillonnent encore la France dans toute son étendue, furent exécutées par les soins des intendants de Trudaine père et fils, et sous la direction de l'ingénieur Péronnet. C'est sans contredit le monument le plus remarquable du règne de Louis XV et celui dont on s'est le moins occupé dans l'histoire du temps.

5. En 1747, l'Ecole des Ponts et Chaussées fut fondée et placée sous la direction du même ingénieur Péronnet, qui a fourni dans ces fonctions une longue carrière. Les Etats de Bretagne et de Languedoc établirent des écoles analogues à celles de Paris.

6. L'Assemblée constituante, par deux lois du 19 janvier et du 18 août 1791, a maintenu le corps des ponts et chaussées, avec sa hiérarchie et une seule école, celle de Paris.

7. Sous le premier Empire, ce corps a reçu une nouvelle organisation en vertu du décret du 7 fructidor de l'an XII (25 août 1804). L'Ecole des ponts et chaussées a été aussi réorganisée à cette époque.

8. L'organisation actuelle du corps des ingénieurs des ponts et chaussées a été établie par un décret en date du 13 octobre 1851 dont quelques dispositions ont été modifiées par des actes postérieurs, ainsi qu'on le verra plus loin...

9. Les services auxquels sont employés les Ingénieurs des ponts et chaussées ont été rattachés successivement à divers ministères.

Les travaux publics ont été d'abord rattachés à l'Intérieur et plus tard au Commerce seul ou au Commerce et à l'Agriculture. Depuis 1869, ils ont fait l'objet d'un ministère spécial.

10. Pendant la plus grande partie du XIXe siècle, un directeur ou directeur général des ponts et chaussées a presque toujours été placé auprès des ministres. Ce titre ne se retrouve plus dans l'organisation actuelle du ministère des travaux publics [1].

[1] *Bibliographie* : Essai sur l'administration et sur le corps royal des ponts et chaussées depuis leur origine jusqu'à nos jours, par J. Couderc, in-8, Paris, 1829.

Etudes historiques sur l'administration des voies publiques en France au XVIIe et au XVIIIe siècle, par M. Vignon. 4 vol. in-8. Paris, 1862-1880.

III

Règlement concernant le ruisseau de Saint-Jacques ou dels Ortolans (1924)

CHAPITRE PREMIER

Administration

ARTICLE PREMIER

Le Syndicat existant du ruisseau des jardiniers dont le siège est à Perpignan est régi par les dispositions réglementaires suivantes sous le nom d'*Association syndicale du Ruisseau* des jardins de Saint-Jacques.

L'administration du Ruisseau, de ses filiales et de leurs dépendances est confiée à une Commission composée de dix syndics :

Le canal principal aura deux syndics...............	2
L'œil de la Promenade ou des platanes..............	1
L'œil des Prédicadors.	1
L'œil de Tots Sans......	1
L'œil de Bajoles	1
L'œil de la Juliane	1
L'œil de la Boulangère	1
L'escourridou des quatre camis	1
Le canal des Eaux-Vives	1
Total	10

Les syndics seront élus par tous les propriétaires inscrits au rôle du ruisseau d'arrosage dit des jardins de Saint-Jacques.

ART. 2

Les réunions générales des tenanciers et les réunions de la Commission administrative du syndicat auront lieu à la

18

Mairie de Perpignan, sous la présidence du Directeur et à défaut sous la présidence du Directeur adjoint. Les convocations seront faites par les soins de M. le Directeur.

Art. 3

L'assemblée générale des intéressés se compose des propriétaires de terrains possédant soixante ares de terres (60 ares).

Les propriétaires de parcelles inférieures à soixante ares peuvent se réunir pour se faire représenter à l'assemblée par un ou plusieurs d'entre eux en nombre égal au nombre de fois que le minimum de soixante ares se trouve compris dans leurs parcelles réunies.

Chaque propriétaire de terrain a droit à autant de voix qu'il possède de fois le minimum ci-dessus indiqué sans que ce nombre puisse dépasser *cinq* voix.

Les fractions au-dessus de *un demi* comptent pour une voix.

Toute personne ayant droit de faire partie de l'assemblée générale peut s'y faire représenter par un fondé de pouvoirs, sans que le même fondé de pouvoirs puisse être porteur de plus de trois mandats.

Art. 4

Les syndics seront nommés pour *cinq* ans et pourront être réélus indéfiniment.

La première élection aura lieu dans le mois qui suivra l'homologation du présent règlement.

Art. 5

En cas de décès, démission ou tout autre événement arrivé dans les cinq ans et qui privera la Commission d'un ou de plusieurs membres, on convoquera les tenanciers intéressés pour procéder à leur remplacement. Les nouveaux élus ne seront nommés que pour le temps pendant lequel les membres remplacés auraient eu le droit de continuer leurs fonctions.

Lorsque le Syndicat se trouve par l'effet des vacances survenues, réduit aux trois-quarts de ses membres, il doit être de droit procédé à des élections complémentaires.

ART. 6

Le syndic qui laissera passer trois réunions successives de la Commission sans y assister ou sans faire admettre ses excuses sera considéré comme démissionnaire et il sera procédé à son remplacement.

ART. 7

Les réunions générales et les réunions de la Commission administrative auront lieu à l'Hôtel de la Mairie sous la présidence de M. le Directeur ou à défaut de M. le Directeur adjoint délégué par M. le Directeur.

Les convocations seront faites par les soins de M. le Directeur du Syndicat.

ART. 8

Le Président de la Commission administrative du Syndicat appelé aussi Directeur du Syndicat sera de droit le plus âgé des syndics. Mais dans le cas où le doyen d'âge ne voudrait pas jouir de cette prérogative, la Commission nommerait elle-même son Président dans les formes réglementaires.

Le Président conservera les archives. Il nommera un secrétaire pour faire toutes les écritures et tenir la comptabilité.

Le directeur du Syndicat représentera l'association en justice tant en demandant qu'en défendant.

ART. 9

Le Président de la Commission fera tenir un registre des délibérations.

Chaque tenancier aura le droit de prendre connaissance des délibérations qu'on y aura transcrites. Il faudra pour cela en faire la demande à M. le Directeur du Syndicat.

ART. 10

Les délibérations de la Commission seront prises à la majorité des suffrages des membres présents et le Président aura voix prépondérante en cas de partage.

ART. 11

Néanmoins, si la minorité de la Commission pense que l'objet n'est pas de sa compétence, la délibération sera soumise à l'examen de l'assemblée générale et ne sera définitive que si elle décide que la Commission était compétente.

ART. 12

Les pouvoirs de la Commission embrassent tous les actes de l'administration : 1º La nomination d'un garde-ruisseau ainsi que sa révocation ou sa destitution ;

2º La rédaction des cahiers des charges pour les travaux urgents et pour les curages du ruisseau ;

3º La mise aux enchères, le lieu et la forme des adjudications ;

4º Le droit de représenter le corps des tenanciers partout où besoin sera.

ART. 13

Sont hors des pouvoirs de la Commission :
1º Les modifications au Règlement ;
2º Les travaux extraordinaires non urgents ;
3º Les votes de fonds destinés à couvrir les dépenses même ordinaires.

CHAPITRE II

Jouissance

ART. 14

Sont reconnus avoir plein droit à l'arrosage :

1° Les terres comprises dans le dénombrement du 8 septembre et le rôle du 20 octobre 1841.

Celles légalement autorisées depuis, savoir :

Les terres engagées en vertu de la délibération spéciale du 14 mai 1893 homologuée par M. le Préfet le 31 août de la même année.

Les terres engagées par le rôle du 22 juin 1893 rendu exécutoire le 25 juin 1896.

Les terres engagées par le rôle du 5 février 1897 rendu exécutoire le 6 février 1897.

Les terres engagées par le rôle spécial du 3 février 1920 rendu exécutoire le 6 février 1920.

Enfin les terres agrégées par le présent règlement et dont le tableau sera ci annexé.

ART. 15

Quiconque sollicitera le droit d'arroser une terre non comprise dans le dénombrement de 1841 ni dans les rôles rendus exécutoires depuis cette époque devra réclamer la convocation des tenanciers de la prise d'eau principale au moyen de laquelle il voudra arroser et en obtenir la permission, qui ne sera définitive qu'après qu'elle aura été confirmée par la Commission et acceptée par l'assemblée générale des tenanciers qui aura le droit de la révoquer.

ART. 16

Il sera établi deux classes de terres :

1° Terres arrosables ;

2° Terres déversantes.

Art. 17

Les terres déversantes paieront à surface égale le tiers de la taxe des terres à l'arrosage.

Les propriétaires qui obtiendront la permission d'arroser devront payer comme droit d'entrée la somme de
par hectare de terre agrégée.

Art. 18

Le droit d'entrée à payer par les nouveaux arrosants sera versé à la caisse du Receveur du Syndicat.

Le paiement de ce droit sera exigible en trois versements annuels égaux et consécutifs avec facilité de se libérer par anticipation.

Des rôles spéciaux seront établis pour le recouvrement de ces taxes.

Art. 19

Hors les temps de pénurie l'eau pourra être prise par les usagers sans fixations de temps ; mais ils seront tenus de fermer les Œils alimentant les rigoles dès que leurs terres auront été irriguées.

Art. 20

Le niveau du barrage formant la retenue de la prise d'eau dite l'Œil des platanes ou de la Promenade ne pourra pas dépasser le niveau du dessus de la pierre de taille qui sert d'appui aux vannes situées au milieu du canal.

Art. 21

Aucune terre ayant droit à l'arrosage ne pourra être arrosée deux fois avant que toutes les autres l'aient été une.

Art. 22

La pénurie sera déclarée par la Commission administrative

du Ruisseau et le garde vannier la fera connaître à tous les tenanciers arrosants et veillera à ce que chacun ne prenne l'eau que suivant ses droits.

L'avis de la pénurie sera également annoncée par le journal.

Art. 23

Il sera procédé par les soins de la Commission à la revision des terres qui s'arrosent du Ruisseau des jardins de Saint Jacques afin que toutes les propriétés jouissant du bénéfice de l'irrigation soient portées régulièrement sur l'état matrice du canal et conséquemment aux rôles des taxes syndicales.

CHAPITRE III

Contraventions

Art. 24

Les contraventions au présent règlement seront constatées par un procès-verbal que le garde vannier dressera ; il sera remis au Président de la Commission qui adressera ce procès-verbal au juge de paix à fin de poursuite.

Art. 25

Le contrevenant reconnu coupable sera puni des peines de police outre les dommages intérêts qui pourront lui être réclamés soit par le Président au nom du corps des tenanciers soit par le tenancier qui aura été privé de l'eau.

Art. 26

Le garde vannier sera chargé de faire lever et baisser les vannes suivant les circonstances, de veiller à ce que les riverains n'empiètent pas sur le ruisseau, à ce que les plantations ne soient opérées qu'à la distance légale de la limite des francs-bords et à tous les autres objets concernant la conservation, l'entretien et la police du ruisseau.

Art. 26

Le traitement de ce garde sera fixé par la Commission.

Art. 27

La plantation d'arbres, arbustes, roseaux par les propriétaires riverains ne pourra se faire qu'aux distances déterminées par le code. Le minimum de dimension entre le bord du ruisseau et la ligne supérieure du talus extérieur qui réunit le franc-bord aux terres inférieures sera de 1.63. Les bâtisses ne pourront pas être plus rapprochées.

Art. 28

Les prises d'eau principales et particulières devront être établies en maçonnerie et pourvues d'une vanne.

L'association fera les frais des prises d'eau principales.

Les frais de construction et de réparation des prises d'eau particulières seront à la charge des propriétaires intéressés.

Art. 29

Il est défendu de former des boutades-barrages au moyen de piquets, broussailles, gazons ou autres matériaux ; le barrage en plateau est seul autorisé.

Art. 30

Tous les empiètements qui seront relevés par le garde sur le lit du ruisseau feront l'objet de procès verbaux de contravention.

Art. 31

Le passage sur les francs-bords est interdit pour toute sorte de bétail.

Art. 32

Le pacage des bestiaux au travers du ruisseau est absolument interdit.

Art. 33

Il est expressément recommandé au garde-vannier de veiller à ce que personne ne jette dans le ruisseau des terres, des fagots, des roseaux et des immondices ou débris de jardinage.

CHAPITRE IV

Comptabilité et recouvrement des taxes

Art. 34

Le Syndicat nomme un Receveur pour le recouvrement des taxes ; si ce receveur n'est pas un percepteur des Contributions directes il doit en être préalablement donné avis au Préfet.

Art. 35

La quotité du cautionnement du Receveur et celle de ses remises sont fixées par le Syndicat.

Art. 36

Les rôles sont dressés par le Receveur d'après l'état de répartition arrêté par le Président du Syndicat. Ils sont rendus exécutoires par le Préfet. Le recouvrement en est fait comme en matière de contributions directes.

Art. 37

Le receveur est responsable du défaut de paiement des taxes dans les délais fixés par les rôles, à moins qu'il ne justifie des poursuites faites contre les contribuables en retard.

Art. 38

Le receveur acquitte les mandats délivrés par le Receveur. Il rend compte annuellement au Syndicat des recettes et dépenses qu'il a faites pendant l'année précédente.

Art. 39

Le Syndicat vérifie le compte annuel du Receveur ; l'arrête provisoirement et l'adresse au Préfet pour être soumis au Conseil de Préfecture.

Art. 40

Les dispositions du règlement du 14 octobre 1845, homologué le 8 juillet 1856, et les modifications apportées au dit règlement par la délibération du 14 mai 1893 homologuée avec réserves le 31 août de la même année sont abrogées.

Art. 41

L'Association syndicale du Ruisseau des jardins de Saint-Jacques est en outre soumise à toutes les dispositions contenues dans la loi du 21 juin 1865 modifiée par la loi du 22 décembre 1838 et le décret du 9 mars 1894.

Art. 42

Le présent règlement après avoir été discuté et délibéré en assemblée générale sera soumis à l'homologation de M. le Préfet.

IV

Pièces justificatives des XIII⁰ et XIV⁰ siècles
Documents concernant l'Oratoire du Pont de la Tet,
fondé par les Frères Prêcheurs

§ 1. — *Charte de Pierre II, donnant une partie du rivage de la Tet aux frères et procureur de l'œuvre du Pont de la Tet, à Perpignan* [1].

31 janvier 1197

(*Vidimus* du 9 Cal. décembre 1256)

Ad notitiam presentium et futurorum perveniat, quod ego Petrus, Dei gratia rex Aragonum et comes Barchinone, ob remedium anime mee meorumque parentum, dono, laudo et concedo et cum hac presenti carta, titulo perfecte donationis, in perpetuum trado Deo et operi pontis Perpiniani et vobis Juliano et Petro Rascacio, ipsius pontis fratribus et procuratoribus, et omnibus illis qui loco vestri fuerint in posterum omnem gravam cum terra que est ab ipso ponte inferius sicut caminus dividit qui tendit ad Vernetum ; et omnes etiam redditus atque proventus qui de ipsa grava vel ortis vel de aliis fructibus provenient. Hanc itaque gravam cum terra et cum redditibus ortorum qui modo ibi sunt vel in posterum fient et aliorum quorumlibet fructuum, sicut predictus caminus dividit, et sicut ab utraque aqua la Tet includitur, dono, laudo et concedo in perpetuum Deo et operi jam dicti pontis, et eis omnibus qui pontem in cura modo habent et in posterum habuerint, ob remedium anime mee meorumque parentum, sicut superius est declaratum.

Datum Perpiniani anno Domini millesimo C⁰ nonagesimo sexto, mensis januarii ultima die martis.

Signum † Petri, regis Aragonum et comitis Barchinone.

[1] Ces documents sont précieux pour la délimitation des rives de la Tet près du pont de cette rivière. Cf. H. Aragon : *Les Intendants du Roussillon*, tome I, page 14, note 1. Imp. Barrière, 1924.

Testes[1] sunt Petrus, sacrista Ausonensis, Guillelmus Dur-
fortis, B. de Albars, judex, Johannes de Bix..., notarius,
Petrus de Sirach, prior Sepulcri et capellanus domini regis,
Guillelmus Bernardi, Petrus Pauci, Guillelmus Dalberti,
Vitalis de Narbona, Ermengaudus Grossi, Petrus Guallardi,
palaciolus, *Bernardus* de Solatico, Guillelmus de Sancta
Maria, Guillelmus de Montells. Sig † num Petri de Blandis,
notarii domini regis, qui supradicta scripsit mandato ejus,
mense et anno qui supra.

Petrus de Podio, mandato Petri Calveti, fideliter atque
legaliter hoc translatum translatavit ab originali instrumento
sigillo dicti domini regis sigillato in eo pendente, puncto ad
punctum, verbo ad verbum, nichil addens vel minuens,
videntibus et legentibus tribus testibus sacerdotibus advo-
catis, videlicet Guillelmo Esclusa et Petro de Evol et Raymundo Macellario, qui omnes translatum et originale instrumentum sigillatum sigillo dicti domini regis in eo pendente
viderunt et legerunt et ita bene convenire invenerunt, VIIII°
kalendas decembris, anno Domini M° CC° quinquagesimo
sexto ; et hoc signum fecit.

Petrus Calvetus, scriptor publicus Perpiniani, subscripsit
et hoc signum fecit[2].

§ 2. — *Erection en chapelle, sous l'invocation de Notre-Dame
et de Saint-Etienne, par Bérenger, évêque d'Elne, de l'ora-
toire construit près du Pont de la Tet, à Perpignan, par Raymond Font et Guillaume Amalrich, sous réserve des droits de
la paroisse Saint Jean.*

21 octobre 1265
Instrumentum ecclesie Pontis

Eternus pastor, dominus Jhesus Christus, qui quos creavit
fovere non desinit in celum pergere proficissiens, ecclesiam

---

[1] On peut constater que les témoins de cet acte sont ceux qui ont
signé la fameuse Charte constitutive de la Municipalité de Perpignan
qui date de 1197. Parmi les 5 consuls qui signèrent la charte des
communes de 1197, on peut citer Vital de Narbonne et Bernard de
Solatge. Cf. Mon étude : *L'Organisation Municipale de Perpignan*.
Imp. Barrière, 1920.

[2] Archives communales de Perpignan. AA 3. Livre vert mineur, f° 15.

quam suo precioso sanguine adquisivit, vicariis tradidit
gubernandam, ut ipsa sub eorum regimine ad eternam vitam
proficeret et Christi fideles laborioso cursu pro fide ac devo-
tione fructum mererentur percipere gloriosum. Hinc est quod
cum quidam locus pro capella in ponte tethis Perpiniani, ad
honorem Dei et beate Virginis, matris ejusdem, et beati Stephani prothomartiris, per Raymundum de Fonte et Guillelmum Amalrici sit decenter constructus ac dotatus sufficienter
ab eisdem, sit insuper ab ispsis nec non a proceribus ville
Perpiniani sepius nobis Berengario, Dei gratia elnensi episcopo, devote ac humiliter suplicatum in loco predicto capellam erigi ad honorem Dei et beate Virginis, matris ejus, et
beati Stephani, pontificali auctoritate concedere dignaremur.

Nos igitur Berengarius, Dei permissione episcopus supra-
dictus, piissimam attendentes eorum et populi devotionem,
justis et piis ipsorum postulationibus inclinati, ad honorem
Dei et gloriose Virginis, matris ejus et beati Stephani prothomartiris, sine matricis ecclesie prejudicio, erigi in predicto
loco ac fieri concedimus oratorium seu capellam. Ita tamen
quod aliquis ibi non recipiatur ad sepulturam, et quod omnes
oblationes que ad predictum locum pervenerint matrici ecclesie conserventur sine retentione et diminutione, qualibet at
que dentur. Item, quicquid quod in pane, vino candelisque
sive incensu, ex largitione fidelium operi Pontis sive in hele-
mosina contigerit erogari, illud similiter predicte matrici
ecclesie integre conserventur: que omnia capellanus sive
presbiter qui in dicta capella sive oratorio fuerit constitutus,
quem dominus episcopus et sacrista Perpiniani duxerit eli-
gendum ad recipienda predicta, congreget et aportet ad ecclesiam Sancti Johannis Perpiniani et oblationes tradat domino
episcopo seu locum ejus tenenti, et candelas et denarios qui
ratione candelarum largientur et insensum et alia que super
altare ponentur tradat sacriste Perpiniani ; et teneatur nichi-
lominus ipsi jurare quicumque ibi instituetur, sive sit perpe-
tuus sive temporalis quod predicta omnia fideliter congreget,
ut superius dictum est, et ipsis tradat ; et quod sacrista Perpiniani, de candelis que in dicta capella aportabuntur et insensu
det candelas ad illuminandum predictam capellam : videlicet

in missa et matutinis duo luminaria, et in vesperis unum lumen, et insensum in missa et in vesperis in magnis festivitatibus. Volumus preterea quod presbiteri servientes in dicta capella diebus dominicis et solempnibus festivitatibus et in magnis[1] missam celebrare aliqualenus non presumant, donec in altari beati Johanis ecclesia Perpiniani missa matutinalis exteterit celebrata ; et quod predicti presbiteri in processionibus omnibus que fiunt in sollempnibus festivitatibus in predicta ecclesia Sancti Johannis adesse, causa honoris ac reverentie ejusdem ecclesie personaliter teneantur. Verum quod membra non licet a capite discidere, volumus et jubemus quod in legatis et aliis que generaliter sacerdotibus ecclesie Sancti Johannis Perpiniani relinquuntur, presbiteri in dicta capella constituti in illis legatis intelligantur comprehendi, ita ut de legatis illis sicut ceteri suam portionem integre assequantur. Ne vero super dote dicti oratorii sive capelle aliqua valeat in posterum dubietas exoriri, eam presenti instrumento inseri jussimus a fundatoribus antedictis ; volentes quod heres dicti Raymundi de Fonte et Guillelmus Amalrici predictus dotem predictam in hoc publico instrumento se profiteantur dedisse et donent. Item retinemus nobis et successoribus nostris perpetuo institutionem et confirmationen dictorum presbiterorum [2] constitutorum in dicta capella sive oratorio, retento jure patronatus vobis fundatoribus integre reservato.

Et ego Guillelmus de Fonte, fililius et heres universalis dicti Raymundi de Fonte per me et per omnes meos profiteor et recognosco vobis, domino episcopo antedicto, quod pater meus predictus Raymundus de Fonte contulit predicte ecclesie sive capelle C. C. L. solidos barchinonensium bonorum corum (?) valentes quatuor marchas argenti fini recti pensi Perpiniani, habendos et percipiendos super totam partem orte que tenebatur pro dicto patre meo quondam, sicut in instrumento donationis inde confecto plenius continetur, pro uno sacerdote tenendo in dicta capella sive oratorio, qui perpetuo celebret divina officia et oret ad Deum pro anima dicti

---

[1] (sic). Il y a sans doute ici un mot de passé.
[2] Le texte porte : « predictorum ».

patris mei in dicta capella sive oratorio ; quam donationem
et assignationem dotis predicte laudo et confirmo in presenti,
et etiam expresse omnia predicta supradicte capelle dono et
confirmo in perpetuum : et quod contra non veniam bona fide
et per stipulationem vobis dicto domino episcopo promitto,
et etiam per Deum tactis corporaliter sacrosanctis quatuor
Dei evangeliis sponte vobis juro.

Et ego Guillelmus Amalrici predictus cum hoc publico
instrumento perpetuo valituro profiteor et recognosco me
dedisse et assignasse dicte capelle sive oratorio super omnibus
bonis meis mobilibus et immobilibus presentibus et futuris
C. L. solidos barchinonensium bonos, de qua moneta LX. II.
solidi VI. denarii valent unam marcham argenti fini, recti,
pensi Perpiniani, habendos et percipiendos pro uno sacerdote
tenendo qui perpetuo celebret divina officia et oret ad Deum
pro anima mea in dicta capella sive oratorio ; quam donationem in presenti facio cum hoc publico instrumento perpetuo
valituro, obligando inde dicto episcopo omnia bona mea presentia et futura, et quod contra non veniam bona fide et per
stipulationem vobis promitto.

Sig††na Berengarii Dei gratia Elnensis episcopi, et Berengarii de Palma, sacriste ecclesie Sancti Johannis Perpiniani,
predictorum, qui hec omnia laudamus.

Sig†num Guillelmi Amalrici predicti qui hec omnia laudo,
XII Kalendas novembris, anno Domini Mᵒ CCᵒ LXᵒ Vᵒ.

Sig†††na Guillelmi Caruli, et Ferrarii de Cereto, et Petri
Ripolli, testium.

Sig†num Guillelmi de Fonte predicti, qui hec omnia laudo
et firmo, predicta die et anno quo supra.

Sig†††na Ricolfi Olibe, et Poncii de Uro, et Petri Guillelmi,
testium.

Ego, Raymundus Torrent, hanc cartam scripsi, mandato
Arnaldi Mironi.

Arnaldus Mironi, scriptor publicus Perpiniani subscripsit,
et hoc sig†num fecit.

¹ Archives communales de Perpignan. AA 3, Livre vert mineur
fᵒ 54 v 55.

§ 3. — *Mandement de Jacques II, roi de Majorque, autorisant la
démolition des maisons qui sont à Perpignan « super* Thoronum, *inter aquam Vasse et tiradoria paratorum », et qui
gènent le cours de la rivière.*

Palma, 20 mars 1332

Quod de domibus super Toronum diruatur quod fuerit
diruendum.

Jacobus, Dei gratia rex Majoricarum, comes Rossilionis et
Ceritanie ac dominus Montis pessulani, dilecto guillelmo de
Fontibus, militi, locumtenenti nostro [1] in partibus ultrama-
rinis, salutem et dilectionem.

In nostra presentia constitutis fidelibus nostris Bernardo
Egidii, consule, Johanne Fabri et Malleolo Cadany, nunciis
ad nos missis per fideles nostros consules ville Perpiniani,
intelleximus quod quedam domus sive hospitia sunt super
Thoronum inter aquam Vasse et tiradoria paratorum, que
pro utilitate rey publice ville Perpiniani essent diruenda
omnino, et amplior esset via dicte aque temporibus inundationum aquarum : nam per hedifficia que ibi nunc sunt
imminent pericula dicte ville et meniis ejus. Et fuit nobis 'per
dictos consules humiliter supplicatum ut dicta hedifficia
usque ad parietem dictorum tiradoriorum dirui mandare-
mus, previa tatxatione decenti dominis eorumdem utilibus
et directis.

Nos igitur horum notitiam non habentes vobis tenore presentium mandamus quatinus ad vos personaliter evocetis
procuratores nostros et consules supradictos, et una cum eis
conferatis super predictis et loca propriis occulis subjiciatis,
et ea que de predictis amovenda videritis seu diruenda amoveri et dirui ordinetis, et deputetis duas bonas vel tres personas in talibus expertas neutri parti suspectas que tatxent
et extiment predicta que ordinaveritis diruenda tam pro utilibus dominis quam directis ; que tatxationes fiant bone et
ping[u]es decenter. Et cum tatxationes ipsas solverint consu-

---

[1] *Nostrum.*

les supradicti seu illi qui solvere eas debebunt, predicta dirui faciatis et non ante, nisi aliter de concensu partium procedetur, et de beneplacito earumdem. Super quibus velitis personaliter intendere et diligentiam adhibere.

Datum in civitate Majoricarum, duodecimo kalendas aprilis anno Domini millesimo CCCºXXX primo [1].

§ 4. — *Procès-verbal des travaux à faire à la* paret *(mur) construite en avant du* Tinct *et de l'église Sainte-Marie-du-Pont à Perpignan, pour arrêter les inondations de la Tet, et délimiter une des propriétés formant la limite de la grava ou lit de ladite rivière, tel qu'il doit être établi au-dessous du Pont, avec une largeur de 60 canes de Montpellier.*

6 des ides d'avril 1335

Translat de la sententia donada contra tots aquells qui son tenguts pagar e contribuir en les mecions de la paret feta al Pont de la Pera per custodia de lurs possesions e de les senyories d'aquelles.

Hoc est translatum fideliter sumptum a quodam publico instrumento per alfabetum diviso, cujus tenor talis est :

Noverint universi quod cum, pro parte habitatorum vie tinctureriorum ville Perpiniani, sepe et pluries fuerit ab illustrissimo principe et domino meo domino Jacobo Dei gratia Rege Majoricharum, comite Rossilionis et Ceritanie, ac domino Montis pesullani, suplicando petitum ut ipse dominus Rex mandare dignaretur fortificari et augeri quendam parietem situm prope eos et flumen Tethis, pro ejusdem fluminis inpetuosis fluctibus repellendis, et conpelli etiam quoscunque debentes contribuere ad sumptus propterea subeundos et fieri etiam quecunque pro securitate dicti parietis fuerint facienda ; et decisio, cognisio, determinatio et declaratio premissorum per eundem dominum nostrum Regem et suas litteras ejus sigillo cere albe in dorso earundem, ut prima facie apparebat sigillatas comisse fuerint venerabilibus, pro-

<hr>

[1] Archives communales de Perpignan. AA. 3. Livre vert mineur (1185-1413), fº 132.

vidis et discretis viris dominis Petro Raymundi de Montebruno, cancellario, et Andree Giterii, consiliariis dicti domini
Regis, quarum litterarum tenor sequitur :

Venerabili Petro Raymundi de Montebruno, cancellario, et
Andree Giterii, scriptori rationis, consiliariis nostris dilectis,
salutem et dilectionem. Cum, pro parte habitatorum vie tinctureriorum [1] et convicinorum eorum ville Perpiniani, sepe et
pluries fuerit a nobis supplicando petitum ut mandare dignaremur fortificari et augeri quendam parietem situm propre
eos et flumen Thetis pro ejusdem fluminis inpetuosis fluctibus repellendis, et compelli etiam quoscunque debentes contribuere ad sumptus propterea subeundos ; vobis comittimus
et mandamus quatinus, subjecto loco occulis, et aliis facien-
tibus ad predicta, tam circa augmentum dicti parietis et alia
ediflicia, arbores, ve (sic) plantandas, et remedia alia circa
littora dicti fluminis adhibenda pro dictis impetuosis fluctibus propellendis, quam etiam super contributione sumptuum
faciendorum propterea, provideatis et faciatis quod videritis
faciendum. Nam inde vobis tribuimus plenariam potestatem.
Datum Perpiniani VII° ydus februarii, anno Domini millesimo
CCC° tricesimo quarto. »

Cumque dicti domini cancellarius et Andreas Giterii, pre-
textu et occasione dicte comissionis, citari fecerint coram eis
habitatores sive hospitia, possessiones et predia habentes in
tenedone sive insula in qua capella Beate Marie de Ponte est
situata ex parte una, et habitatores et possessiones, predia et
hospitia habentes de manso ipso usque ad conventum Fratrum

---

[1] Ce faubourg (le Tint) a dû se former vers le milieu du xiii° siècle :
il s'appelait ainsi, parce que des pareurs et des *teinturiers* étaient
venus s'établir entre la Tet et la Basse. Il n'y avait pas de four au
Tint et c'est sans doute pour le desservir que les Templiers firent
construire les « fours neufs » dans les anciens murs sur la rive droite
de la Basse sur l'emplacement de la maison actuelle du *Bon Pasteur*.
Cf. P. Vidal : Perpignan 1898.

Les teinturiers (tincturerii) comme les maîtres pareurs (paratores,
parayres) avaient eu primitivement leurs *tiradors* près de l'église
Sainte-Marie-du-Pont au faubourg du « *Tint* » (actuellement rue de la
Tet) et ensuite dans le *carrer dels Bayns* (actuellement rue du Bastion
Saint-Dominique.

Minorum [1] de Perpiniano ex altera, et plures alios circum-
vicinos dictorum locorum qui dicebantur ad refectionem et
constructionem dicti parietis teneri contribuere ex eo quia ex
constructione dicti parietis utilitatem consequentur, ut pote
quia dicto pariete destructo domus eorum adimplerentur
aqua Thetis et Basse, in eorum enorme prejudicium et gra-
vamen ; ipsique domini comissarii, cum prenominatis partibus coram eis previa ratione comparentibus, supradictum
parietem accesserunt, et subjecto dicto pariete et aliis locis
que in ejus reparatione contribuere dicuntur occulis eorum
semel et bis, de consensu et voluntate partium predictarum,
et ut magis sint informati de et super dictis contrastibus
finiendis et terminandis et magis clare pronuntiare et declarare valeant super eisdem, elegerunt sex probos viros [2] de
Perpiniano, videlicet Bernardum Roure, Arnaldum Jaufredi,
Malleolum Cadany, Petrum Erbussol, Guillelmum Boneti et
Guillelmum Adalberti, neutri partium predictarum suspectos ;
ipsique, de mandato dictorum dominorum comissariorum,
ad dictum parietem et ad loca que in ejus constructione et
reparatione solvere et contribuere tenentur ac dicuntur, personaliter accesserunt, et, pariete et locis predictis eorum occulis
subjectis et visis per eosdem diligentissime, ut asseruerunt
comparentes coram dictis dominis comissariis de eorum
mandato, tactis prius per eosdem comparentes sacrosanctis
quatuor Dei evangeliis eorum manibus corporaliter, ad inter-
rogationem dictorum dominorum comissariorum, dicto eorum
juramento asseruerunt super petitis et supplicatis domino
nostro Regi predicto circa constructionem, abtationem ac

[1] Le couvent des *Frères Mineurs* connu depuis sous le nom de couvent de Saint-François (convent de Sant Francesch) et qui existait
dès l'an 1235, aurait été établi dans la partie du faubourg où se
trouvait la chapelle Sainte-Marie-des-Anges, appartenant à la famille
Grimau qui, dit-on, l'offrit à saint François d'Assises, de passage à
Perpignan, vers l'an 1219. — Cf. P. Vidal, Perpignan, 1898. Par un
acte de 1286, le roi Jacques Iᵉʳ de Majorque fit prendre un morceau
du jardin des *Frères Mineurs* (couvent Saint-François) que les « *cla-
vaires de la cisa* », officiers de police, occupèrent pour « faire la
muraille de la ville » le long de la Basse. — P. Vidal, *op. cit.*

[2] Les *Probi homines* étaient les principaux habitants de la ville (1025);
en 1145, on retrouve ces personnages revêtus de pouvoir politique ou
civil.

reparationem dicti parietis et super contributionem, expen-
sarum fiendarum in eodem, juxta eorum intentionem, discre-
tionem ac aparentiam et secundum justitiam, ut eis visum
fuit, debere fieri, ordinari et pronuntiari et declarari per
dictos dominos comissarios pronuntiatio et declaratio infrascripta.

Hinc est quod dicti domini comissarii ad majorem infor-
mationem et declarationem habendam super predictis, subjecto (pour subjectis) iterum post predicta dictis locis occulis
eorum, dictis partibus citatis legittime ad audiendum pro-
nuntiationem infrascriptam ad presentem diem, visis et
auditis ac intellectis rationibus et allegationibus quas partes
predicte coram eis dicere, proponere et allegare verbo vel
scripto voluerunt, visisque instrumentis quibuscunque et
aliis scripturis hinc inde productis super predictis, presentibus pluribus de partibus supradictis instanter postulantibus
et requirentibus pronuntiari et sententiam ferri super predictis per dictos dominos comissarios, pronuntiarunt et declararunt :

Primo, providendo circa utilitatem et refectionem seu edif-
ficationem dicti parietis, ut sequitur, primo pronuntiarunt
et declararunt quod dictus paries est bonus et necessarius et
maxime utilitatis, et quod debet servari et teneri condirectus
pro tempore futuro propter inundationum aquarum periculum evitandum.

Item, pronuntiarunt et declararunt quod dictus paries in
altitudine coequetur de orto Johannis de Calmis in quantum
protenditur paries novus, usque ad finem ipsius parietis de
novo constructi ac reparati ; qui paries, qui sic debet coequari, habet in longitudine, de dicto orto Johannis de Calmis usque ad locum ad quem sic debet coequari, triginta
tres cannas Montispesullani. Qui quidem paries sit aliquan-
tulum magis altus toto cetero pariete.

Item, pronuntiarunt et declararunt quod portelius ad fora-
men seu fractura dicti parietis, que ibi fuit dimissa pro pas-
satgio orte que est supra flumine Tethis predicti, rasetur et
coequetur cum pariete predicte ; et quod amodo portellus
ille ibi non sit nec remaneat, cum sit multum dampnosum
et periculosum dicto parieti.

Item, pronuntiarunt et declararunt quod fiat quoddam braguerium ac fortitudo juncta dicto parieti retro, in quantum protenditur paries ipse de columbario Raymundi de Verneto usque ad ortum Petri Aulomarii, cum fortitudo summe sit necessaria dicto parieti propter periculum quod posset evenire si aqua caderet retro ipsum parietem.

Super autem contributione fienda, declarando que persone et ratione quarum possessionum, necnon et in quantum, secundumque majus vel minus dampnum patiuntur vel pati possent si dictus paries destrueretur, debeant contribuere in dicto pariete ; habita plena deliberatione cum superius nominatis, providerunt ut sequitur :

Et primo ordinarunt et providerunt super factione et refectione et contributione necessariis predicto parieti, in quantum protenditur de orto Johannis de Calmis usque ad ortum Petri Aulomarii, que continet nonaginta sex cannas Montispesullani, videlicet quod possidentes et habentes quecumque hospitia intus insulam in qua capella Beate Marie de Ponte [1] est situata et possidentes molendina vocata d'En Vernet, debeant solvere in contributione dicti parietis, prout superius proxime est designatus, extimatis dictis hospitiis concedenter (pour *condecenter*) et juste sex denarios pro singula libra.

Item pronuntiarunt et declararunt quod quicunque possidentes et habentes ortos et viridaria in dicta insula, et possidentes casalia molendinorum vocata *del Spital* [2] que sunt subtus ortum Predicatorum conventus ville Perpiniani, et habentes possessiones ac predia inter ortum Predicatorum predictum et flumen Thetis, debeant et teneantur solvere in contributione dicti parietis proxime designati, extimatis dictis possessionibus, pro singula libra quatuor denarios.

Item pronuntiarunt et declararunt quod habentes et possi-

----

dentes hospitia et partem tiradoriorum novorum contiguam dictis hospitiis, secundum quod sunt directe juxta flumen Tethis et affrontant in grava, teneantur solvere in contributione dicti parietis proxime designati, extimatis dictis possessionibus, pro singula libra quatuor denarios juste et condecenter.

Item, pronunciarunt et declararunt quod habentes et possidentes hospitia confrontantia cum flumine Vasse supra hospitia proxime nominata usque ad fontem vocatum *lo Toro* [1], teneantur solvere et solvant in contributione dicti parietis proxime designati; extimatis eorum possessionibus predictis juste et decenter pro singula libra duos denarios.

Item, pronunciarunt et declararunt quod quicunque possidentes et habentes ortos et viridaria et alias possessiones inter dictum fontem vocatum *lo Thoro* et viridaria Vitalis Grimaldi, burgensis Perpiniani, et Bugarelli in quibus aqua dicti fluminis intravit seu potest intrare, solvant et solvere teneantur in contributione dicti parietis proxime designati, extimatis dictis possessionibus fideliter et juste, unum denarium pro singula libra.

Item, pronunciarunt et declararunt quod quicunque possidentes et habentes hospitia vel predia ac possessiones inter mansum vocatum d'En Alomar, ville Perpiniani, et canonjam Beati Johannis Perpiniani, et possidentes ipsum mansum, in quibus aqua dicti fluminis intravit et intrare potest, teneantur solvere et solvant in contributione dicti parietis proxime designati, extimatis juste et condecenter dictis possessionibus, pro singula libra unum denarium.

Item, pronuntiarunt et declararunt quod quicunque possidentes et habentes hospitia vel predia ac possessiones inter nansum predictum et ortum fratrum Minorum conventus Perpiniani, quibus dicta aqua dampnum potest inferre, solvant et solvere teneantur in contributione dicti paretis proxime nominati, extimatis dictis hospitiis seu prediis juste et condecenter, pro singula libra obolum.

<hr>

[1] La fontaine *del Toró* (toró, mamelon, tertre était dans le quartier des Tanneries, à côté du *Font del Toró*, qui s'ouvrait dans l'ancienne muraille du XIIe siècle au bout de la rue dite *carrer del Toró*, ou *del Portal del Toró*.

Item, pronuntiarunt et declararunt quod quicunque habentes directa dominia in possessionibus antedictis, eisdem
directis dominiis juste et condecenter extimatis ad unum
foriscapium tantummodo, debeant exsolvere et exsolvant in
contributione dicti parietis, sicut solvunt et solvere tenentur
tenentes et possidentes proprietates dictorum dominorum.

Item, ordinarunt et pronunciando declararunt quod si, pro
tempore, paries antedictus, in quantum tamen protenditur
ab orto Petri Aulomarii predicti usque ad pontem vocatum
Sancti Augustini, repararetur ac hedifficaretur vel augmentaretur, quod in missionibus que inde fierent, solvant tantummodo habentes possessiones in dicta insula in qua dicta
capella Beate Marie de Ponte est situata.

Preterea expresse in dicta pronuntiatione et declaratione ac
sententia, servarunt sibi dicti domini comissarii quod possint
providere circa dilatationem alvey antiqui fluminis Vasse, et
arbores et alia edifficia impedientia cursum aque Vasse fluminis antedicti evelli et dirui facere et providere et facere
alias circa ea, prout eis expediens visum fuerit, secudum tenorem et continentiam comissionis regie antedicte.

Item, retinuerunt et expresse sibi servarunt dicti domini
comissarii in presenti pronuntiatione quod possunt ordinare
seu facere ordinari tallium ac collectam faciendam seu que
fieri debet ac fiet in et pro confectione ac augmentatione seu
constructione parietis prelibati, prout eis videbitur faciendum.

Item, reservarunt et sibi expresse retinuerunt dicti domini
comissarii in presenti pronuntiatione et declaratione ac sententia, quod si in designatione dictarum possessionum vel
alterius earum, vel in aliqua parte pronuntiationis, declarationis ac sententie presentis esset aliqua obscuritas, vel aliquod dubium seu questio appareret, quod obscuritatem illam
declarare et dictum dubium et questionem terminare et finire
possint et valeant prout eis fore expediens videbitur atque
justum.

Acta et pronuntiata fuerunt hec Perpiniani, in domo habitationis dicti domini cancellarii regii sexto idus aprilis, anno
Domini millesimo trecentesimo tricesimo quinto, presentibus
testibus Johanne Rigau, domicello, Johanne Baudos et Volono,

peleriis, Rubeo Amilloti, clerico, Petro Giterii, de Turrillis, Bernado Pagesii, Francisco Gaucerandi, et Jacobo Vitalis, scriptoribus, Raymundo Pensa, Guillelmo de Podio-Aulucho, de Perpiniano, et Perpiniano Imberti, notario, qui in predictis interfuit et ea recepit.

Ego Fransciscus Gaucerandi, testis predictus, hec scripsi, vice scriptoris publici subscripti, et rasi et emendavi' in XIIIª linea *hospitia*, et in XXXVIIII linea, et suprascripsi in XV linea *partibus*.

Ego Petrus Montisacuti, scriptor publicus Perpiniani, subscripsi et hoc sig†num fecit[1].

§ 5. — *Sentencia e declaracio feta per lo batlle e consols de Perpenya per vigor de commissio reyal, per la qual appar que lo lit de la Tel o termens d'aquell deu haver LX canes d'ampla : 1338.*

Noverint universi quod die intitulata octavo decimo Kalendas madii, anno Domini Millesimo CCCº tricesimo octavo, supplicatio infrascripta oblata extitit domino nostro Regi Majoricarum illustri vel ejus venerabili Consilio, et per eumdem dominum Regem vel ejus venerabilem (sic) Consilium remissa et comissa viro venerabili et discreto domino Petro Guillelmi de Stagnobosso, domicello, bajulo Perpiniani, una cum mandato in ejus dorso scripto, cujus tenor talis est :

« Bajulus Perpiniani subjecto loco, oculis et adjunctis sibi aliquibus probis hominibus in talibus expertis, provideat super supplicatis sine litte, ut justum fuerit, indempnitati supplicantium et aliorum ».

Tenor vero dicte supplicationis talis est :

« Vestre excellenti Regie majestati, humiliter supplicando, significant sui humiles preceptor hospitalis pauperum, Petrus Miril, Jacobus Sabaterii, Petrus Raymundi, Petrus Mora, Petrus Guasch, Johannes de Aldiarde, et uxor magistri Egidii sirurgici regii, quondam, nomine eorum et omnium aliorum quorum presens negotium tangit, in numero plurimorum habentes (sic) ortos et possessiones citra flumen Thetis versus

[1] Archives des Pyrénées-Orientales, B 276, fol. 178 179

partem dicte ville subtus molendina dicti hospitalis, dicentes quod cum ad eorum audientiam pervenerit quod aliqui dicte ville habentes possessiones ultra dictum flumen Tetis, Regie majestati inter alia supplicaverint quod ipsi, cum artifficio manuum evellere et erradicare velint gravam et nemora ac plantas que sunt inter dictos ortos supplicantium et dictum flumen, per tuitionem eorum et dictorum suorum ortorum, dantes intelligi quod ibi est tuyre et quod juxta illud debet deflui dictum flumen et aqua ejusdem, proponentes ea sicut eis placet, quod, Regio honore salvo, minime in illa parte est tuyre, et dresseria dictorum molendinorum infra, usque et ultra villam predictam, quod si fieret, quod absit, impetus aque predicte consumaret dictorum supplicantium ortos et aliorum qui subtus illorum sunt et etiam villa Perpiniani esset in periculo magno. Et ideo supplicatur Regie sublimitati humiliter, quatinus non patiatur predicta fieri aliquo casu, et quod videri faciat ad occulum per venerabilem bajulum Perpiniani et ejus assessorem ac consules dicte ville et alios probos viros antiquos dicte ville qui sciunt predicta loca. Et proinde taliter ordinetur in predictis fieri quod orti et possessiones dictorum supplicantium et alia sint in securo statu, ut ne, ignorantia predictorum, tantum dampnum sequatur inde, si supplicata per partem adversam sequerentur et super predictis, etc, »

Qua supplicatione remissa domino Petro Guillelmi de Stagnobosso, domicello, bajulo Perpiniani, idem dominus bajulus una cum discreto domino Jacobo Jaufredi, regente judicaturam curie dicti domini bajulie, et Berengario Fava, Dominico Dominici, Ricolf Olibe, Jacobo Ermengaudi, consulibus ville Perpiniani, personaliter accesserunt ad loca dicti contrastus seu contrastuum ; et visis ad occulum dictis locis, habito consilio inter eos, ordinarunt, voluerunt et mandarunt et etiam determinarunt quod de quodam tuyre firmo quod est supra nemus Francisci de Ulmis recta linea usque ad quod [d]am columbarium vocatum d'En Vernet, quod est in capite parietis constructi inibi juxta ipsum columbarium, ponentur termini lapidei citra dictam aquem Thetis, ultra quos terminos sit perpetuo grava et alveus per quem aqua tetis labi

possit ; que quidem grava habeat in amplitudinem spatium
sexaginta canarum, de dicto termino quod est supra nemus
Francisci de Ulmis usque ad dictum columbarium d'En
Vernet, quod est in capite parietis tincti Perpiniani.

Voluerunt etiam et mandarunt dicti domini bajulus et
regens et consules quod infra dictum tuyre et dictum columbarium figantur in locis firmis termini lapidei in possessionibus sive locis infrascriptis, ad hoc ut per fluitatem et inunda-
tiones aquarum dicti termini non possint seu valeant erradi-
cari, per Bernardum de Verneto, fusterium Perpiniani, Franciscum de Orulo, ortolanum Perpiniani ; qui, vigore dicti
mandati, fixerunt terminos infrascriptos in locis infrascriptis, juxta et secundum mandati continentiam et tenorem ;
fixerunt etiam in margine dicte grave staquas fusteas prope
dictos terminos et in endresseriis eorumdem per aliqua spatia cannarum, ad hoc ut perpetuo sciri posset ubi esset rippa
ipsius grave.

Postea vero anno predicto, die inlitulato quartodecimo
kalendas junii, discreti domini Petrus Borroni et Andreas
Guiterii, consiliarii domini nostri Regis Majoricarum illustris, et Petrus Guillermi de Stagnobosso, domicellus, bajulus
Perpiniani, et Jacobus Jaufredi, judex curie ejusdem domini
bajuli, ad requisitionem quorumdam heredum possessiones
habentium circa flumen Thetis, et ex comissione eis facta per
nobilem et egregium virum dominum Petrum de Fonolleto,
vice comitem Insule, et locumtenentem domini Regis Majoricarum illustris, ad loca ubi dicti termini sunt fixi, personaliter accesserunt, et visis ad occulum locis in quibus termini
lapidei sunt fixi et staque fustee in rippa grave predicte, attendentes quod dicte staque possent de facili inde amoveri, et
propter earum amotionem grava minui et mutari, et ques-
tiones nonnulle interdictos heredes frequenter oriri, ordinarunt, voluerunt etiam et mandarunt quod unus ortus Guillelmi Cogombre, ortolani Perpiniani, qui est subtus dictum
tuyre rumpatur et sit perpetuo grave et in numero sexaginta
canarum grave et meatus sive alvei per quem aqua Thetis
predicta discurrat.

Etetiam ordinarunt, voluerunt et mandarunt predicti domici

comissarii quod predicta grava sit et esse debeat, perpetuo,
de dicto tuyre recta linea eundo usque ad dictum columbarium
d'En Vernet, continens ultra dictam lineam rectam in amplitudinem sexaginta canas cane Montispessulani, de rippa ad
rippam ; infra quam quidem gravam et spatium ejusdem dictarum sexaginta cannarum non possit nec debeat per aliquem
aliqua planta fieri seu impedimentum aliquod ibi poni ; et
quod per Franciscum de Orulo, Raymundum Seguerii, orto-
lanos Perpiniani ; quibus comiserunt totaliter vices suas,
mensurentur spatia que sunt in indresseria cujuslibet termi-
norum infrascriptorum per supranominatos jam fixorum in
possessionibus et locis infrascriptis unsque ad rippam grave
predicte.

Et sic die intitulata octavo kalendas junii, anno predicto,
prenominatus Franciscus de Orulo, Raymundus Seguerii,
vigore dicte ᷍omissionis et mandati per dictos dominos
comissarios eis facti, accesserunt personaliter adortum Martini de Morella, et ibi juxta dictum ortum fixerunt quendam
terminum lapideum qui distat a quadam staqua posita
in rippa grave predicte per tres cannas et mediam cane
Montis pessullani. Qui quidem terminus lapideus positus et
fixus fuit intra dictum ortum dicti Martini per unam canam
Montispessullani.

Et deinde accesserunt ad quandam viam que est juxta
quendam ortum Raymundi de Orulo ubi fixus erat per superius nominatos unus lapideus terminus, qui distat a dicta
rippa grave per quatuor cannas cane predicte.

Et deinde accesserunt ad quendam terminum lapideum
positum et fixum per superius nominatos in margine posses-
sionis Bernardi Pollestres, mercerii Perpiniani, et ibi mensurarunt quod dicta rippa grave distat a dicto termino lapideo
posito et fixo per superius nominatos in dicta possessione
per tres cannas cane predicte.

Et deinde accesserunt ad possessionem Raymundi Sera et
Jacobi Narbones, ortolanorum, et ibi mensurarunt quod
dicta rippa grave distat a dicto termino lapideo posito et fixo
per superius nominatos inter dictas possessiones per tres
cannas canne predicte.

Et deinde accesserunt ad possessionem Jacobi Narbones predicti et d'En Amat, et ibi mensurarunt quod dicta rippa grave distat a dicto termino lapideo posito et fixo per superius nominatos inter dictas possessiones per quinque cannas cane predicte.

Et deinde accesserunt ad possessiones Petri Raymundi et Guillelmi Andree, et ibi mensurarunt quod dicta rippa grave distat a quodam termino lapideo posito et fixo inter dictas possessiones per superius nominatos per tres cannas canne predicte.

Et deinde accesserunt ad tenentiam Guillelmi Andree et hospitalis pauperum ville Perpiniani et ibi mensurarunt quod dicta rippa grave distat a quodam termino lapideo posito et fixo inter dictas possessiones per superius nominatos per octo cannas et mediam cane predicte.

Et deinde accesserunt ad tenentiam Petri Mirii et dicti hospitalis, et ibi mensurarunt quod dicta rippa grave distat a quodam termino lapideo posito et fixo inter dictas possessiones per superius nominatos per decem septem cannas cane predicte.

Et deinde accesserunt ad tenentiam Petri Guasch et Petri Mora, ortolanorum, et ibi mensurarunt quod dicta rippa grave distat a quodam termino lapideo posito et afixo inter dictas possessiones per superius nominatos per viginti cannas cane predicte.

Et deinde accesserunt ad possessionem Petri Raymundi et domine Johanne, uxoris magistri Petri Egidii quondam, et ibi mensurarunt quod dicta rippa grave distat a quodam termino lapideo posito et fixo per superius nominatos inter dictas possessiones per decem noven cannas canne predicte.

Et inde accesserunt ad possessionem Guillelmi Maso de familia domini nostri Regis Majoricarum et Johannis de Aldiarde, mercatoris Perpiniani, et ibi mensurarunt quod dicta rippa grave distat a quodam termino lapideo posito et fixo per superius nominatos inter dictas possessiones per undecim cannas canne predicte.

Quibus sic peractis et mensuratis tam discreti clavarii ville Perpiniani quam Johannes Aldiarde et Petrus Raymundi,

Petrus Guasch, Petrus Mora, ortolani Perpiniani, et plures alii heredes habentes possessiones circa dictam aquam Thetis, supplicarunt dicto domino judici quatinus omnia predicta et singula in formam publicam redigi faceret, et cuibibet eorum unum instrumentum tradi ad habendum de premissis memoriam in eternum.

Et dictus dominus judex attendens dictam suplicationem fore justam et consonam rationi, mandavit omnia predicta et singula in formam publicam redigi et unum instrumentum per alfabetum divisum cuibilet tradi ad habendum de premissis memoriam in eternum.

Que fuerunt acta die seu diebus et anno predictis, presentibus testibus Jacobo Vaquerii, de Basono, Guillelmo Olibe, traginerio, Petro Bula de Sancto Stephano, Arnaldo Magench, macellario, Bernardo Brandini, scriptore, et Berengario Johannis, nuntio curie dicti bajuli Perpiniani. Ego idem Bernadus Brandini hec scripsi vice notarii publici subscripti, et rasi et emendavi in XXVIII linea *octo*. Sig✝num Bernardi de Lilleto, auctoritate regia scriptoris publici curie bajuli Perpiniani, domini Regis Majoricarum illustris, qui requisitus hec subscripsit, dictione subscripta in XVII° linea ubi dicitur *ordinarunt*. [1]

§ 6. — *Remissio feta per lo Lochtinent de Procurador Reyal del lit de la Tet veyll e novell 1378.*

Sit omnibus notum quod ego Raymundus Serdani, jurisperitus Perpiniani, locumtenens venerabilis Berengarii de Magarola, procuratoris regii in comittatibus Rossilionis et Ceritanie, prout de mea locumtenencia constat publico instrumento acto Perpiniani vicesima nona die mensis decembris, anno a nativitate Domini millesimo trecentesimo septuagesimo octavo, et recepto per discretum Andream Romei, notarium publicum Perpiniani, et dicte regie Procurationis scriptorem, habentis potestatem ad subscripta a domino Rege cum littera sua. Gratis et ex certa scientia nomine dicti

<hr>

[1] Archives des Pyrénées-Orientales, B. 276.

domini Regis diffinio et remitto vobis Johanni Magench et guillelmo Vitalis, operariis mutationis fluminis *de la Tet.* presentibus, nomine vestro et vestrorum et omnium aliorum in Salancha Rossilionis versus castrum de Bono Passu habentium terras, possessiones, census et alios honores in dicta Salancha Rossilionis versus castrum de Bono Passu, et aliorum quorum intersit et intererit et interesse poterit, stipulantis legitime et recipientis omne jus pertinens domino Regi in lectis novo et veteri dicti fluminis, seu ripariis aut lictoribus ejusdem. Confitens et in veritate recognoscens vobis dictis operariis, nominibus predictis, quod pro dictis diffinitionibns et remissionibus et aliis supra et infrascriptis habui et recepi nomine predicto a vobis dictis operariis, nominibus predictis, quod pro dictis diffinitionibus et remissionibus et aliis supra ei infra scriptis habui et recepi nomine predicto a vobis dictis operariis, quibus supra nominibus, quadringentos florenos auri de Aragonibus, in hunc modum videlicet quod realiter numerando exsolvistis michi dicto nomine centum florenos auri de Aragonibus, et pro residuis trecentis florenis seu pro solutione ipsorum misistis et consignastis michi nomine predicto debita vobis ut operariis predictis debita per diversas personas que ad opera predicta· contribuere tenentur usque ad quantitatem aliorum trecentorum florenorum, pro qua consignatione per pacatum me teneo et contentum a dictis trecentis florenis, restantibus ex dictis quadringentis florenis, unde et de predictis centum florenis per vos, quibus supra nominibus, realiter numerando michi, quo supra nomine, exsolutis, et de predictis precentis florenis michi, nomine jam dicto, per modum predictum consignatis a vobis nominibus predictis per pacatum me teneo et contentum ; renuntio exceptioni dicte pecunie non numerate et per modum predictum non solute et, doli ; necnon promitto predictis nominibus vobis quod ego, nomine quo supra, habebo rata grata et firma predicta omnia et eorum singula perpetuo, eaque attendam et servabo et contra ea seu eorum ·aliqua non faciam seu veniam, de jure vel de facto, clam vel palam, modo aliquo, jure, titulo, causa seu ratione. Et ulterius predicto nomine, tenore hujus publici instrumenti, laudo, approbo, ratifico et confirmo capitula facta super mutationem dicti fluminis et per honorabilem dominum Raymundum de Perillionibus, militem, gubernatorem dictorum Comittatuum Rossilionis et Ceritanie confirmata ; salvo tamen jure dicti domini Regis in omnibus et per omnia. Et predicta facio dicto nomine et facere intendo sicut melius, plenius et firmius ac utilius dici, scribi, legi et dictari poterit ad utilitatem et comodum vestri et vestrorum in manu et posse dicti notarii ut supra stipulantis et recipientis.

Que fuerunt acta et laudata Perpiniani, die XVIIII marcii, anno a nativitate Domini millesimo trecentesimo septuagesimo octavo.

Sig†num mei Raymundi Serdani, locumtenentis predicti, qui hec firmo et laudo.

Testes hujus rei sunt Bernardus Oltzina, bajulus de Prada, Raymundus Girona, causidicus, et Franciscus Blanqueti, notarius [1].

---

[1] Archives des Pyrénées-Orientales, B. 276, fol. 174.

TABLE DES MATIÈRES

PREMIÈRE PARTIE

CHAPITRE PREMIER

CHAPITRE II

Toisés des ouvrages faits au Pont de la Tet de 1741 à 1746. — Le Séminaire de Perpignan. — Lettres à M. d'Albaret. — Devis du Sr Joblot.

CHAPITRE III

**L'Intendant de Bertin (1751-1753). — Le Contrôleur général
de Machault et la réorganisation des Ponts et Chaussées.
— Devis du Sr de Lescure. Ingénieur des Ponts. — Les
nouveaux syndics.**

CHAPITRE IV

**L'Intendant Louis de Bon (1754-1773). — Les Syndics de la
rive Nord de la Tet. — L'Intendant Louis de Bon. — Actes
d'inféodation.**

Réunion des syndics. — Adjudication des travaux à faire pour
la construction d'un canal. — Réunion des syndics de la rive
Nord de la Tet, et homologation de la délibération des dits
tenanciers.

DEUXIÈME PARTIE

CHAPITRE PREMIER

**MM de Lescure, Ingénieur des Ponts. — De Gendrier, Ins-
pecteur général des Ponts — Création de Syndicats de
2 rives. — Arrêt du Conseil d'Etat (1765-1768).**

**Rapport de M. de Lescure, Ingénieur des Ponts et Chaus-
sées, relatif à l'inondation de 1765. — Mémoire des
riverains de la Tet. Rapport de M. de Gendrier, Inspecteur Général des Ponts (du 11 juillet 1765 à 1788).**

Mémoire de François Lescure, Ingénieur des Ponts et Chaussées, sur l'inondation du 20 juin 1765. Lettre de M. Trudaine à
l'Intendant Bon, relative aux mémoires que les syndics et
M. Bertrand lui ont adressés contre M. Lescure.

Requête de M. Bertrand et mémoire de M. Lescure — Mémoire
des riverains de la Tet, relatif aux travaux de la Tet

CHAPITRE II

L'Intendant de la Porte (1775-1778). — L'Inspecteur général des Ponts; le Sr Lescure, Ingénieur en chef. — Rapports divers. — Contestation.

Rapport de M. Gendrier, Inspecteur général des Ponts et Chaussées, relatif aux ouvrages faits dans la rivière par le Sr Lescure, dans les terrains mêmes acquis par l'Ingénieur en chef.

Mémoire sur les inondations et les travaux dont l'Intendant de la Porte demande l'exécution aux ingénieurs militaires.

Lettres de M. Trudaine à l'Intendant Bon au sujet de M. de Lescure. — Inondations de 1777. — Résumé des mémoires de M. de Poeydavant.

CHAPITRE III

L'Intendant de Saint-Sauveur (1778-1789)

CHAPITRE IV

Rapport de l'Ingénieur en chef de Montgazon relatif au canal de la Tet et de la digue Orry (2 août 1779 à 1783).

CHAPITRE V

**Mémoires. — Observations des Ingénieurs en chef des Ponts
et Chaussées (1783-1789).**

Observation sur l'état du courant de la Tet au-dessous du Pont
de Pierre· Requête par le Commissaire de la rivière, relative
aux inondations de la Tet.

Observations de l'Ingénieur en chef des Ponts et Chaussées au
sujet des prétentions des riverains de la Tet au-dessous du
Pont de Pierre.

Lettres de M. Paulmier de Latour, Ingénieur en chef à l'Intendant.

Mémoire de M Gaillon, Ingénieur en chef des Ponts et Chaussées, sur le Pont de Pierre, le pont des Eaux-Vives et la digue
Orry.

Mémoire des tenanciers riverains relatif aux ouvrages à exécuter aux digues. — Réponse de l'Intendant. — Observations concernant l'exécution de ces travaux.

Lettres de M. de la Villière à M. Gaillon au sujet de la digue
Orry.

APPENDICE

I

II

III

IV

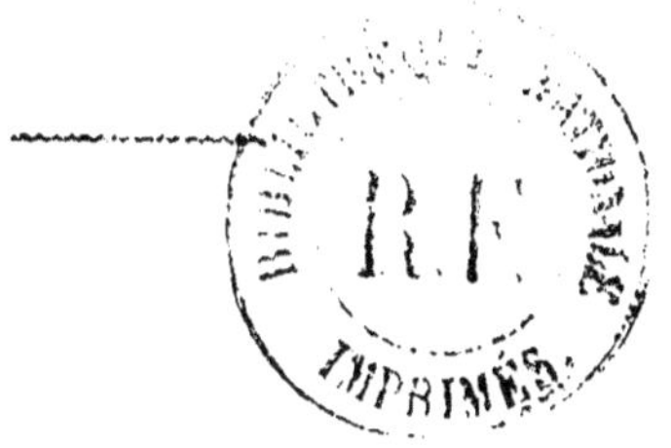

www.ingramcontent.com/pod-product-compliance
Lightning Source LLC
LaVergne TN
LVHW021135050726
842519LV00002B/387